理解

·

PSYCHOLOGY

现实

·

困惑

心理与理心

心灵的社会建构八讲

宋文里 ◎ 著

Psychology
and
Minding

中国纺织出版社有限公司

图书在版编目（CIP）数据

心理与理心：心灵的社会建构八讲 / 宋文里著 . --
北京：中国纺织出版社有限公司，2025.7

ISBN 978-7-5229-0355-2

Ⅰ.①心…　Ⅱ.①宋…　Ⅲ.①文化心理学—研究
Ⅳ.①C912.6-0

中国国家版本馆CIP 数据核字（2023）第031975 号

著作权合同登记号：图字：01-2025-0067

责任编辑：关雪菁　责任校对：王花妮　责任印制：王艳丽

中国纺织出版社有限公司出版发行

地址：北京市朝阳区百子湾东里 A407 号楼　邮政编码：100124

销售电话：010—67004422　传真：010—87155801

http://www.c-textilep.com

中国纺织出版社天猫旗舰店

官方微博 http://weibo.com/2119887771

北京华联印刷有限公司印刷　各地新华书店经销

2025 年 7 月第 1 版第 1 次印刷

开本：710×1000　1/16　印张：19.5

字数：225 千字　定价：98.00 元

缘　起

　　本书是"心灵工坊成长学苑"讲堂讲授的八堂课内容，根据录音誊抄成稿，稿本经过我本人的修订。这是我第一次以这种方式成书出版。我对于文字很有要求，原本不太愿意接受口语转化而成的书写文稿，因为我认为这是两种完全不同的语言形态。但由于读者们殷切企盼，编辑传达此意后，我才认清：这明明是一种"口传文本"而非自行撰写的书稿，保留着课堂现场双向沟通的语言形态以及讲课内容。把这誊录稿拿来出版，也算是自成一格。

　　讲堂的理论基础"社会建构论"（social constructionism），是一种用来作人文科学（human sciences）探究的新兴观点，跨越在心理学、社会学、人类学、文学、文化研究、性别研究以及其他种种助人专业（helping professions）的各相关领域之间，来去自如。目前这方面的著作在世界各地已有很多出版，只是在中文地区比较少见。本书的"社会建构论"是从肯尼斯·格根（Kenneth Gergen）谈起，但并不限于他的理论范围。这要从格根教授和我之间不算短的缘分谈起。

　　我从1986年起先后开设论述心理学、文化心理学、文化的精神分析，乃至微观研究等跨学科专题，后来我把这种心理学研究统称为"人文心理学"。在此发展过程中，我就经常使用格根的著作（包括格根所编的各种专辑）为教材，后来也延续到辅仁大学心理学研究所至今。但社会建构论还包括许多其他的重要作者，而格根的著作中也常和他们互相征引，所以在我的课堂上，在将近30年的教学中，必定会扩及所有这些代表论著的范围，包括格根的"知识战友"们：约翰·萧特（John Shotter）、罗姆·哈瑞（RomHarré）、杰罗姆·布鲁纳（Jerome Bruner）、简·瓦丝纳（Jan Valsiner）、玛丽·格根（Mary Gergen）等，还会扩及20世纪50年代以来，在整个人文学研究领域的重要经典著作，包括巴什拉（Bachelard）、巴赫金（Bakhtin）、布鲁默（Blumer）、马丁·布伯（Buber）、德里达（Derrida）、福柯（Foucault）、加芬克尔（Garfinkle）、欧文·戈夫曼（Goffman）、哈贝马斯（Habermas）、海德格尔（Heidegger）、雅斯贝尔斯（Jaspers）、克里斯特娃（Kristeva）、列维纳斯（Levinas）、梅洛－庞蒂（Merleau-Ponty）、米德（G. H. Mead）、普尔斯（Peirce）、萨义德（Said）、萨丕尔（Sapir）、维果茨基（Vygotsky）、维特根斯坦（Wittgenstein）等，还有很长的名单。

现代汉语的知识社群里固然有些人会谈及其他的某种"建构论"（譬如建构实在论、女性主义的建构论等），但任何理论主张都不能只是望文生义，我们必须设法浸润在这些动人的思想内容之中，看看是否能够达到像朱熹说的那般"浃洽内涵"的境界，也要试试看在本讲堂中如何能够纳入相关的讨论。

另外，我对于使用汉语一事非常在意，有人因此而称为"汉语的文化心理学"，但我认为那仍只是一种"他称"；在"自称"中，我宁可说：这是用汉语所讲的"人文探究"或是一种"人学"，其他标签都只是画蛇添足。另外，原本大家期待的"心理学"，在我所主张的汉语论述中，还因此自然转化为"理心术"——此中奥妙，读者可自行体会。

说点儿不一样的

——两位心理学家的另类对话

按语： 2024 年 4 月，两位心理学领域的重量级人物——孙时进教授与宋文里教授，展开了一场"非主流"心理学对话，讨论了学术传统与创新之间的张力，以及"诗学为体，科学为用"的研究哲学如何在心理学中重焕活力。孙教授以读者视角提出好奇与挑战，宋教授则通过其著作《心理与理心：心灵的社会建构八讲》回应了当下学院派心理学的种种局限。

对话不仅触及心理学方法论的边界，如质性研究与量化数据的困境，还延展至语言与翻译的精细之处，探讨心灵与科学、传统与现代的深层关系，展现了心理学跨学科研究的可能性，同时呼唤一种带有"灵动"与"人性"的科学态度。

从书写到学术话语，从实验心理学到文化心理学，两位学者以思辨与诗意，呈现了一种超越主流视角的心理学反思。本书特以此文，献给每一位在科学与人性之间寻求平衡的探索者。

心灵中无法量化的东西

孙时进： 我今天的角色定位是一个读者，可能就是好奇与提问，这本书我觉得很独特，真诚希望向所有人文学科的学人们推荐。

第一，从形式上讲，它不是一个传统的理论书籍，而且有很强烈的、在场的对话感，您书中说"它是一种你我的关系"。

第二，这本书还有一个跟当今学院派的、经验派的心理学，即所谓的科学心理学是完全不一样的。我有时候开玩笑说，虽说迄今为止，对外我还被说成复旦心理学系的学科带头人，但我说我本人除了对心理学不感兴趣，我对啥都感兴趣，当然这里边有调侃，但现在学院派心理学强调的中介变量、调节变量之类的调子也不知道到底有什么用，但是宋老师这本书《心理与理心：心灵的社会建构八讲》我觉得非常有意思，名字就很有意思，心理与理心，这里含有"心灵"这个概念，我非常喜欢，我认为离开心灵，心理学就缺少灵气了。

宋文里： 我们在整个训练背景上，都经历过 20 世纪的 80 年代，其实美国学校的心理学主流的方法论课程还是以量化为主，且都是必修课，统计学也是不变的项目，所以关于数据的处理，这些东西我们实际都是熟悉的。

但是到了 20 世纪 80 年以后开始发生一些转变，美国也是一样，都开始发现这种转变是必要的，也就是现在的这种模型——质性研究。1985 年以后，我们慢慢开始发展自己的质性研究——叙事——即关于叙说的研究，不断发展出来，其中比较强的，还有心理传记、行动研究，并且在社会研究里边也加上了很多人类学的研究方法，比如说田野调查、民族志等。

这些研究收集到的基本资料不太可能被量化，都是一些文字叙述，是一些文本，不是数据，它们不太可能转化成数据，去做统计的处理。材料就是这样，方法也肯定要对应得上材料。

我们也常常遇到很多心理学刊会拒收没有数据处理的论文，很多质性研究的作品，连审都不审就退稿了。但这种情况已经在改变，这些质性研究的文章在网络上贴出来，甚至很多人都非常感兴趣的，不管是演讲稿或者是其他形式，网络上的点击率是非常高的。

孙时进：这也是很有意思的，大众感兴趣的内容，心理学家不感兴趣，心理学家感兴趣的主题，大众不感兴趣。

宋文里：如果有人坚持说做数据分析才叫作科学的话，我觉得这种恐怕才是很严重的问题。

跨学科的困境

孙时进：质性研究学者的尴尬涉及生存问题。复旦大学心理学研究中心里也有其他学院的心理学研究者，包括经济学院、管理学院，我们目前通过这样的组织实现跨院系的联动。

宋文里：我想提及一个值得参考的理念，即哈佛大学的心理学系的发展。一开始，他们主要关注实验心理学（冯特），但后来有些人转向了其他领域，比如哲学（詹姆斯）。然而，哈佛仍然在主流心理学方面取得了很大进展，发展出了我们现在所熟知的数据分析等一系列技术。

但同时，哈佛有个咨询中心，专门提供心理辅导等服务。这个中心的发展使它与学院其他系所能够平起平坐，教师甚至可以带学生，是一个带有学术研究中心属性的组织。这种转变让哈佛的影响力日益扩大。

最有名的像亨利·莫瑞的主题统觉测验(TAT)，通过以图像和故事的形式进行研究分析，我们得到的资料更偏向于故事性分析，而不是传统的任务导向型研究。因此，我认为在处理是量化还是质性的类似问题（比如评审）时，我们需要更加灵活，而不是硬邦邦的。

所以有趣的是，当我们在做跨学科的东西时，就会出现一些新的技术、新的局面，需要接受的考验是很大的，你怎样能够证明新的东西，就算是邀请相关的专家，得到他们的承认，但是专家也要有相当的学术水平，对不对？

若真想做这种跨学科的东西，可以将专家汇聚在一场口试中，五个口试委员都是不同学科的，使这种跨学科的东西，最终可以在相互的对话中完成。

诗学为体，科学为用

孙时进：您这本书非常有意思，每一章我都非常感兴趣，这本书提到的"诗学为体，科学为用"，我相信大众和其他学科人都会非常想读一读。

宋文里：我在本书提及的讲堂上开课的时候，提及"社会建构论"，也提到了很多书，比如《关系的存有》，格根的作品。我在学校也开过社会建构论这样的方法课，它对量化的心理学的对抗的是很强烈的，我们在讲社会建构时，讲到"建构"本身不是根据量化作为前提，所以我们最开始的时候讲社会建构几乎命中注定就是质性研究。

但是，质性研究依然有它发挥的空间，我在本书序言中有讲到，叫作"诗学为体"这个讲法其实并不是我单独提出的，法国哲学家巴什拉（Bachelard），他先前的科学哲学著作写了很多，到后来他开始研究诗学，他本身的研究领域都是很硬的学科，比如他还取得物理学教授、化学教授等头衔。可是他后来按照自己的说法是，"我当时最感兴趣的问题，就是诗学，对语言、对文本这个东西想要非常的精细去研究。"所以我在这本书的开头还特别讲一下，我在翻译泰戈尔诗的时候提到，翻译必须有解释，翻译本身带有很强的解释意味，当你看到一个字，它可以翻成很多种不一样的意思，对不对？你可以仔细的去看看书中写到的，当翻译到最后一句的时候，我看见了跟我们常见不一样的东西。

孙时进："《离鸟》夏日离鸟，来我窗隙，歌唱，飞去；秋之黄叶，颤抖飘逸，无歌，叹息……"你认为"飘"应该翻译成"离"。

宋文里：押韵的。对，"来我窗隙"，我特别要解释一下，那只鸟来到我的窗台前，作者是在他的窗子缝里面看一只鸟，如果他整个人出现，那只鸟是会飞走的。

所以，"窗隙"的翻译就变成一种很特殊的选择，对不对？我也等于给读者介绍了一种观点，就是说你听到鸟叫的时候，你到底在什么位置，最好是鸟能留下的位置。但是，之前没有人这样翻译。所以，我说翻译这件事情本身就是一个叫做"心"——是"建构"的方法，这表示，意义是你可以操控的。但是这样的操控方式，你说这叫科学不科学呢？

科学，那个 Science，本来就是求知的意思，我们叫作科学，然后将它聚焦在一门一门不同的科目类别，但这些都不是科学的要点，科学就是求知的意思，我们求知的方式有一种是在文本中，文本有很多细节，也有很多理解。写书时，我们也需要对文本做增减的挑选，非常严谨，这种方法是不是科学呢？因此，我在这本书中，还特别讲到了孔子的"知之为知之，不知为不知"，讨论什么是"知"的问题。

孙时进：您在这本书中提到，《离鸟》这一首诗从 19 岁开始，一直翻译到 63 岁，花了四十几年时间，完成了诗学与科学的融合。

你还有一句打动人的话，你说，"这不只是一首诗的翻译，同时是一场心灵较量的关系，方法的问题尽在其中。"19 岁到 63 岁，我突然想起蒋捷有一篇《虞美人·听雨》，"少年听雨歌楼上。红烛昏罗帐。壮年听雨客舟中。江阔云低、断雁叫西风。"

从 19 岁到 63 岁，实际上你对这个诗的理解也在不断地变化，你可能就像蒋捷一样，会不断地听出不同的东西。

宋文里： 19 岁是我第一次听到这首诗，在泰戈尔的英文全集中。泰戈尔诗歌的译本很多，其中有一些译文，我不太同意，他的英文并不是很复杂，但其中还是有很多含义，我想重新着手翻译，但我们现在使用的白话文中，有很多语词的意义都不清楚了，有很多的习惯用法后面都要打上"括号＋英文"了，对不对？很多语词都有很多很多的定义，所以我们有时用的语词就是有点不精准，但是我们在讨论"诗学为体"的时候，一定要把语言的问题抓得很清楚。我在诗学中采用的这种方法论，实际上也是语言原始的东西。

"拼出那个意思"，建构论的最大挑战

宋文里： 我们也发现一些隐藏的问题，这本书中有一段也讲到孔子，为什么"知之为知之，"怎么就"是知也"了？表面上可能是这样句子的，平常都能看到，解释孔子这句话的时候，过去可能就是说"我知道也可以，不知道也可以"，反正合在一块说。但其实在逻辑上是矛盾的，所以我真的在用精力去做重新的解释，我是觉得用这一套方法，应该是可以促进我们自己的语言发展的。还有，我也花很多时间和精力，来研究甲骨文，想看看，文字是怎样被人创造出来的。

甲骨文的一个个字，是第一次有人把字用一些部件拼凑起来。之后，像我们说的都是象形字，但指事和会意就不一样，非常奇怪，为什么把几个东西"拼"在一块，它就会变成是"那个意思"？"拼出那个意思"，这就是汉字最大的挑战。

孙时进： 建构论的最大挑战就是甲骨文的"拼"，是吧？

宋文里： 比如说"好"字，一个女，一个子，似乎是指男女关系。我看过战国时代的文字，是两个女，然后一个子。和我们现在知道的不一样。我们现在说"好"还有很多意思，可是在甲骨文里，两个女一个子，并不是女人和男人的关系，而是母亲和孩子的关系，一个孩子的母亲可能是好几个，娘、姨之类的女性都在一起养育孩子，这在母系社会并不奇怪。这就是"好"这个字最亲近的根源。所以"好"对整个中文语系来说，它到底是什么意思？到底是亲子、母子是第一优先，还是成长之后的"窈窕淑女，君子好逑"，哪一种才是最最基本的？像这样的话，我们就可以去探究那些最早有关文字形成的书，他们对于文字创造经过的细节、他们的最基本的理解到底是什么？

所以，有一些问题是能回到那个问题的源头的，很多的问题我们都在指事字、会意字的意思里面就可以看出来了，非常有趣的。我在后面的一本书《文化心理学的寻语路：迈向心理学的下一页》那本书举了更多的例子。

这里，我讲一个和"符号学"有关的问题。我曾经写过信给李幼蒸先生，对他说"符号学"对于 semiotics 是一个错误的翻译。可是他告诉我，大家都叫"符号学"，大家都这样说，所以现在想要变动的话，大家都没法接受了。所以当时他还说要"从俗"。这是他的理论。但是，semiotics 原来的意思是追求意义的一种学问，不是在讲符号，符号只不过是它的一个局部，不是全部。

孙时进： 所以现在符号学，大家都这么说了。约定俗成了。

宋文里： 这是很不好的一种选择，就说 Sign 这个字，你把它叫做"符号"的话，完全是不对头，"山雨欲来风满楼"，"风满楼"表示一个 Sign，对吧？那么背后是什么呢？"山雨欲来"是表示山雨将要来，还没到。但是，风已经给了你一个sign，你对sign懂了以后就会知道山雨会不会来，那么，你透过sign，知道未来。但是现在的问题，山雨欲来风满楼的"风"，你能不能说它叫作"符号"？

孙时进：所以，中国人都说"迹象"，有这种迹象。苗头，征兆。叫"符号"确实大家没法理解了。所以翻译的错误对一个学科误导会很严重。它跟符号真的是没有关系，它叫苗头、迹象都可以，但是就不能叫符号。

宋文里：没错，就是不能叫符号，我就是强调这个地方，至于这个东西还有很多我可以讲出来的，假若你去看皮肤科，医生看到你的皮肤上面出现的一些异状，比如说有些红斑或者什么之类的，我们看到的，那是符号吗？那也是征兆，也是苗头，但是它就不是符号，你若用符号来解释这些东西，我们会产生的知识完全都在错的方向，对吧？

穿越时空的心灵关系

孙时进：所以翻译不单是用脑和逻辑，还有用心，要和汉语的道理对得上。

在这本书的开头，你还讲了一个故事很有意思。在翻译另一本书的时候，"我整个人投入小说的世界就好像亲自去了当地，见到人们在小镇的大街小巷穿梭的风景一样。几年后看电影的时候，居然觉得这条街左转过去应该有一条暗巷，结果，果然出现一条暗巷。"这个故事就很有意思，你的时空都融合在里边，所以，我们常说当读一个人的书时，是一种"神游"，我觉得这不是字面意思，而是读者和作者在时空有了一个交流，这也是读书和翻译的独特的方式。

宋文里：如在其中，就是当你读到文字的时候就进到那个情景，这个小小的段落有一个小插曲，我和格根一起吃饭的时候，格根问我是不是去过那里，小镇布莱顿。我说我没有去过，结果格根说他去过，他说那个地方确实有很多暗巷，而且是很暗的那种，他说："你好像去过一样，我以为你去过呢。"这段经历也向我证明了，这种经验是不是一种知识呢？有关这种知识的问题，是不是科学呢？

孙时进：所以，您在书中写到"我跟人在一起互动，才能在此建构出一种叫作心灵的关系。"所以，你在阅读和翻译那本书的时候，那种"神游"，那种身临其境，是无法用现代科学解释的东西。

"心灵"这个词是非常重要的，你在翻译中"神游"，而且这种能力并不是推敲，再比如说"鸟隔着窗隙"，这个"隙"也不是你在翻译这个方面有专业修养，而是一种独特的"身临其境"，这是很有意思的一种新方法，这种建构和传统的、科学的、逻辑的理性是不一样的，它是有"灵动"的东西。

宋文里：我有一个观点，请问数学是怎么来的，数学必须提到的最重要的第一原则是什么？

孙时进：它也有一个主观的、大胆的假设和猜测的前提，而并不是所谓的客观的、干燥的存在。

宋文里：它一定要发明一个最基本的东西。

孙时进：所以数学不是干燥的、客观的、与人无关的，如果没有前置的公式，它也没办法探讨，而这些公式在某种意义上就是一种大胆的假设、一种思想。

宋文里：我再举一个例子，数学的集合论。集合论是一种不用数字来进行的数学推理定律。不用数，比如"所有会飞的东西"，这就是集合，你说说都有什么，但这个集合不是数据，而是建立一些种类，完全可以不用数字。那还叫数学吗？所以，我把科学当成是一种观点，一种发展假设的观点，就不会把它当成一种数据系统。

没有假设就没有所谓的实验，对不对？就不会进入下一项，叫作推论。我的意思不是要反对科学，但是要重新定义科学。因为很多人肯定是根据别人的定义，去完成形式化的工作。

孙时进：这本书会产生某种推动，比如，推动大众对心理学的理解、心理学人对研究的理解、心理学研究新方法的思考，会有很多重要意义。

科学，最终还是人性

宋文里：我到过一些地方去演讲，讲到类似的地方，有观众就站起来提问："老师，你对于心理学的那种要求会是什么？"我回答，"你认为科学就是要严谨遵守一个系统的方法，目前看起来看我似乎不相信，你认为我就没有方法了，是不是这样？"结果，后来那个学生他自己得出了一个答案，他说，"老师，你说的是不是要有悟性？"

我说，"很好，你说的悟性，你会发现英文没有这个字，对吧？如果你用英文去翻译，悟性是什么？"

孙时进：用 enlightenment 行吗？好像也不行。

宋文里：悟性，在这里面有一个意思，就是我们对"知道"的理解。

孙时进： 让他们去开悟，哈哈。

宋文里： 我们就简单地说，你作为一个科学人，到底需不需要经过这种叫做开悟的过程？如果不这样的话，你还自称是科学人，我还不如说你是机器人。所以，你认为什么是人性？科学到后来完全就只有"遵照这样子"的东西。

孙时进： 把它变成一个僵死的、被崇拜的、偶像的东西。

所以我就想起布鲁姆分析弗洛伊德的一个梦，说起弗洛伊德梦里的植物标本，布鲁姆就说是弗洛伊德试图把鲜花变成一个干枯的没有生命的东西，我觉得这个解读也很有意思。

还有你刚才说的詹姆斯，他给冯特写了一句话，很有意思，说冯特的《心理学纲要》写得很好，是文学，不是心理学。

宋文里： 对，我有一位老师，也翻译了冯特的一些作品。后来我跟他书信交流，他说现代心理学对冯特的理解有很多地方是走样的。我们说他设立了科学心理学的实验室，但是冯特自己用了几次？他发明了实验室以后，自己也没进去过几次。后来的心理学家们花了那么多时间在研究什么呢？

孙时进： 民族心理学。

宋文里： 是民族心理学或者文化心理学，冯特研究了那么多东西，都是用类似于田野调查和文献研究这种的，反正这些跟现代心理学一点关系都没有的。

目　录

每次讲座后均有 Q&A 的时间，本书只选录其中一部分讲师与学员
的问答。

导论

开场机缘

从格根的社会建构论谈起

我曾为格根的《酝酿中的变革：社会建构的邀请与实践》（中文简体版名为《社会建构的邀请》）（*An Invitation to Social Construction*）写了一篇简短的序，题为《心理学建构主义运动的来龙去脉》。这个讲堂的讲题出发点之一就是出自格根的作品。2014 年因为这本书的出版，格根和我终于见到面，但其实在很久以前，我就让学生阅读他的作品了，也以格根作品为题材编讲义授课。格根的思想发展历程我已经很熟悉，因此 2014 年虽然是第一次碰面，却有一见如故的感觉。

有趣的是，当我跟格根闲聊，聊到翻译这件事，除了谈到我希望翻译他的著作《关系的存有》（*Relational Being*）之外，还说起我从前翻译小说的经验，无论学术著作还是文学作品的翻译，我都可以胜任。我曾经与人合作翻译过一本英国小说 *Brighton Rock*，后来出版的中译本叫作《布莱登棒棒糖》，是一本很写实的小说。作者葛林（Graham Greene）曾经被二十多次提名诺贝尔文学奖。布莱登是英国东南部的一个海滨市镇，伦敦人在假日喜欢到布莱登海边去休闲。在翻译那本书的过程中，我整个人投入小说的世界里，就好像亲自去到当地，见到人们在小镇的大街小巷穿梭的风景一样。几年后有一部电影《蒙娜丽莎》（*Mona Lisa*），主要就是以布莱登这个小城为背景。我在看这部电影的时候，居然觉得"这条街左转过去应该有条暗巷……"，下一幕果然真的出现一条巷子。换言之，我仿佛身临其境，对布莱登的大街小巷几乎了如指掌，尤其是暗巷。我对格根说我翻译小说有这种身临其境之感，他可能还有一点怀疑；可是当我说到暗巷（the dark alley）时，格根突然拍了我的肩膀说，他曾去过布莱登："你是真的知道布莱登。我对那里印象最深的就是有很多漆黑的巷子，你知道吗？黑帮的勾当都是在暗巷里干的。"

我想强调的是，连这样的地方，我居然也和格根心有灵犀一点通。他一边听我说到这个海滨小镇的事情，一边还在辨认我讲的话到底是真是假。所以，我们的会面不仅是场联谊，同时也是在过招。我对于格根的作品确实非常熟悉，不过，在这里我并不以讲述或介绍格根的知识为主。书已出版，你们可以自己看，我不多浪费时间。我不太晓得每个人的状况，但总之，在我的课堂上，我们之间的互动关系非常重要——我跟"人"在一起互动，才能在此"建构"出一种叫作"心灵"的关系。

生活中的社会源于社会建构

我们在谈"社会建构"时，除了"建构"之外，也切莫忘了"社会"这个词。这个词已经被使用得太轻率。譬如报纸的"社会"版。这个版面的"社会"非常荒唐，在这里出现的消息肯定大多是诈骗、车祸、凶杀、天灾等。你能相信那就是"社会"的定义吗？其他版面的消息不也属于"社会"？譬如国际版，或市井小民的生活，可是为什么有一个灾祸连连的新闻版面要叫作"社会版"呢？

我简单说明"社会建构"这个词的意思。它的原文是 social construction。加上的 ism 就译作"社会建构论"（social constructionism）。社会（society）这两个字可以转成两种形容词——social（社交的）和 societal（社会的）。

当使用 social（社交的）时，是谈人和人之间的关系，例如 social relations（社交关系）就不能说成 societal relations（社会关系）。因为 societal（社会的）指的是社会中的体制、机构，是具体成形的东西。

大家都以为只有社会学在使用"社会"这个词，其实不然。社会学家涂尔干（Emile Durkheim）认为"社会"乃是人类集体发明的概念，虽然他所说的比较是强调"社会体制"，而心理学则都在谈"社会关系"。由于现代汉语无法区分 social 和 societal，因此我要强调：谈到人跟人之间的关系时，我们所常用的是 social 这个词，就是强调其中的关系含义。所以将"social construction"放在心理学中来谈，并不离题。格根早期的专业就是社会心理学，他写于 20 世纪 70 年代的成名作甚至不仅仅属于社会心理学，而是有关"知识社会史"的学问。❶

---

❶ Gergen，K.（1975/1993）. Toward Transformation in Social Knowledge London：Sage.

开场白

「诗学为体，科学为用」

我想只限于我自己的故事，这完全不是因为我认为这是唯一值得一讲的故事，而是因为这是我最了解的故事。

——冯友兰

　　我读过冯友兰早年的著作《中国哲学史》，当时对此书的评价是"不值一读"。因为他除了抄书之外，自己能讲的话很少，少到几乎只有一些过门过场，也就等于什么话也没讲。后来我看了他十多年后的著作《中国哲学简史》最后一章《中国哲学在现代世界》，看到他在回答"中国哲学对于未来的世界的哲学将有什么贡献"的问题时，把自己的著述事业和期望做了一次总览，也提出要用"觉解"的方式来写哲学史，以及发展出由六部著作构成的新哲学《贞元六书》❶。我才比较能明白：他最早的那本哲学史确实不足以代表他作为一个认真的哲学教授的身份。而在文中，他说他只限于讲自己的故事，并且因为那是他最了解的故事。我终于同意，任何讲学问的人，都应该是这样的讲法。

---

❶　冯友兰完成的《贞元六书》包括六本著作：《新理学》为其总纲，后五册分属各章节，主要讲纯粹哲学；《新世训》论社会观，系新理学观点在社会问题上的应用；《新事论》系生活方法论与道德修养论；《新原人》系人生哲学，以觉解的程度将人生分为四个境界；《新原道》系哲学史观，分析中国哲学之发展；《新知言》系方法论，总结中西哲学史的经验。

即体即用：以一首诗，作为一种科学的练习

一直以来，我都想打开一个想象中的知识体系，就是"诗学为体，科学为用"的汉语心理学。这显然是我自创的一种说法——各位都听过"中学为体，西学为用"的概念，但这种说法是一场笑话，因为当时张之洞受到时代的限制，对于西学完全是门外汉，而对于中学的"体用"概念他也不甚了了●——尽管"中学为体，西学为用"这句话在汉语传统中看起来很体面，因为在"体与用"之间构成了一种"谁是主、谁是客？谁能用、谁被用"的关系。然而，当我说"诗学为体，科学为用"时，那是真想对现有的心理学提出一个挑战——当我们企图用科学的方式去谈"心"及"心理学"时，真的能够避开文学、语言学或诗学吗？倘若各位认为那是文学院的事情，那就只是一种偏狭的门户之见。身为心理学家，必须同时要对文学、语言学有一定的素养。各位如果从事过心理辅导或其他助人专业，想必能够体会个案工作的实践，特别在阅读案主的心理状态之时，实则无异于读一本小说或看一部电影。更何况，关于人性，小说、电影能够知道的，常常更胜于那些"个案报告"——这是我们稍后会谈的道理之一。我现在直接以自身经验来说明：为什么，以及如何，从文学，或一首诗，来开始实践一种"科学"？

进入大学的第一年，我就很想知道，我是不是碰上了一场自由的机缘。事实上打从高中起，很多教科书都被我弃置一旁，书包里装的都是课外书。因为我发现从中学到大学的教科书，其实都是由一些不入流的作者写成的——要成为读书人，首先就应该读好书才对。

● 张之洞（1837—1909）早年是清流派健将，后成为洋务派的主要代表人物，大力倡导"中学为体，西学为用"。他曾经是科举的状元，但对于朱熹的哲学应该没有太深的体会，对于西学则因时代的限制，不可能有足够的理解。

当我进入大学后，我发现自己果然有更多机会自由阅读。譬如我拿到一本《泰戈尔诗集》的英文版。翻开来，看见泰戈尔以"Stray Birds"（中译为《飞鸟集》）为一部诗集的题名，其中第一篇就是"Stray Birds"。Stray Birds 指的是候鸟当中的少数几只。它们平时整群迁移，可是偶尔会有几只离群、迷失方向，这样不知何去何从的鸟就称为"Stray Birds"。内容是这样的，让各位先看看：

Stray birds of summer come to my window to sing and fly away.

And yellow leaves of autumn, which have no songs, flutter and fall there with a sigh.

这是非常简单的英文。泰戈尔是印度人，他写了很多英文作品，这让他得到诺贝尔奖。我当时看到觉得真心欢喜，就想把它翻译成中文——也就是用汉语来理解其中的诗意。于是，打从 19 岁起，我滚进了一场噩梦。我以为翻译诗是很简单的事，只要按照字面意思直接翻出来就好。然而我后来才想到：翻译出来的诗，难道不必"以诗的样子"呈现吗？而诗的翻译里头究竟会包含多少语意换算的问题？于是，我知道，这是文学，也是如假包换的科学问题。

我企图用汉语来面对泰戈尔的英文，打算要跟这位印度的精英打擂台。翻译诗远远不如想象中的简单。因为"换算"之中牵涉因子和因子之间的对应关系，我会把这种换算的基本因子称为"数元""量元"或"思元"，目前暂时不谈。

原有的中文翻译本叫《漂鸟集》或《飞鸟集》，我觉得"漂"这个字不精准（就因子之间的对应关系而言），所以我翻作"离"鸟。翻出来的内容是：

夏日离鸟 / 来我窗隙 / 歌唱 / 飞去

秋之黄叶 / 颤抖飘逸 / 无歌 / 叹息

    大家发现了什么差异吗？第一，泰戈尔原诗并没有押韵，我的翻译让它押了韵；第二，泰戈尔写的是散文诗，但我翻译后变得像有格律的诗歌。换句话说，我将汉语中的诗词传统套用上去，内容依然是白话文，翻译后或多或少有点偏离原意，但在选词用字时出现了一些奇特的变化，而我心目中已经在作"思元"的转换。譬如"Stray birds come to my window to sing"用白话说，就是"鸟来到窗前，停下来歌唱"那是怎样的场景？鸟为何要停在窗前唱歌？"窗台"在西方建筑很常见，打开窗户总是有一片台子的空间。因此不只是鸟，连松鼠或其他小动物也可能出现。但我翻译成"窗隙"，一方面是基于韵脚的考虑，同时顾及了场景的合理性。因为窗子如果是全开的，鸟很可能不敢停下来；但如果窗子是微微闭着、露出一点缝隙，此时我们可以从窗内看见鸟，但鸟很可能看不见窗内的人。因此鸟在窗隙被我看见了，但我并不会惊扰到使它飞走，还能够听到它歌唱。因此，我选用的"窗隙"原先不存在于泰戈尔的作品里。这种选字是为了让整首诗维持同样的韵脚，即诗中的"隙、去、逸、息"四字；虽然不是很精准对上原意，但这种选字最后创造出别有逸趣的画面。我以"思元"来运作想象：那只鸟停在窗前，为何它不会被人吓走？如果诗人没看见它、听见它，怎么可能写下来？换句话说，泰戈尔在窗前看见了鸟、听见了它唱歌，可是鸟并没有飞走，直到它唱完。我在揣摩中就将这种微妙的因子对应关系编织到诗里。

    接着关于叶的飘落："flutter and fall there"，即颤抖着飘落。所以那片枯黄的叶子已掉落且枯死在地。但事实上鸟能歌唱，而叶子不能。可是诗人不这样想，他说："我听见了这片叶子，虽然它不会唱歌，但它在叹息。"仿佛听到了不该有的声音，但诗人就有权利这样想象：为了要与鸟的歌唱相称，就让这片叶子叹息。我在翻译时，为了要让诗中景物的因子关系尽量显现，所以在脑海中来来去去、反反复复地字斟句酌。因此，这首诗从我大一时开始翻译，从 19 岁开始，直到 63 岁，共花了四十几年的时间。因此，我说我要跟大家做的自我介绍，意思是说我要现身说法——诗学和科学的融合。假如我要读诗，我愿意全心全意跟诗打拼到底。我一定要读懂诗，甚至我也要能写出诗来。而由于汉语是我能使用的最精熟的语言，所以一定是用这种语言来对上另一种语言，也就是知识的对象。这不只是一首诗的翻译，而同时是一场心灵较量的关系——方法的问题尽在其中。

在此，我以一个很真实的工作为例，来现身说法。

第一讲

社会建构论在现代汉语心理学中的来龙去脉

在非线性的思考中作知识探索

开始正题之前，我试图谈一个基本的知识状况：

人在思考时，不必然采用线性的思考方式，也就是保持一定的顺序来列出论点：第一点、第二点、第三点。

大家常以为"一、二、三"是一种逻辑顺序，其实它带有随机（random）、武断（arbitrary）的性质。假如真有心要把思维安排成一种逻辑顺序，那样的排序其实另有用意，是一种刻意的安排，而不只是逻辑的自然结果——它企图步步引导听者以特定的思考方式思考，用逻辑的陷阱将人诱入其结论中。而我要特别声明：我没有这种意图，因此我会采取非线性的方式，看现场的情况来弹性调整讲课的内容。

我们马上要提到的一位当代作者，是哲学家吉尔·德勒兹（Gilles Deleuze），他特别强调我们习惯的思考逻辑更像是块茎（rhizome）的生长。这只是举一个在生活中常见的比喻，例如我们家中常见的土豆就是块茎。假设你有好多天不用它，它会开始发芽。如果此时你用一个吊篮把它悬挂起来，你会看到土豆的芽往四面八方生长。可是如果将它种在田里，它会因为向光性而只向上生长。我的意思是，土豆生长的潜在方向是球状的，向四面八方生长，而我们的大脑也正是长成这样，因此思考展开的方向也同样是球状的。如果我们都按照线性逻辑思考，其实那只是一种刻意的选择和安排，不符合我们本质上的思考发生方式。

一如我们在上课前都会先拿大纲，那是作为讲题范围的参考，但我们经常未必会依照大纲的先后顺序来讲课。我不是故意表现天马行空，而是因为思考本来就会有自发的、四面八方的流动性，尤其是我们要采取随时对话的方式来进行，因此很难只照着大纲来讲课。

社会建构论与心理学的相遇

关于格根所谈的社会建构理论，我们并不是要跟着理论亦步亦趋，但这理论有一段重要的知识史背景，深刻地影响了格根的学术发展，因此也同样会影响到我们，值得在此一提。格根拿到博士学位后，首先任教的学校不是他目前任职的斯沃斯莫尔学院（Swarthmore College）。在这之前，他曾任教于哈佛大学一个特别的系，叫作"Social Relations"（社会关系系）。这个系后来因为种种原因被裁撤了。但就其历史而言，社会关系系有什么特别呢？它是由人类学、心理学和社会学三种不同专业的人共同构成的一个系所。把三组不同学科的学者集合在一个系里是很不容易的尝试。那是格根回忆中最美好的时光。他和当时许多不同学科的人合作、对谈，因此格根的学问绝对不受心理学这单一学科的限制。

我也很幸运地有类似的经验。当年，我从美国毕业，进入了一个由"社会学和人类学"合创的研究所，同样由两组人马构成，后来再加聘一两位心理学者，希望能因此而锦上添花，但最终聘请到的心理学者只有一个。总之，研究所后来形成一种三足鼎立的知识结构，我一个人勉强撑起其中的一足，现在回想起来，觉得真是如梦似幻。我有幸能因此跟着同事、学生一起，把社会学和人类学的许多经典都读过一遍，对于一个心理学者的知识发展而言，这不可能是有意的设计，而是千载难逢的机会——恰好跟格根的经验类似。

　　格根的理论真正开始产生具有爆发性的回响，是在《美国心理学家》（*American Psychologist*）这本期刊上。他在 1985 年刊载的一篇文章，标题是《心理学的社会建构论运动》（*The Social Constructionist Movement in Psychology*），在该文中，他宣称：心理学的"社会建构论运动"已经展开了。这篇文章第一次出现时，大家都鼓掌叫好，可惜在主要的期刊上就不太有人继续跟进了——这是"主流（mainstream）心理学"的一种倾向性习惯。那格根怎么办呢？他开始跟世界各地的学者合作，编辑并出版了好几本以"社会建构"为核心概念的书。我和格根见面时，问了一个我个人非常好奇的问题："你跟很多人合作编了好几本社会建构论的书，但我发现其中的美国作者只占少数，很多都来自其他国家和地区，譬如澳大利亚、新西兰、欧洲或亚洲。为什么会这样？"格根露出了苦笑，他说：他的观点在美国的主流心理学界不容易被广泛接受，他的思维方式相对而言是非常基进的（radical）——"Radical"常被翻译成"激进"，激动的"激"，这是不对的。Radical 的字根是 root，就是"回到根源、最彻底的地方"，因此该翻译成基本的"基"才对——也就是说，格根企图把心理学从根底开始推翻，进行基进的重写。可是谁敢，或谁能这样做呢？

　　哈佛大学心理系，就是美国的心理学之父威廉·詹姆斯（William James）的出身地。1890 年他出版了一本重要著作《心理学原理》（*Principles of Psychology*），这本书的几种中文翻译本都只翻到第九章就停下来，第十章之后翻不下去，因为我们的心理学界已经没人能看懂。这本书若翻译成中文，大约会有 1800 页，因此也不太容易出版。重点在于：詹姆斯对于心理学的广阔眼界即使在美国本土也没被传承下来。詹姆斯在出书一年之后离开了心理学系，转入哲学系。他已经看出，心理学一直追求的主流，果真是凭着自以为是的方法（实验法）在闭门造车，只选择了某些"可研究"的题目发展，最终走上了一条看起来很专业，但其实是非常狭隘的"主流"道路。我们往后还会一再回来谈这个问题。

后现代？后结构？

事实上，当我们谈社会建构论时，除了对于"社会"这样的字要特别小心之外，"建构"（construction）也算是另一个怪字，我现在要来谈谈这个字。这个字翻译成"建构"大家应是习惯了。但"建构论"的翻译和命名，曾经在学术圈中打过仗。主要战场不在心理学，而是在女性主义的圈子。

女权运动和女性主义为此发生过一场"本质论或建构论"的辩论。回到源头来说，争论的议题是："性别究竟是一种本质？还是一种建构？"意思是：是天生的性别决定了人的特质和模样？还是人的性别特质是后天养成的？《第二性》的作者西蒙·德·波伏娃（Simone de Beauvoir）说："女人并非生来就是女人，而是经历过一段生长过程后，才变成（becomes）女人。"换句话说，这就是后天建构论。过去的人当然相信男女先天有别，可是后来经过几波的女性主义风潮，大家慢慢相信，女人并非生来就是女人，而是被社会文化造就成"她"现在的样子。值得注意的是：当时的心理学界几乎没有参与这场建构论的论战。

我们使用"社会建构论"这个名词，有另一个重要的意味，是在响应欧洲学术界出现的"后现代"风潮，其中有个关键的概念是"后结构"（post-structural）。我们一般都说：我们现在生活的世界叫作"现代"社会，我们说今天的制度是"现代"制度，我们所说的"现代"就是指我们现在面临的处境。但有些人看出："现代"已经走到尽头，现代性本身已经卡住了，于是我们不能停在"现代"，而必须走向"后现代"。譬如，你相信现代的婚姻制度是依照完全合理的人性而制订，并且会永远延续下去。但现代的婚姻实情却是：在婚礼戴戒指时宣誓"生生世世永不分离"的盟约，过了几年后却出现很高的离婚率。可是，"现代"婚礼仪式仍然在套戒指，仍然说着那些不变的誓言。一切制度仍旧一样，只是后来很多人不能维持这制度。那是不是人性变坏了？——不能这么说，一个社会本身的运作，正如历史的进展，不能以普遍的沉沦来看待。一个人跟另一个人合不来，那么，在现代法律保障之下的婚姻制度就必须反映出它"保障不了"的事实，于是离婚就变成一种正当的选择。所以我们谈的"现代"，看起来就是制度化、系统化、有结构的发展，可是到了某一个时候，大家都发现这结构无法自行维持了。原先我们想象、我们以为的"现代"，在眼前已经变质了。我们只好开始谈"后现代"。婚姻制度的转变，是"现代—后现代"转变的典型例子，我们在后面会特别用一堂课来加以讨论。

"结构"与"系统"的隐喻

"建构论"是相当新的概念，1985 年才开始在心理学界形成风潮，所以我们接触到的这个语词自然是翻译而来的。一旦使用汉字翻译，在思考时也就会用汉字去想："建构"这个词，在汉字里是借用了什么隐喻来翻译的？就是建筑构造。譬如说"构"这个字，不管翻什么字典，都会发现它永远都跟建筑有关。甚至"结构"这样的词在两千年前的汉代文字中已经出现了，只是并没有变成一个固定用语。而"结"也可以当成"构"的同义字，譬如陶渊明的"结庐在人境"。"结庐"就是在山里盖房子，结是构、构也可以是结。至于另一个字"建"，更明显地指向建筑。所以我们谈建构论时，在大家的想象中好像在谈一项建筑工程。但这只是个譬喻，所以大家不要望文生义。建构论到底在建筑什么呢？它可以在任何东西上谈建筑。譬如宫崎骏的《天空之城》，在无底的天空中都是可以建筑的。也许你会纳闷：在我们的现实世界里，怎么可能打造那样的想象？但我要说的是：心理学里有非常多的概念，就造词法来看，其本身就是虚无缥缈的。早在建构论出现之前我们就已称之为"建构"（construct），因为即使我们在谈论自己的时候，也常发现我们无法直接描述，而需要通过一种间接隐喻的方式才有办法谈出来——"智能""人格特质"这两种"建构"就是其中最显著的例子。

我们不能忘记自己在知识上所背负的任务——我说的不是什么文化大师或特殊专业的任务，而仅仅是"用户"的任务——我们使用现代汉语来作为思考的工具，因此，现代汉语对我们而言就是"最重要的"思考工具。我们对它最为熟悉，最能上手。不过，现代汉语本身生命还很短。其实语言的变化没有那么绝对。汉语史研究者（譬如王力）认为像《红楼梦》《儿女英雄传》等书中的说白，大致上就跟现在讲的白话一样。我是指"大致上"，因为如果直接把小说里的对白放上电影，那听起来一定会觉得似懂非懂。它的用词方式经常和现在不一样，譬如说回家叫"来家"，而不是"来我家"，中间少了一个"我"字。所以能够发现，汉语的使用确实已经发生了变化。而我们现在使用的很多术语，它的生命实在很短，大多只有一个多世纪而已。因此，我们不要小看这件事情："现代汉语究竟是不是一种很成熟的语言？"——我们常常需要如此自问，把这些语词拿来重新检视一遍，特别在这个课堂上，我把它视为我们"以用户的身份，在知识上所共同背负的任务"。

心理学的主流与边缘

今天在谈"心理学"的时候，我相信大家对于这个词已经有共识，而且另有个词叫作"物理学"，和心理学刚好构成两种相对的学问。物理学不会去讨论原子和原子之间有什么爱恨情仇，可是心理学却非谈不可。所以我们会觉得心理学有正当的题材，可以跟物理学平起平坐。可是今天我们在讲堂谈的心理学，并不是在学院里所定义的"心理学"，因为学院里面还是会遵循所谓的主流方式，不然它就似乎存活无门了。

我又要回到格根来谈一个跟心理学主流有关的话题。我和他一起吃饭时，话匣子打开之后，就变得了无禁忌。我问他一个相当敏感的问题："你在斯沃斯莫尔学院搞了一种像这样的质性心理学，我相信，要是到了其他学校，你提出来的研究计划会被退稿，是这样子吧？为什么你能够存活下来？"格根也回答得很干脆，他说：斯沃斯莫尔学院这个学校很有钱，它不在乎什么国家科学研究委员会或国家补助。它只要把有能力的教授聘进来，他们爱做什么研究、发表什么文章，都可自行决定。你可以一直写"边缘的东西"，而且显然也有些人觉得没必要进入"主流"。但他编的许多书，美国籍的作者仍占少数。这就是他的书很特别的地方。

事实上，"社会建构"的概念在心理学界虽然曾经轰动一时，但很快就归于平淡了。因此，当格根多年后发现在东方有人能再度跟他谈论，他很高兴地引用我们的话说："有朋自远方来，不亦乐乎。"

建构论能建构心理学的"心"吗？

我要说的是：不是只有格根主张建构论，在我认识格根之前，曾经看见他和另外几个人的著作都在谈这样的道理，因此我认定心理学可以据此而形成另类的发展。我们可以不必认为心理学仅限于实验室里产生出来的实验报告，或是咨询室里产生的个案史，把那些视为心理学仅有的合法文献。不是的。**心理学应该要散布到生活的整体，生活中无处不是心理学**。所以，我们可以用很彻底（radical，即"基进"）的方式说：心理学的核心概念"自我"，其所在之处正是"散布在人的周遭"。这样想，你就能了解社会建构论其实是放眼在这样广大的视野中，它也因此跟主流的学院心理学那个"学科"是迥然不同的学问。

我们要谈的"建构论"，包括"结构""解构"与"重构"，还有像"系统"这个字眼所延伸的各种逻辑，这些字眼都不算太新奇，但我们若能好好加以利用的话，就可以为我们的新心理学带来生机。"心的建构"就是要谈"心的结构、解构与重构"。"自我的建构"也是用这样的谈法。我把这些字眼的解释当成我们的 ABC 来开始，但我们的目标总是要一路走到 XYZ。

一种"编织"出来的科学？

我们还有个开始的条件，就是要把社会建构论转成在汉语的世界中使用。但我要回头来说，我们的担子是扛在自己肩上，譬如说，一旦我们开始对知识好奇，我们该自问的基本问题是：汉语到底是不是成熟的语言？

我们在使用"结构""系统"时，究竟能不能够让"科学"在此站稳脚？"系统"这个词，在汉语里是何时出现的？我们可以通过两本辞书来确认——《辞源》和《辞海》。任何词汇在古汉语里出现过的话，辞书都会注明其出处，但若没有出现过，则会标示这是现代语汇，会以括号附上该词的英文。譬如说"公民"一词在中国古代根本不存在，那么一定会在字汇后用括号写上citizen，表示从外文翻译过来。"系统"这个词肯定不是源于古代汉语，而是根据 system 这个词的相似音翻译过来的，但在翻译时巧妙地套用了"编织法"的概念。仔细想想，你就会发现，在科学领域里凡是谈到逻辑、组织相关用词的中文译名，都是在套用编织法——"演绎""归纳""组织"还有"头绪""系统"，都用"系"部首的字来造词。汉语为了要跟西方语言对照，虽然 system 原来的字根里没有任何编织法的味道，但是我们就将它纳入编织法里头，因此汉语的逻辑就跟编织法构成了奇特的因缘。

对于编织法在人类文明中的出现，大家都已经有共识——人类社会里的编织法一定都是由女性发明并操持的。女性发明了编织机、编织术，也由她们从事编织工作，而现代科学的系统全都采用系部首的字。这是不是在暗示：女人比男人更早踏进了科学呢？也许大家会认为我们的社会怎么可能有这么先进的思想？我们只能说是瞎打误撞——但我会说：这就是一种"后现代"的思维——女人虽然无意，但她们真的撞到了。远古时代的编织，女人要是脑子里没有逻辑结构就无法编织出东西来。一针一线都要算得很精准。那些结构很早在女性的脑子里建立完成，所以女人可能很早就擅长于组织和系统思维，只是我们原先没这样想过。

所以，我们就要用这个机会来说：结构也好、逻辑也好，本来就是替我们的当代科学扎下了一个很重要的基础。可是后来我们仔细地想想就会发现：结构的意思就是——东西都得先画出来，变成设计的蓝图，而且实际的建筑得根据设计图来建造。只要设计图有些错误，譬如力学计算疏失，那建筑就一定会垮掉。所以说，结构能够证明做事的对错，证明科学具有准确精算的可能性，只要有结构就表示能够算准。

此外，"有系统"则是指：从一个结构到另一个结构之间，乃至在结构和解构之间，都可以一直不断地联结延伸下去。譬如说巨型体育场的底层结构和上层结构，就有这样的系统关系。结构和系统就是替我们的科学打好基础，照这样去做，我们就可以称这学问为"科学"。

何谓科学？何谓不科学

回过头来问一个问题：先前谈到《夏日离鸟》那首诗，大家觉得我谈的东西是系统论吗？无论是或不是，我们在一般的教育之下，不太会去想诗和结构系统有什么关系。可是我要告诉各位，一位南美洲的诗人博尔赫斯（Borges）说过："在所有的诗人当中，他从未看过像爱伦·坡（Allan Poe）这样精打细算的人，他的诗简直就像是在解数学方程式。诗中字与字的关系可以严密到跟数学一样。"所以我谈道：翻译一首诗用了很长的时间，因为当韵脚被限定时，你只能够在某几个发音的字当中做非常有限的选择。于是我每天都在算，算着什么时候这个适合的字会出现。那是一种严格的计算，念兹在兹，但无法用计算机协助。我每天都在换字，直到有一天出现了一个字，虽然可能会稍微偏离作者原意，但它的出现让整篇诗逸趣横生。所以这时候才能定稿，我才说它被算成了——是该用"来我窗隙"而非"来我窗前"，因为这样看见鸟，才不会惊扰了它，让它可以把歌唱完。你可以由此看到：**写诗一样也是在做精算的工作。**

事实上，文学家为了要找字，常会陷入漫长的苦思。文学家个人在暖身时常会写不出字来，杜甫说会"燃断数茎须"，所以说，写作其实很耗脑筋，也可以说要算得非常精准，才能够下笔如有神。你可能会说：文学家和那些做统计的人毕竟不一样。但其实你不必坚持这样的说法。往后我们再谈下去，就会发现许多目前被我们认为很重要的规则，也就是我们对"科学和不科学"的划分，其实都太过僵硬、狭隘。

应该这样说：**科学既比我们原先想的要严谨，又比我们想的还要自由。**20世纪时，我们曾经一度以为已经把世上能够发明的东西都发明完了，尤其是原子弹的爆炸结束了第二次世界大战后，我们真以为世上的发明差不多就到此为止。但是后来才慢慢发现，原来我们许多的科技发展其实仍非常落伍，譬如大家常用的手机，我一天到晚抱怨这个可怕的发明——我以前拿一只小小的手机就可以接电话，放在口袋里很方便；结果现在大家喜欢的智能手机越来越大，因为需要更多的功能和更大的屏幕。但为什么不全部收进一个手表大小就好？事实上大家都知道，把这么多的功能全部纳入一个小装置里，效果一定打折扣。苹果计算机也知道，小巧比较方便，但日前做不米。所以他们做出的手表型小电话、小计算机事实上还是个很不成熟的装置。从这个小例子就知道：现代科技并没有走到底，它还有很长的路要走。

万事万物的"元"

"现代"不就是照着我们所知的现状一直持续下去吗？为什么要用另一个名称来说它呢？从前我们一直以为我们在思考时，遇到数学的问题时就通过数学的单位帮我们思考，针对文学时就用文学的单位帮忙思考，但我现在要说的是：**在建构论之下，两种思考所用的单位是一样的。**无论是思考文学还是数学，我们都用同样的单位在计算或运算。譬如说，我们接下来会一直使用"数元"或"思元"的概念。这个"元"字原来有两种用法，其中之一是指元素，用字尾"-eme"来代表它的最小单位；但在普通话里还有另外一个"元"的用法，是指"meta"，譬如"元理论"是指"后设理论"的意思。虽然都同样用"元"字，这两个用法意旨不同，但妙的是，它们会前后连成一气。我们要强调的"元"首先是指前者（-eme），然后就会引接到后者（meta）。在后面的几讲中，这些区分和连贯之处会一直讲到清楚为止。

我们先来牵出个头绪：譬如在讲"动作"时，最小的动作单位可叫作"动作元"（acteme）。你在做一个手势的时候，它本身是由一些手势的元素所构成的。当你挥手致意时，如果改变了挥手的角度，别人所领会到的意思就不同。譬如好朋友见面时，你把手举高左右摇晃，是在打招呼致意；但如果有一个朋友的挥手方式像是行军礼，那到底是什么意思呢？依然在打招呼致意吗？如果要讨论这样的动作信息，须注意在军队敬礼的刚硬动作是在特殊的情况下发生，它和日常朋友之间的柔性挥手是不一样的。这时候将这两个动作加以分析，可以知道第一个动作和第二个动作是由不同的"元"所构成。我们可以在动作后面加上"-eme"，表示"动作元"的概念，英文可写成"acteme"（或"behavioreme"），以表示它们是构成动作或行为的单元。

假若日后我们对于任何观察的事物，都可以用最小单元、元素来分析的话，包括我们要观察的"事件"和"对象"在内，那么科学其实是可以改写的。不再只有物理学、化学和生物学才能使用分析方法，关于人文的所有东西都可以这样分析。也就是说，只要能够找得出最小的、可称作"单元"的东西，都可以成立科学。过去我们以为只有物理学、生物学和医学才足以代表科学，而人文社会科学都被说成次等科学，现在，我们有机会让整个知识状况改观。其实生物技术、医疗、物理、化学都是一样的，分析时也是要能找出最小单元，之后把它串起来，形成一个结构。人文领域也是如此，如果能找出"最小单位"加以分析，不就形成了能够与自然科学平等的学科吗？建构论的根底之一就是要设法把这种概念建立起来。之后无论是社会学、心理学或伦理学，只要是能够以这种方式建立的学问，就是合法的科学。请注意，这不是说心理学要模仿物理学，而是说：两种科学原来只是一种。

建构论的下一步要说明：这些最小的单位构成的东西，常常不是用数量可以解释的，因为我们要谈的"元"当代法国哲学家巴迪乌（Badiou）称之为 matheme，这个字看起来和 mathematics（数学）同源。但还好，有些后现代的哲学家会反问一个问题："数学"难道都是用"数"（number）来形成的吗？不是的。譬如说，几何学如果把圆形拿掉，若规定勾股定理"直角三角形的两条直角边的平方和等于斜边的平方"只能用代数式，不用几何图形呈现，有哪个人可以一看就懂呢？换句话说，圆形和代数式两者是相辅相成的。图式在数学里常具有高度的关键性。如果只有数，没有圆形的话，数学是无法发展的。解析几何❶的出现把两者结合起来，但在数学史上，这已是后知后觉。数学其实一直在思维方式上推陈出新，到后来，厉害的数学家不用"数"就形成了数学里非常重要的理论，譬如康托尔（Cantor）提出的集合论。集合论是这样的——它先说"有一个集合是由 S 构成的"，然后画一条线，接下来写道："S 是所有飞行物的集合。"这时候，集合的概念里没有"数"。也许你认为有，你还想去数数看飞行物有多少。但是你真正要了解的时候，并不是用数的。反正我们都会把那些"会飞的东西"理解为"同一种东西"，或理解成"同一回事"，因而能构成"一个集合"。这样，在理解上

----

❶ 用 X、Y 轴构成的二元方程式（二项式），解析几何就是根据这个二项式画出的几何圆形。图和数字之间其实就有这种相辅相成的关系。

并不会有困难。于是在数学里产生了一种"不使用数字"的理论。它可以用来解释所有的"物"（objects），甚至解释一切"存在"（beings）。在此，它已经变成了一个存在论（或称"本体论"）。

我们再进一步演练一下"集合"。假若我说"所有会打女人的男人"所形成的集合，你们会想到什么？不一定能用算的，可是这样的说法不难成为一个概念——"所有会打女人的男人"，你不一定能用数写出来，但以我们的历史经验却能够想得通，所以，数学有时候可以在现实世界之上建立一套思维形式。自古以来，数学跟现实世界已经没有必然的对应关联。如果有的话，那只是刚好可以用来替现实背书而已。譬如我们刚才讲的"结构"这样的东西。但是数学本身并不是只靠着结构来进化的。数学有一种非常奇特的进化方式，就是它会和自己的结构斗法，后来总会冒出一个"新结构"。我们可以由此而上溯到最古老的数学是怎样产生的。

结构与系统之"元"

我们来进一步谈谈后结构方法论的一种精华，我们姑且称之为"元方法"。其中有一个很古老的道理：古代人在开始写一、二、三时，就是如实地用一根一根的杠来表示它和数之间的对应关系。可是对应到数字"四"时，中文是打成一个方格子，而在大约同时代的西方（两河流域）则曾用四杠"IIII"表示。但我们试着看看较晚的罗马数字，到了"五"时就写成了"V"，已经脱离了一杠一杠对应的方式。它已经产生了别出心裁的代号，而罗马数字中的"四"则是用"V"倒回来消灭一杠，写成"IV"。中文的情况可又更怪了。在甲骨文之前的数字图符，记载一、二、三，到"四"写成的方格已经有别出心裁的意味，但写到"五"的时候，出现更惊人的层次转变。各位请看，它长成这个样子——为什么这是"五"？古代人是怎么想的呢？注意看看："五"有五个点——就是四个端点和一个交叉点，加起来就是五个点。换言之，我们一直以为纪录数字的方式是一杠一杠地连续增加，但到了"五"的时候，它的思考方式突然产生了跳跃。于是，我们知道的是：在简单的数一、数二，数到五的时候，我们发现人类的脑筋已开始做出跳跃的变形。因为再继续一条条画下去会是很麻烦的方法。试比较一下云南的东巴文，他们记录1~9的数字时，确实是一杠杠地画下去，没有让脑筋思索跃动。但我们看到"五"这种文字的时候，就不得不叹服：人类为了要解决数数的麻烦，可以从原本一条杠、一条杠的数法转变，也就是超越一阶，转向元（后设）——改成数那五个点。这种超越式的转变就是思维方式的进阶。我们在后面还要特别说明这种"进阶"——就是"元"的第二种意义，超验的后设。

因此，我们在谈matheme的翻译时，因为它像是在谈mathematics，所以我们一般的翻译者会不假思索把它翻作"数元"，但我们事实上是在思考当中产生了叫作"元"的东西来帮助思考——不是"数"，而是其"能思"、能做分析的单元。所以我们的后现代科学可以回到这么根本的地方来重新开始。数论、几何学、集合论等，任何东西都可以重新解释一遍。语言学也一样，我们使用的语言事实上也是用一个个的形、音、义元素凑成的，每个元素都变化无穷。光说口语的语音吧——把我现在讲的话录下来，或把它全部誊抄起来，最后就可用归纳的方式来整理，录下几万条的话语、抄下很多很多语句。当然计算机很容易帮我们归纳语言中的辅音、元音，或一个个语词，但是我们在讲话的时候，实际上没有人会这么有板有眼的。拿语音来说，我们以为用拼音作为单元，就可以标注人讲话的发音声调，可是事实上人讲话的发音常常会产生变调现象，溜来溜去，而不会死板地按照格式说话。这么说来，计算机真能把这些规则都归纳出来吗？正因为是"数不清"，所以不叫作"数元"。

陷入"硬撑"的结构

我们实际讲话的发音经常偏离标准，讲求标准发音是现代结构主义的思维，但结构再怎么完整，一旦开始使用的时候，除了变调之外，人还会在发音里面游走，这才是讲话的实情：**人一直在创造一些拼音也拼不出来的字词。**

假如一定得按照拼音讲话，你可以仔细听听，譬如："星星知我心"这样的句子。如果是标准普通话的读法，会是"星星（强调 xing）知我心（xin）"，可是我念出来多半会变成"星星（xinxin）知我心（xin）"。"星"跟"心"发音接近，但事实上字典上的拼音明明不同，大家却都觉得无所谓，反正大家都晓得在讲什么，无伤大雅。强调"结构"有时会变成一种偏执狂，以为事情是照某个方程式去做，但"实情"常常不是如此。我们以为可以按照系统的结构去做事，但后来发现那是自己骗自己，所以才会逼出后结构知识状况的产生。它并不只是在扯后腿、恶作剧。事实上是因为我们一直在努力维持原来那套结构，甚至为了要维持它而花掉的力气比它原来能发挥的功能更多。这种系统结构的强力维持以及它所产生的问题，我可以用一个活生生的例子来说明。

某次，在跟一位学生聊天时，不晓得怎么谈到了"郑成功"这个人名。我念了"zhen 成功"，他说："zhen？中国人有姓 zhen 的吗？地震的震？是

zheng 吧！"我听了，脑袋转了一圈，禁不住对他讲了"三字经"，因为"三字经"他也听得懂。我辩解说："我们讲话，不用翻译就可以互相听懂，算是很幸运的啦。但不保证一直都能这样。接下来还有很多你听不懂的话，不要在一个字上面挑这种毛病，什么震成功、郑成功，我们不都知道在讲谁吗？"

好了，回过头来，我要讲的是，我们讲话彼此能通是因为：即使你很会分析，也找到很细微的差异，可是一旦了解之后就会发现有些分析其实没有必要。有些时候，使用了不对的分析，就是在白费心思，只是企图把系统维持得更完整而已。我们把分析照着理论的某种方向去发展，最后就会发现：这其实是自己在硬撑那个结构而已。到了后来，发展到极致的系统，却变得没人要使用了。

人工智能与"心"的相遇

我要强调的是：心理学本来就可以跟物理学有很大的不同。原因在于心理学要解释的"东西"或"事情"和物理学不一样。譬如我们下一讲要特别谈的"心"。心到底是什么呢？它本来就跟物理学截然不同，因为它要解释的"东西"从来没有可以直接观察的对象。那么，难道物理学就是全然通过直接观察，然后结构化、系统化而构成的吗？其实也不是。我们今天所知道的科学，无论是在说什么，都已经比一个世纪前飞跃了一大步。即便是物理学，发展到了某个程度以后，也已经发现不能只用观察来肯定，而是要通过假设、推想，之后再演算、验证。但那样的演算已经是脱离现实进行的。譬如量子力学，谁能看得见所谓"量子"是什么东西？到了今天，谁不知道那就是一种数学的"建构"？

后来出现很有名的"测不准原理"，也就是发现——所有这些物理"事实"，其实是靠我们推想出来的。推想之后再开始进行运算，包括原子弹的制造也是推算出来的，不是把物质混起来就可以做成。所以我们也了解——数学演算并不能带来保证。科学家原以为观察、结构，然后系统化，最后就可以算出扎实的科学。然而，科学里有大半的东西是靠着大胆假设，最后才能有系统地把它"建构"出来。同样的道理，我们用"建构"来说人，不也就是这样？

我刚刚就特别举例说明一个行为是否可由所谓的"动作元"来构成。要是你有办法做系统分析，把人的一颦一笑也都包含在内，你要先晓得人的动作里面包含了哪些"有意义的动作变化"，然后把变化里的细节都一一清楚地确定下来，就可以模拟出很多人的微妙表情。这就表示你知道了这个"动作"其实是在"做什么事"。

譬如说，有一种最微妙的表情叫作"尴尬"，似笑又不笑，皮笑肉不笑，或叫作"干笑"。当你这么笑的时候，事实上并不愉快，而是很苦。人类直接用肉眼辨识、推理就知道这表情和人的处境，知道他身处于一件难堪的事态之中，这事态有必然的脉络关联。我们在后面几讲会专为这种情绪另作讲解，这里只是说：人有这么精微的能力来判断事态（也就是情境和事情），但如果改用计算机去仿真，计算机根本不知道它的单位是什么，事境和事情的脉络是什么，所以它要模拟什么？怎么计算？我们的科技根本还没有发展到这地步，所以还有很多事，人能够轻易做到，但计算机与高科技还差很远。

回过头来说，在心理学这样的学问中，我们想要告诉计算机"一件事情"，但不知道要使用多少层次的信息才能把这"事情"给模拟出来。讲话

"这件事"就是最麻烦的事。譬如所谓的人工智能，其实已发展了很长一段时间，但目前人工智能还是发展得很粗糙。我们以为智能型手机很有智慧，结果打开之后想用语音输入法，在我们说完话后，手机能猜到正确字词的概率有多高？对着手机地图讲一个地名或地标，它的正确率蛮高的，但讲其他的话题呢？大家有过这种经验吗？这已经是现代的最高科技。因为商业竞争的关系，它还有很大的发展空间。只不过，我们来看看"其他话题"的一个简单事例：假若我们在火车上要发短信息，可以通过语音输入法来说："小花今晚别来找我了，我有事，记得ㄏㄚ๋（har，hà）。"但有些字它就是不能表达出来，像刚才我说"ㄏㄚ๋（hà）"这个字，手机里没有，可是这个字很有意思，是要强调、要叮咛，所以才说："记得'ㄏㄚ'（hà）。"软件设计者难道会疏忽掉我们一天到晚在用的字吗？然而他们事实上就是疏忽了，因为我们讲话常会使用字典里不存在的字词，譬如说"啧啧啧"这样唏嘘的声音，我发出这样的声音，你就知道这表示事情很糟了，可是有哪个计算机程序设计师能够把我发出的"啧啧啧"翻成可以看得懂的字？也就是说，计算机听不懂了，所以我们才会说：**后现代科学的意思在于认定"科学还没走完"**，在这样的情况下才有机会继续往下延伸，而要延伸就得推翻先前的思维和假设。

我们下次再继续来谈关于"心"的各种问题，会谈到"推翻旧思维和假设"是帮我们重组许多重要问题的基本步骤。也就是说：只有先做到"解构"，才能有机会"重构"。

以科学为名的"巫术"

下一次，我会和大家谈谈究竟心理学中的"心"是什么东西。心理学常常容易被学院派的主流引导到一个要花费许多心思但却没有必要的地方。我们不只是在评论学问好坏的问题，而是希望能把这些道理给讲清楚。我相信各位一定知道主流的科学常以量化研究的姿态出现，而质性研究变成它的边缘。我们下次再来检视一下，为什么质性研究被看成边缘，或不科学，而为什么大家这么容易相信量化的研究？

这当中其实有很多地方是教育体系的操作，后来我们就成了数字的迷信者，和相信巫术的小道没什么差别。反过来说，一个明智的人做出了好的判断，你却不相信他？譬如在入学的时候，我们宁可采信考试成绩也不愿相信当场的面试？全世界最重要的人才，在应聘时，要点就在于"他当着你的面，对你表现"。考试再怎么样都只是参考而已。可是现在的入学面试变得不需要了。我当面看着你的时候，你的一举一动、一言一谈，那是什么意思，我都可以看得明白，可是心理学为什么不能好好善用这样的"数据"却要把它边缘化呢？意思是说，心理学本身都没有搞清楚究竟什么是科学的根本，什么是结构和系统，以致认为自己所掌握的结构就很科学了。但是当我们对"科学"多了解之后便会发现，现在很多的量化心理学其实是非常不科学的。以严格的科学来说，它常常使用错误测量工具，测出错误的标准，以致把测量的对象弄错了。譬如十八、十九世纪的颅相学（phrenology）和当今许多心理测验的变量，即使测量得再精准，其测量标准如果错得离谱，那就是完全白费力气。于是，我们以为那是科学家的玩意，可是后来发现那正是以科学为名的"巫术"——"巫术"不是问题，但科学对它的避忌，造成了自我理解的障碍。

"人格预测"的狂想与谬论

学员提问

刚才提到人的行为为何难以预测，其实比较困难的地方在于人的行为通常不容易符合特定规则，在不同背景脉络下也会有差异。譬如说家暴的人可能有某种性格特征，可是在会谈时可能会碰到跟我们预测的性格不一样的人。那么，如果现在要开发一套能侦测"潜在杀人狂"的工具，要如何去评估呢？

宋文里： 关于你的提问，老实说，你在问的时候可能觉得简单，但我听起来几乎要冒冷汗了。因为这样的想法必须要先从人的行为分析元素下手，就好像文法一样，语言有它的文法，行为、身体语言也有它的文法。后来又提到人的行为是不是可以预测？不管是家暴或危害公共安全，甚至反社会人格之类的，事实上已经离题很远了。我们单纯把一个人限定在脸部或肢体动作等，像语言学一样进行分析，意思是，我们可以把人所有的表达都视为广义的语言，因此我们未来的心理学要大量使用语言学的知识。有了这些基础的建立，才能进一步去侦测事实上可能发生的难题。

"不要说语言在心灵中，而应说心灵在语言中。"——这是建构论的一个基本命题。我的意思是：心理学原以为能够以行为观察而自成法则，后来发现大部分的法则都得从语言中寻找。譬如你的心灵，一般人总以为：最知道的就是自己了。但问题是：我们一定知道自己的心吗？更何况别人是否知道了？所以建构论会重视的议题是"他者之心"（other mind），除了从我们自己的立场来理解"我的心理"（my mind）、"我们的心理"（our minds）之外，还有很重要的问题——"他者之心"。这是我们最大的考验。我们作为研究者，首先为什么可以知道"非我、他者、另外的人"对我所做的"任何表达"表达了什么意思呢？人说出的话背后有文化传统的规则，还有具体的辞典可帮我们确定那些规则是什么意思。可是我们在语言中永远都夹杂了一些字典文法中没有的字，不是吗？我们先前举的例子："你等一下不要来找我ㄏㄚㄇ。""ㄏㄚㄇ"在字典里不会出现，问题是我们大家都能理解，但计算机的字典里为何没有这个字呢？这不是很奇怪吗？计算机还赶不上，因为程序设计师想不通。科技想要尽可能模拟人性，但它显然还落后得很远。

因此，我们说"要懂得他人的心"这件事，一定要通过很多没有想到的媒介，包含刚才提到的"脉络性"。语言背后的支撑就叫脉络（context），当文本（text）和脉络（context）合在一起时，让我们得以理解，也就是说文字、句子，还有当场出现的表情、叹息等，集合形成了让他人能理解的表达。反过来说，心理学想要通过心理测验来测量人心的时候，比我们刚刚所讲的计算机还要更笨。心理测验没办法用测验题那些极为简化的句子去捕捉人心，因为我们说出的语句常有很多意思。心理学家过去一直以为，语言文字一旦被写成测验题，再经过信度、效度考验，就可以打包票说测验题究竟在测什么。我在此要拆穿这套谎言，要告诉你：这样的测验根本是不可信的。即便它的信效度再高，也只不过是在它原先规定的范围内，才称之为信度、效度。一旦离开实验情境脉络后，就会变成很笨的东西。心理测验要理解一个人的意图，常常必须要测过一、两百道题目，但其实人和人讲话，几句话就可以了解他的意思。而心理学家在此之外竟声称发明了很精致的工具，可以用来测量人。过去的心理学对语言学非常外行，以为测验题中写出来的一句话，就必然代表特定而标准的意思。这真是太背离语言的道理。任何一个句子要是用不同的声调来念念看，马上就会变成不同的意思。我们在听人讲话的时候，你要有这种本事，才叫能听懂话，能用来阅人或阅事。"阅人无数"的意思是拥有很多江湖经验。我看人听话就能懂得他的意思，但心理测验完全不具备这种本事。

刚才还提到人怎么去看一个人有没有家暴倾向，或危害社会等性格特质。我只能说：要准确预测、猜中一个人是什么人，这是一个神话。很早以前的心理学就想这么做，发明一种可以预测人的方法，但是过了几百年，我们都知道这个尝试已经失败。最早高尔（F. J. Gall）发明了颅相学 ❶，测量一个人的颅部指数，即从头部前端量到后脑有个长度，从太阳穴的左边到右边也有一段长度，由这两个长度算出一个商数，叫作"颅部指数"。然后高尔宣布颅部指数达到某一个数值以上便比较有犯罪倾向。结果，后来发现他测量的其实是种族特征。你们晓不晓得：欧美的白人，他们的头型较长，而典型的蒙古族，头型倾向于扁的，量出来的颅部指数跟白人不一样。但高尔说标准的白人头型跟偏离标准的头型就显现了不一样的犯罪指数。所以，要是我这个扁头族在一百年前接受高尔的测量，会被列入具有高犯罪倾向的族群里。如果一百多年前有个华人跑到欧洲、美洲去，那肯定是社会边缘分子，不可能打入上流社会。譬如在拉丁美洲有很多地方，华人在那里以零售、摊贩等最容易活下去的方式起家。不过华人有一点很厉害：过去当摊贩的，现在很多都变成百货公司老板。拉丁美洲不知道有多少的商场经营权都握在华人手上，可是如果在百年前测量，他们会被视为高度犯罪嫌疑人。百年之后都变成高社会阶层了——还是同样的头型。一直以为可以测量的东西，原来是建立在一个错误的测量方向上。原来这些"犯罪倾向"的头颅不是黑人就

---

❶ 德国解剖学家弗朗茨·约瑟夫·高尔（Franz Joseph Gall）于 1796 年提出了颅相学，之后此学说在 19 世纪曾风靡一时。

是亚洲人——原来高尔真正测量的不是犯罪的潜质，而是种族差异。

因此我们现在以为能够测量人格特质的测验，其实因为对语言本质太没概念，以致都有胡言乱语、自圆其说的意味。下一次我再跟各位好好分析看起来最准确的人格特质测验，里头瞎扯的成分简直到了不可思议的程度。这为什么还会被人认为是很了不起的心理学？那也没办法，学术界形成的"主流"，有时就是知识社会学之下的盲目范式所衍生的结果。

学员提问

您刚说的"不可靠测量"也包括衡鉴在内吗？

"衡鉴"基本上只是"测量"的一个比较松散的讲法。测量（measurement），意思是用量尺、用一定的数值，就可以量出来；衡鉴的话，就包括使用各种不同标准的量尺来进行测量，还加上一些非测量的评估。譬如说根据人格测验来跟人面谈，把他看起来像不像罪犯的看法也写进去，两者结合在一起就叫作"衡鉴"。衡量、鉴定，在汉语里可包含很多弹性的变量。可是，因为我们倾向于在医院、犯罪侦察系统、社会福利机构等地方使用衡鉴，所以后来的衡鉴方法还是按照一定的操作手册、测量公式得出。本来可以灵活运用的东西，到了一定要按照公式去做的时候，常会变得呆板、失去弹性。所以"衡鉴"只是把测量的概念转变为把多种评估结合在一起，简称为"衡鉴"而已。本来的用意是要扩大测量的范围，使机械化的测验之外能加上人文关系的判断，但后来用这个字来进行公式化操作，并没有使它变得更有内涵。

第二讲

『心理学』与『理心术』

我们的讨论聚焦之处一般称为"心理学"，但必须记住的是：我们要以后现代转型之后的种种学问来对质心理学，对心理学产生启蒙与挑战。就在同时，我们必须有自觉：我们是用汉语来重新承接这些挑战的。我们要学会的心理学，用汉语来说就应换个名称叫"理心术"——我们要学会的是一种学问的"启蒙创化"过程。

这是什么"东西"？

我常常念兹在兹地想着："来讲堂到底要跟大家讲些什么呢？"

即使在来讲堂的路上，我都还会一直构思什么才是有趣的题材。今天在高铁上，我摸到了一串钥匙环，想到了一个文字游戏："东西究竟是什么？"

你们知道什么叫"东西"吗？不知道才怪。但我说怪的地方是：为什么你不觉得奇怪？为什么我们在汉语里面有这么一个称为"东西"的词汇？

老师：（手中亮出一把迷你小剑）这是什么东西？

学员甲：嗯……像刀子的剑……

老师询问其他人：这是什么东西？

学员乙：钥匙圈，像刀的钥匙圈……

"像"，这样说还蛮准确的，如果你说"这'是'一把剑，或刀"那就错了。我如果在地铁上把这"东西"拿出来，没有人会吓到，但若有人在地铁上亮出一把刀来，大家肯定会惊慌逃开。因为它只是剑的1：100比例的小模型，吓不了人。而我询问"这是什么东西"时，你立刻就回答得很准确。我们再来看看：

老师（拿出压扁的塑料瓶）：我再问一次，这是什么东西？

学员某：塑料瓶，被压扁的塑料瓶……里面还有饮料。

还有别的答案吗？我要问的是："第一，它的容纳功能已经丧失，可它原本是个容器，对不对？第二，它的形状也剧烈改变了，为什么你还知道它是塑料瓶？你是根据什么线索而知道呢？"有谁知道？或有谁不知道吗？你我之间没人不知道，但我还是要问："这'东西'本来是什么？现在是什么？"

汉语有趣的地方在于：我们把物品称为"东西"时，难道大家从来没有想过"东""西"原是指两个方向吗？可是为什么当我问"这是什么东西"时，大家却能回答：这是塑料瓶、那是一把剑，这是什么，那是什么。怎么能够这样肯定地回答呢？"东西"原本的意思竟然是指东边和西边，汉语是不是有点疯了？它在讲什么"东西"？在此之外，我再进一步，举出一个好玩的句子"东西究竟是什么"。在汉语里，这句子可以这么说：

"东西究竟是什么？"

"究竟是什么东西？"

"是什么东西，究竟？"

"什么东西，究竟是？"

这是汉语的妙处——文字本身形成了循环，怎么调换位置，意思都一样，所以还不只是东边西边而已。各位注意，我们用汉语思考、阅读，但这语言本身就充满着妙趣，值得我们更加注意。你可能见怪不怪，可是就要像胡适说："在不疑处有疑"，才能真正进入值得我们谈的问题。

"东西"、存在、存有

关于"心理学"或"理心术"，延续上一讲，我希望大家了解的，实际上是我们受到所谓后现代、后结构的思潮冲击之下，不得不做出一些反应。自 19、20 世纪以来，我们一直陷入"西潮"——即西方冲击的状态——几乎从未停过，还在变本加厉，愈演愈烈。当我们以为可以喘息时，西方思潮却仍持续不断地轰炸我们的文化。特别是汉字的文化一路受到影响，我们今天一直强调的汉语，其实最重要核心就是汉字。汉字先传到了朝鲜，后来到了日本，然后整个汉语圈从 17 世纪起就一直受西洋影响；而我们今天所使用的汉语，有相当多都是在日本翻译了以后，再转手传回原来汉语的发源地，也就是我们的生活里。大家往往料想不到，今天我们使用的汉语，尤其是学术和各种现代专业的用语，其实有很多是来自日本人所使用的"汉字"（*Kanji*）。

关于这段历史，不得不提当年清华学堂国学院中的四位大师：梁启超、陈寅恪、王国维以及赵元任。王国维是国学大师之一，学问渊博不在话下，翻译了很多著作。其中关于心理学的有《心理学概论》及《心理哲学》，这两本都是丹麦作者哈格尔德·霍夫丁（Harald Høffding）所写的。请各位务必记得：王国维当时用的汉语是文言文，还没有进入所谓的现代汉语❶。但

---

❶ 1918 年，甚至是"五四运动"后，经过这些分水岭的汉语才叫现代汉语。在此之前属于近代或古代汉语。

是，王国维在翻译时所用的一些语词，譬如"心理学""伦理学""主观 / 客观""本能 / 经验""神经系统""意识 / 无意识"等，无不来自日本汉字，后来也都保留在现代汉语中使用。❶

这样的例子多得不得了。我强调"这就是我们现在需要面对的问题"。这在现代的语言中已经司空见惯，若没有特别加以注意的话，就不觉得那会构成问题。因此，当大家看到这个文字现象并对它进行判断时，不能只把它称为"象 / 形"文字。事实上不只词语文字变形了，文字的功能也变了。"象"原是个大家会用来思考的意义单元，也就是 matheme。因此我要说，matheme 这个字不能只翻译成"数元"，若不多加说明，很多读者会以为这是它唯一的翻译，这样就会把概念狭隘化了。

我提到的是所谓的后现代思潮，当它在巴黎风潮汹涌时，产生了几位大师，如拉康（Jacques Lacan）、福柯（Michel Foucault）、雅克·德里达（Jacques Derrida）、德勒兹（Jacques Deleuze）等，目前都已过世；但后浪推前浪，现在还有一些新秀思想家前仆后继，如让 - 雅克·南希（Jean Luc Nancy）、吉奥乔·阿甘本（Giorgio Agamben）、阿兰·巴迪欧（Alain Badiou）等人。其中巴迪欧的发言很有力量，他的哲学论点一直强调："我们要回到数学。"哲学唯一的路子就是回到数学，可是他说的数学不是回到"数"，而是要回到存有，即回到"作为存在的存在"。它的英文翻译是 Being *qua* Being，似乎有点咬文嚼字，但这是新思潮所带来的必要冲击。

"*Qua*"要翻译成什么？是哪一国语言呢？*Qua* 是拉丁文，也是法文，

---

❶ 王国维曾慨叹"译西语之汉文"的匮乏，主张沿用日文译语，他说："日本之学者，既先我而定之矣，则沿而用之，何不可之有？"，他又说："余虽不敢谓用日本已定之语必贤于创造，然其精密，则因创造者之所以不能逮。"这些话取自梁展《王国维'境界'的西学来源》一文。

就是英文的"what"。但"Being 'qua' Being"不应翻成"what",而应转为"as",也就是"Being as Being"。"存在"也不光只是说"东西就在那儿",所以那便存在。"一个人存在"和"被你视为存在",是两回事。而我们真正要回去的是"存在之为存在"的那种"东西"。

所以汉语的"东西"这时候就瞎打误撞,发挥了很奇妙的作用,把我们要谈的"存在"变成大家耳熟能详的语词。我们讲"东西究竟是什么"?又可东又可西,它的意义不定。可是它真是歪打正着——当我们讲"存在""存有"这些翻译时,相对于原文来说,实在非常别扭。在古汉语里面,"存在""存有"是没人能听懂的。但现在它变成了我们哲学里面最重要的语词。心理学也是如此,我们谈到所谓科学哲学的时候,不也一样要回头谈究竟什么是"存在"吗?这就是所谓的第一原理的问题——但凡要谈论任何东西的前提,它的第一条件是它必须要存在。若不存在的话有什么好谈呢?在我们面前,它必须存在,但这样的说法当然也是个难题。所以巴迪欧就一直说,数学最后一定会回到一个问题,就是"Being *qua* Being",作为存在的存在。

提到"Being *qua* Being"这样看似吊诡的语词,我想请大家假设一下自己是孔子的徒子徒孙,以这个角度把整本《论语》再读一遍。孔子会喜欢像这样玩文字游戏或诡辩吗?意思是讲东像西、讲西像东,他会这样吗?大家应该很熟悉《论语》,一路历经这么多考试,或光是看别人引用的就够多了。印象中孔子可曾讲过任何拐弯抹角的话?我想大家都会认为孔子语言的特色之一就是直言和无隐:"知无不言,言无不尽。"孔子几乎没有所谓的推论,他直接告诉学生"忠是什么、仁是什么"。他会定义一个命题,然后直接给答案,所以没有拐弯抹角。大家都习惯他的直言无隐,从不诡论。可是,孔子偶尔也会说出几句诡异的句子,譬如这个自称"无隐"的人就说过:

"父为子隐，子为父隐，直在其中矣。"

这句子大家都会背，但有人怀疑过这句话吗？有人看过它的解释吗？要解释真的很难。"父为子隐，子为父隐"是说父亲和儿子都在隐瞒。然而"直"却在其中？当初在抄录的时候抄错字了吧？说谎居然还可以叫作"直"？大家一定觉得非常奇怪吧？

我们再来说文解字：原文说"直在其中矣"。大家回忆一下小学的语文，写"直"的时候中间是三划，不是两划。为什么三划呢？因为"直"在造字的时候，是一个"目"再加上一竖。

直：甲骨文 ，在眼睛 上加一竖 ，表示目光向正前方看。

古时候也可以把目横着写，如果把"目"横写，再加上面的一笔，你会想到什么呢？就是"德"的右边那部分。道"德"在我们的传统当中，有些很基本的德臣，父子间最基本的伦理不就是"孝、悌"吗？因此当孔子说"直在其中"的时候，他说的是"孝悌之德"在其中，而不是我们今天说的正直不正直，或真实不真实的问题。他说的既然是"德"在其中，那他当时说的话仍然没有拐弯抹角，否则从字面来看，根本是诡辩。

然而，孔子有一次真的讲了一句非常诡异的话，我稍后再邀各位做分析练习。根据我们颠扑不破的考试传统，你们本来就逃不掉的。

我们需要的是"人学"中的"理心术"

心理学有一个很重要的任务，我希望我们今天能够回到最根本的地方。

用希腊文构成的一个字 *Psychology*，被翻译成英文，流落到今天，然后我们接受了日本的汉字翻译，叫作"心理学"，这在汉语里其实也变成了一个很怪的词。只是如同我刚刚说的"东西"那样，"心"—"理"—"学"这几个字你用得很习惯了，所以不觉得它是怪东西。

我要说的是："心理学到底在研究什么"？心理学有一个"对立面"的学问，叫作"物理学"，一样也是来自日本的翻译，刚好形成对仗工整的"物和心"，可是心理学在造词的时候叫作 Psychology，而物理学叫作 physics，它没有 -ology 的字尾，没变成 *Physicology*；就好像数学叫作 mathematics，也没有 -ology。那什么东西会有 -ology 呢？有很多你们都知道的：biology（生物学）、sociology（社会学）、anthropology（人类学）、archaeology（考古学），其实还有很多很多你没特别注意的 -logy。

"-logy"字尾是什么意思呢？就是言说、道说、讲道理。道理的希腊文叫作 *Logos*❶。所以"心理学"这三个汉字摊开来就变成："心—讲道理—学问"。那么"物理学"呢？很不同的是，它没有使用 -logy 为字尾。亚里士多德认为 *Physic* 在希腊文里面非常简单，就是指"自然地、东西就在那儿的、万物之学"，所以它没有必要再加上"道理"（-logy）去间接描述它。

自然科学发展到后来，也通过数学来讲道理。譬如力学里的阻力、压力、加速度等，都运用了数学作为它的语言。但我们在心理学上，是不是也一样要用数学来说它呢？不一定需要，因为我们要回到根本，不管是用量（liang 四声，数量）、用量（liang 二声，估量），甚至用图像、用行动的方式都可以，为什么一定要用数？所以物理学不一定是心理学的好榜样，它们研究的是不

---

❶ 逻各斯（希腊语：λόγος）是古希腊哲学、西方哲学及基督教神学的重要概念。在古希腊文一般用语中有"话语"的意思；在哲学中表示支配世界万物的规律性或原理。——原编者注

同的东西。物理学和心理学如果刚好在对立面，那就应该是不一样的学问。

我们现在可以说：心理学和物理学既然站在相对的两极，那么这两种学问彼此之间必然也有相通的地方，就像冷与热的两极之间，有个相通的概念叫"温度"。希望我们能够把这相通的原则找出来——找到之后，我们就不必像19世纪到20世纪初那样打混仗，不需要像自然科学与人文科学之间那样争夺谁是真正的科学。当然，就学术史来说，后来人文科学打了败仗，自然科学很强势地渗入整个高等教育里，几乎是二话不说的，到处都是它；而社会科学和人文科学就一直苦苦力辩，辩论了很久之后，人文科学才有人出来说："我们未必非要数学不可"，真正根本的学科，很可能是心理学。因为不管是说到物理、生理，或什么理，一讲到"理"，那个理要能够说出来，还要被人知道，那"知"本身，不就是心的现象吗？所以，所有的学问应该返本归宗，最后都要回到心理学来。

当时有位德国哲学家这么建议，但他在哲学史上没有名留青史，因为很快就败下阵来了。他的名字是赫曼·保罗（Herman Paul）。在他之前还有一位威廉·文德尔班（Wilhelm Windelband），他讲的东西比较有内容。他认为，所谓自然科学和人文科学（或"文化科学"）之间有差别，也就是说，这两种学问各有其性质，确有差别。简言之，就是知识有"通则"（通名）（nomothetic）和"个例"（描意）（ideographic）的两个原则，两种学问各据一方，平分秋色。当然后面一定会有人说："其中必有共通的道理。"很快的便有了这样的说法："基本道理就是数学。"另外一边想要夺回道理的基本盘时，就提出心理学，但后来为什么会败下阵来？其实我们无妨在这里立刻来试试看：任何一个命题、陈述，经过讲道理的过程之后，也就是经过互相对质的辩论之后，你马上就会看出其中的输赢，高下立判。

先"知道"，后"有理"

关于讲道理是什么光景，我现在举个自己曾经身历其境、感受良深的例子。我在大学一年级时修过一门"哲学概论"的课，当时授课老师在台上这样说："我们在谈哲学或任何知识时，需要讲求真理，客观的真理。"什么是客观的真理呢？他举的例子是："玉山上面有一棵树，不管你有没有看见，不管你知不知道，它就在那里，这就是客观的真理。"他认为客观真理的意思就是"它在那里，但跟你我无关"。

那时我听了觉得不太对劲，就举起手来。于是，我开始跟老师滔滔辩论起来，也就是开始讲道理了。当时我说的大意是这样："老师，您刚才说玉山上有一棵树，您既然说：'有一棵树'，所以您讲的树已经是指特定的一棵树。如果说：'玉山上有很多树，不管你看不看得见，它们就在那儿。'这样说，我可以接受，但我引用您说的原文：'那一棵树，不论你知道或不知道它的存在，它都存在。'然而既然说'那一棵树'，是一棵特定的树，很可能它早已像植物园里的任何一棵树那样，是有编号的。那您怎么知道它在不在那里呢？像前两天有台风，说不定就把它给吹倒了？或是被雷击劈断了？总之有很多可能性发生。因此，您怎么会那样肯定地说'那棵树的存在跟你知不知道无关'呢？"——我的意思是，这位老师所说的话，事实上自相矛盾——既然提到了有一棵树，那就表示"已经知道了"，后来又说"这跟你知不知道都没有关系"，这说法不是明显地自相矛盾吗？所以，像这样讲道理，你们也就可以分辨出谁有道理，谁没道理了。

当时我这样讲，那位老师反而愣住了；他没料到我会这样说，不知道要怎么回嘴，所以才会让我一直讲个不停。坐在我旁边有位比较老成的同学，他拉拉我的裤子，要我赶快坐下。下课时，那位老师看起来已经在冒冷汗，我想他自此会永远记得我了。果然，到了期末考后，那一科我被挂科。拉我裤管的同学也被挂了，但他考五十几分，因此不甘心地去找那位老师理论："我很认真写了，为何你给我五十几分？"卷子拿出来以后，发现那位老师根本没有仔细看内容，他就只是瞄过去，就打一个分数；这位同学还发现我的卷子上面写的是 40 分，是个凉透的成绩——我在同学之间早有绰号叫"苏格拉底"，可是苏格拉底的"哲学概论"在大一就被挂了。没关系，一直到大四，我发现大家还是叫我"苏格拉底"。

我要说的是，我们在辩论时能够成"理"，或者说心理学在说"理"之前，都需要先知道"理"是什么。如果你说"理"跟你的知或不知无关，就说有个"客观的东西"本来存在，这样的说法就是不合理的。现象学大师胡塞尔（Husserl）就说过："客观，至少是有两个主观之间的互相同意"。也就是说，没有什么东西"本来在那儿"，可以径自称作客观存在——那样的"客观"存在其实是"无观（关）"，意思是"跟我们不相关"，所以我们又怎么能肯定它的存在呢？"有一个客观真理"，好像不证自明。但事情没这么简单。这样讲话的人，只要一说出口就会露馅，自己的语言击败了自己。

我们要接着谈上次谈的一个重点。我说 matheme 原先被翻译成"数元"，但应该翻译作"思元"才对。后来我没再多解释，你们可能会觉得"思元"会不会是个过度解释的说法？从 matheme、mathematics 来看，它应该和数学有关。那为什么可以改译成"思元"呢？关于 matheme，我在纲要里提出了几个我认为可以改译的遣词造字，"数元""量元""象元"都是可能的说法，但"思元"是这一切的根本。我们一样可以用字源学来分析 matheme 这个字。将之译作"数元"的这位翻译者，其实是望文生义。我们今天说的数学（mathematics），在希腊文里叫 *mathēmatikòs*，它有个动词态 *mathein*、 *manthanein*。这个词当动词使用时，完全不是在讲"数"，而是讲人"可以学"，还可以"学到"也就是"知"。

我们会问："为什么 matheme 后来会变成数学呢？"因为在学习、学会的过程当中，有一种思考方式叫作"量（liang 二声）"。譬如我们说"考虑、思量"，所以"量（liang 二声）"当成动词来用时，它不是数量的"量（liang 四声）"而是在估算、猜测、揣度的"量（liang 二声）"。Matheme 原有这样的意思，因此你只取其中的一个字义"数（量）"来翻译它，那是断章取义。我们要还原到最根本的地方，就需要用"元"这样基本的东西来承载那个"量（liang 二声）"，也就是"思"的动作。因此它的解释可以是"数元"也可能是"量元"，甚至于可能是"象元"，后来我总称为"思元"。这个问题听来还是有麻烦，待会我会再解释。我们先来做个起步的练习，好让我们能进入这问题的核心。

汉语中的逻辑发展

现在，我们拿孔子说过的话为例。他好像从未说过任何怪力乱神、胡言乱语的诡论。但现在我就试着把孔子说过的一句话，转变成形式逻辑来呈现，以"知之为知之，不知为不知，是知也"为例子，内容可以写成这样：

"知之为知之，不知为不知，是知也。"

若

知 =A

不知 =-A

则这句话就变成：

A=A

-A=-A

所以 A+（-A）=A

但我们都知道的逻辑应该是"A+（-A）=0"；但这里是"A+（-A）=A"，变成了什么逻辑？可见我们所熟知的语言（古代汉语和现代汉语）之间，隐藏着很奇特的距离，可称为"知的诡论"（或称"悖论"）。

"知之为知之"和"不知为不知"，这两个命题说起来都是对的，可是第三句话就怪了，"是知也"。我们把"知之为知之，不知为不知，是知也"的第三句写成：A+（-A）=A；一个数加上它的负数，结果应该等于零。可是，为什么孔子加起来的结果"是知也"（=A）？你们过去有没有想过其中的问题呢？今天我们难道要把孔子揪出来说"讲这话真没道理"？

有意思的是，他的弟子记下来之后，其实也没有人怀疑过他。甚至我们今天在字面上还都解释为："一个人知道就知道，不知道就不知道，这是一种学问的谦怀态度。"孔子在态度上既然是"知无不言，言无不尽"，不知道便会说不知道。但孔子说，如此便叫作"知"。我们改用 *matheme* 去分析的时候，会发现这是个怪论——他说"知之为知之，不知为不知"，最后算出来，应该互相抵消了，那为什么还叫"知"呢？

现在我要开始为孔子辩护了。孔子所说的"知"，前后根本不是同一个。所以不能以相同项目去代入。如果用逻辑的"数元"去代，最后会发现根本就代错了——前面那个 A 和后面那个 A 不是同一回事，只是在讲话时这样说，其实应该要说成 A_1 和 A_2。也就是说：A_1 等于 A_1（知之为知之），但等于 A_2（不知为不知），最后两项相加时，A_1 加上 A_2，却跳了一层，会导致 "A-second"（A 二世）的诞生。请再看一遍：

知之为知之，不知为不知，是知也→

$$A_1=A_1$$

$$A_2=A_2$$

$$A_1+A_2=\text{A-second}$$

"知"与"不知"相加，结果生下了另一个"知"，叫作"知二世"。孔子应该用此法解读，但他的弟子恐怕没人这样想过。可是到了大约 400 年后庄子的时代，就不是这样了。当时对语言本身的问题倍增。所以《庄子》里出现大量的诡论。而庄子最厉害的对手，惠施，也是真正的诡辩大师。不论如何，孔子的语言中可能也有同样的问题，只因为我们在逻辑这部分发展得很慢，或者相较不被重视，因此跟希腊、罗马比划逻辑时，会感觉相差甚远。但回过头来说，孔子的语言并没有犯错，他在使用汉语的时候，汉语本身有一种与希腊、罗马不太一样的逻辑。这种差异后来被谁证明了，或正式表述了？所谓的"东方逻辑"，在印度佛学上有一套"因明学"，❶ 是佛学中使用的因果辩证法。但这套方法在汉传佛学中并没有广为流传，宋元之后几成绝学。此传统近百年来有所复兴，但这还不能当作定论，我们目前不必在此旁生枝节。

---

❶ 因明，梵文音译"酰都费陀"，在古印度发展的逻辑学，是一种思考方法，也是探索真理的工具之一，为五明之一。佛教、耆那教与印度教都受到它的影响。"明"字已包含了"学"之意。是起源、发展于印度正理派的一种思维和推理方法。

"三段论"与苏格拉底之死

我们现在惯用的逻辑是希腊的三段论:"大前提→小前提→结论"。谈到三段论,最常听到的一个例子是:"苏格拉底会死。"依据的道理是:"人都会死,苏格拉底是人,所以他会死。"最后结论就是"苏格拉底死了"。这是关于一般与个别之间的因果关系,是一种推论的道理。但我要从上述那个"最常听到的"那种三段论案例谈起。

关于苏格拉底的死,柏拉图《对话录》里的《斐多篇》描写得非常细腻。但我要说的是,除了逻辑之外,这段逻辑范例的叙事简直荒谬至极:"人都会死,虽然苏格拉底是一个特别的人,但他仍属于一般的人,因此苏格拉底也必死无疑。"这个例子,在教科书上不断沿用,但我每次看到只觉得要喷饭。因为苏格拉底的死是个悲剧,当大家谈起他的死亡,听了都会落泪,怎么会说"因为人都会死,苏格拉底是人,所以他会死"呢?明明知道苏格拉底之死是个重大事件——"全雅典最聪明睿智的那个人"被国君赐死。因为不想砍他头,所以改让他喝毒药,偏偏他喝了以后还没死,慢慢地讲了一段话"我感觉到我的腿……我感觉到我的腰……"直到后来真的死了。谁不晓得苏格拉底的死是个天大事件?怎么可以说"因为苏格拉底是人,所以他会死"呢?

因此,不要只相信这种三段论是"好严密"的逻辑。苏格拉底当然是人,所以他的死亡是必然。可是这必然是废话。我们在讲任何人的时候,都不能只说"他一定会死",应当是为他的死感到惋惜;而对于苏格拉底,我们还加倍感觉到"他实在不该死"。苏格拉底当时还活力充沛,临死前要盖上毯子,他又突然起身交代后事,告诉他朋友说:"斐多,咱们该向阿斯克勒庇俄斯（Asclepius）神祭献一只公鸡，去买一只，别忘了。"因为阿斯克勒庇俄斯是一个神，苏格拉底曾经向他许愿，因此事后需要还愿，但他已经来不及了。至于鸡，则是祭拜阿斯克勒庇俄斯的指定祭品。苏格拉底临死前便这样交代——死前仍然有活力，也有很好的记忆力，对吧？因此，在谈逻辑的我们，现在陷入一个非常奇怪的处境：那严谨的三段论，没把苏格拉底当一回事的逻辑，后来发展成为所有科学方法的基础，然后再加上数学。两个道理合在一起，从此便垄断了西方的知识传统。

我们可能在惊魂甫定之下，回来谈东方的思维方法。从孔子、孟子一直到荀子，都没有人重用逻辑，即便荀子稍微多讲了一点点，但也比不上西方的程度。我们的传统很奇怪，今天受到后结构、后现代的冲击，事实上却还一直朝向"现代"发展，抱住"现代性"。也就是认为西方发展到最高峰、最厉害的科技就是船坚炮利的那种"现代性"，然而我们好像不知道"现代性"背后的思想，却是你死我活的斗争，一有矛盾就要开战。这是怎么回事？这种"现代性"还要继续领导我们吗？

我要说的是，现在整体的学院氛围偏向西方的现代性。我们在谈心理学时，曾经以为只要模仿物理学的做法就叫作科学了。"科学"（science）这个字在希腊文字里是"知"，就像 mathmatics 原来是指"学会、能行"。一个"学会"的人才叫作有知、有学问，但那是指"学会"什么呢？在我们的成长过程中一定体验过"学会"。当我们真的感觉到自己"学会"时，真是高兴、惊奇、想要雀跃欢呼。曾经有哲学家说过：整个西方哲学最重要的是一种"追求 wonder 的求知欲"即爱智（philosophy）—— philo 是爱、sophy 是智，所以哲学是爱智之学，因为智而惊喜。但不一定所有人都认同这样的概念，譬如上一讲提到的格根。他涉猎非常多现代、后现代知识领域，而他提出的建构论概念先前也有人提过；他就认为哲学不只是"爱智之学"，至少不是以一个人的"爱恶""智愚"来界定人的知识。以下要介绍几位可以和格根相提并论的思潮和人物。

无法言说只可体会的默会知识

大约到 20 世纪 60 年代，人本主义心理学（humanistic psychology）风潮已经在美国发酵，很多人认为心理学终于掌握了自己的东西，可以用来反击自然科学，以及那种一直仰赖物理学、生物学、化学，像是行为主义之类的"以逻辑实证论和生理学来支撑的心理学"。因此，我们可以说，人本主义风潮在 20 世纪 60 年代席卷了全美的学院。在此风潮当中的几位代表人物亚伯拉罕·马斯洛（Abraham Maslow）、卡尔·罗杰斯（Carl Rogers）等人，由美国心理学会的会员投票当选过理事长，可见当时多红。但可惜的是，这样的光景就只是"一代风云"而已，之后就烟消雾散、后继无人了。

当时能把人本主义的知识论写成一本书的作者不多。我们可以谈谈其中一位佼佼者——迈克尔·波兰尼（Michael Polanyi），他的代表作是《个人知识：迈向后批判哲学》（*Personal Knowledge：Towards a Post-Critical Philosophy*）。Personal 其实不必翻作"个人"，它在此处指的是"亲身经历的人"，这种亲身经历的知识跟谈论自然科学或物理学的知识不同，不像在谈物体互相撞击力道的种种计算。因为算了半天和我们自身就是没关系。常见的例子是计算由撞球算出来所谓的因果律："白球撞了红球，则白球是因，红球是果。"然而把这样的因果律放到人身上，就会发现那经常是无关宏旨、文不对题的。

波兰尼认为，"有一些我们亲身经验的事情，当我们想说的时候，会很意外地说不出来"。譬如学骑脚踏车。这是很多人有过的经验，从不会骑到会骑那天，你终于不必再跌倒，然后会越骑越顺，越骑越远，骑入忘我之境。那一刻，心中有无比的喜悦，就像 mathematics 的希腊文意指"学会"。"学会"让我们打从心里觉得惊奇而美妙，仿佛自己的脚变成了风火轮。感觉自己变成了哪吒三太子，成了腾云驾雾的孙悟空。如果要告诉别人"从不会到学会"之间的差别，你能说出来那叫什么吗？得到了所谓 personal knowledge 之时，你会说什么？真的讲不出来到底有什么差别。要说是"平衡感"吗？但平衡感也只不过是个抽象的打边鼓而己，是你自己掌握了如何可以不倒，且不限于"这一辆车"。这种关于骑车的道理，说它是"道理"却又不可道也。因此波兰尼便说有一种知识叫作默会知识（tacit knowledge），它无法言说，不能换用某种明示的方式来表达。事实上学会骑车的过程，得要掌握无数的小诀窍，直到能够一个个地掌握下去，最后全部掌握了，便能够顺利上路。你学会了，但你不会说。

语言，知识传承的必要途径

同样的道理，譬如书法运笔，当你已经写得很好时，人家问你怎么做到，你却无法轻易让他体会，只有你自己全神贯注时才能感觉到运笔的手腕可以如何灵活有弹性。或许你可以把这些周边（subsidiary）支持的小技巧一个一个列举出来，可是讲完了以后，很关键的地方通常不能言说，叫作"此中有真意，欲辩已忘言"。语言本身究竟是不是传递知识时最精要的方法？这是个"大哉问"。但问题是反过来——如果不采用语言来传达知识，那知识便无法累积，我们简直就什么也没有了。

历史上有个可惊的例子。殷商人发明了甲骨文，后来商被周灭了。灭国时，商王朝最后一位大师箕子，是纣王的老师。箕子所任的是太师之职。当周灭了商之后，想把箕子留下来请益国事，可是箕子不肯，反而向周武王请求把他放逐回到老乡。考古学证实，箕子回到老家后曾建立过一个小小的"君子国"。但奇怪的是箕子身为殷商的大师，学问丰富却不懂得甲骨文，是个文盲。周武王建国三年后，发现自己不会治国，便请有学问的箕子过来，向他抱怨说"吾不知彝伦攸叙"，也就是说他不懂治国之道。箕子便开始滔滔说了起来，《书经》的记载把治国之道完美地拟定出来，这就是《尚书》中的《洪范》篇。

因此，不懂文字是很严重的问题。如果人不会讲话、不会写字，我们的文明从哪里来？大家都很聪明，我上课举例时大家都能很快地反应和辨识，但只凭这种聪明，如果要再理解更复杂的问题时就会遇上麻烦。因为在讲话之外，我们还需用书写留下来，才能反复思辨。我先前谈的"知之为知之，不知为不知"，翻译成现代知识时肯定会觉得麻烦。除非你已经学到利用逻辑惯用的方式，一步一步写下来，才能为孔子辩护，说明这句话本身并没有违反逻辑，而是我们的逻辑违反他的道理。事实上我们以为很有逻辑的想法，其实不见得很有道理。孔子讲的道理是真道理、硬道理，但我们的逻辑却低估了他。请注意：我在为他辩护时，谈到的真正硬道理在此：知之"为"知之，不知"为"不知，"是"知也。这两个"为"和一个"是"，在逻辑里称为一种运算符，即"思元"，但是我们用西方逻辑却没认出那是运算符，所以用形式逻辑来解读，反而误解了他。我们的"反误解"之道，就是要把其中的"思元"写得更明白。

现在回过头来探讨心理学，它到底是要"谈什么道理"？心理学当然是要谈"心"的道理。关于"心"最知名的学说之一，是弗洛伊德（Freud）

提出的"无意识"（the Unconscious）。虽然在当代的心理学中，不涉及精神分析的学院心理学已经完全忽略这部分。可是如果我们真的要谈论精神分析，那就非要去读弗洛伊德不可。他的作品有《全集》（24 册），目前对于这门学问的专业门坎就是要把《全集》读完。这已经不是普通人可以做到的事。但大家都别惊慌——谈佛学的人也没有读完《大藏经》的——我们只是要知道，知识和文明的累积就是这种规模。我们回神过来就会发现：我们在讲堂中以现实的可能性，还是可以继续谈下去。假如要以人本主义作为了解"心"的方式，我们先前提过：至少要先凭靠波兰尼写的那本书。

社会辩证法与社会实体的建构

除了迈克尔·波兰尼，还有像彼得·伯格（Peter Berger）、托马斯·卢克曼（Thomas Luckmann）两位，他们的著作《现实的社会建构》（*The Social Construction of Reality*）是一本早在 1967 年便出版的经典，比格根更早使用了"社会建构"的观点，认为所谓的实体（reality）并不是指"有个客观的东西存在那里"，而是任何的实体都要经过一段社会建构的过程才能够成为实体。建构的过程会使用到"社会辩证法"（social dialectics）。这个辩证法是怎么产生的呢？它是将黑格尔的辩证法稍作修正，强调要形成任何的社会体制首先必要的过程是"里面的东西要向外部投出"，称为**外部化**（externalization）；有个东西产出之后，接下来就会进入社会辩证过程的第二步，也就是说，它必须要成为一个客体（object），亦即一个"可说、可道、可行，还可拿捏、可捉摸"的客体，这过程叫作**客体化**（objectification）；到了第三步，就要倒过来，把客体予以**内部化**（internalization），我们所接触的任何社会客体，就是把那"可说、可道、可拿捏、捉摸的东西"变成我们的知觉。这样就构成了社会辩证的三个过程：外部化、客体化、内部化。当我们认为已经感知了"社会实体"时，那实体跟一开始时在社会产出的东西已经不一样了。几乎所有的社会知识，最终都是以客体化之后的内部化为结果，我们很难再知道原先外部化的"东西"究竟是什么。

那"东西"最初是从哪里冒出来的呢？有时我们需思考人的本体有什么生产性，这问题就是在问"体的本质"，我们留待下一讲再来详谈。另外一个探索"最初"出处的方式，是要回推到历史的前端，就像我们在说汉字时，一定要从古汉字的形音义来作推演。我们在讲解建构论时，都会提到关于起源的问题。起源本身是很奥妙的，为什么当时的人想事情的方式会是如此呢？就像你学会骑脚踏车的那一刻，也很难讲出背后的道理一样。**如果在甲骨文时代就有人学会骑车的话，一定也会把它写成一个字。**骑车"这件事"写成一个"字"，大家试想想看会怎么造字吧？车子的"车"字，不是我们现在谈的车辆，而是古代很简单的独轮车。我们所知道的甲骨文，神奇之处在于能把一个物体、一个事件、一个意象，用一个造型表达出来，于是学习文字的人只需传递文字造型就可以表达那些事、物、意。字体本身具有象形、指事、会意的功能（也可叫作象形、象事、象意）[1]，但这时候文字就是在经历客体化过程，等到我们去学习这个字时，早已不是这个字原先创造时的意思。这整个造字过程，就是后来称为社会建构的过程。

接下来，跟建构论的形成和进化有关的，还有另外几本重要著作及几位作者，我列出一份书单让大家参考（见书末所附的"延伸阅读书目"）。

---

[1] "象形、象事、象意"之说出自班固的《汉书·艺文志》，他比许慎的《说文解字》早了大约 20 年，故不是许慎所说的"象形、会意、指事"。

在本讲堂里面所谈的东西都跟这些经典有关。如果你们愿意去看看，肯定会对于我们现在谈的问题有更精准的掌握。我们可以直接进到书中——我想每一本书都值得变成八堂课，我在此只是让大家先知道这样的关联。这个问题我们就先摆开。

关于"A=A"，你想的其实是……

回归本次的主题，我先前稍微把"知之为知之"的问题往前推了一步。我们曾将"知之为知之"化为形式逻辑的语句，发现了 A（知）有两个，即 A1、A2 的问题。我们以为可以用形式逻辑来翻译孔子说的话，但却没有翻出句子中的"为"和"是"。"为、是"属于逻辑的基本运算符，也就是建构论方法中的"思元"，但在传统形式逻辑的式子中并没有写出来。漏写了就表示没有呈现出整体。如果我们要理解孔子这种思考的运算方式，要以进入后现代知识的方式，亦即换用另一种逻辑的方式来讨论。

提到后现代，有几位不得不知道的人物：早期在法国继承弗洛伊德的人是拉康（Lacan），另外就是英国剑桥的维特根斯坦（Wittgenstein），他的语言哲学绝不能忽视。还有另一位，早年我们一直以为他只是一个现象学家，即胡塞尔的大弟子海德格尔（Heidegger），他后来超越了他的老师，走到了更远的地方。而且他后来所写的书，书名都非常简单，《*What Is Called Thinking?*》《*What Is a Thing?*》这意思就如同我一开始问的问题："什么叫作思（或知）？""东西究竟是什么？"一样。

海德格尔曾提出了一个惊人又有趣的问题。他看大家都玩逻辑，就提议大家回到亚里士多德那众所皆知的逻辑三律——同一律、交换律、排中律——特别是同一律的问题。在大部分的教科书中，"同一律"（law of identity）就是指"A 和它自身相等"，写成逻辑式子就是"A=A"。可是海德格尔提出了另一个看法，很像建构论方法，但也有诡辩的意味（所有的哲学家都是擅长于诡辩的）。他说"A=A"的式子，其实已经将人导入了陷阱。A 如果"等于"A，那么在写式子的时候，应该写的不是"A=A"，而应该写成"A"。因为 A 和 A 相等，所以 A 是 A，只有一个 A。可是"A=A"之中有两个 A。"同一律""有两个 A"是什么意思？此外还加上了"等于"这种"运算符"，强调"A 等于 A 自身"，就如同孔子的"知之为知之"中加了一个叫"为"的运算符一样。注意这些遗漏的运算符，才能理解建构论中的"元理论"。

扭曲变形的塑料瓶怎么会"等于"它自身呢？它原来是什么样子？绝对不是扭曲变形的样子。那还等于它自身吗？然而，大家只要一推想就知道它原来就是塑料瓶。我准备来上课时，企图语惊四座，就把瓶子拿起来揉捏，在课堂上就变成"这是什么东西"的问题。当时我满脑子都在想这些问题，"什么东西等于它自身？"——这是利用运算符，把 A 拆成两个来写，但这个"制造问题的东西"又是什么呢？那就叫作"思"（thinking）。当你说"A 等于它自身"这句话时，你正在思考，正在运算。所以 A 和 A 相等的意思，其实就是："There is some one who is thinking about the identity of A." 那个"thinking"会让一个 A 两次出现，变成所谓的相等。这样，"思元"就完全进入了我们的理论方法。

"人文科学"和"自然科学"之间有什么异同呢？就是："If you don't think, nothing happens." 就是这样，"A=A"这么简单的式子里，原来隐藏了一个没说出的道理。一个东西和他自身要相等，你必须先思考以后才能够如实知道，甚至可以说：A 等于 A 之时，这个人已经不只是在 thinking，而是在 creatively thinking。我已经把一个东西捏成这个不成原形的样子，可是我们都说"它是它自己"。所以，大家就知道这有多好玩：当我们用传统逻辑来运算时，永远不会算出一个塑料瓶和变形的塑料瓶，原来是同一个，是不是？然而建构论的逻辑对于"一个东西""一件事"做过更根本彻底的思考，可说是回复了人文科学的逻辑。

因此，以非常有趣也容易理解的方式，我们就能够重新知道什么是"人文的逻辑"；即使在很简单的一个式子里，它会使用到各种"东西"，包括我在式子里面写到的"元"。先前说过，这个"元"字有两个意思：第一是当成"元素"，第二是当成一个 meta，就是"元"。意思是"A=A"这样看起来很扁平的式子，在写上一个等号之后，它其实已包含着三个"元"，变成一个像是三维的结构，可以在不同的向度（不同的次元）上进行运算。所以你会知道：我们谈的建构逻辑不是扁平、线性的，而是曲状、三维或是回旋扭动的。

弗洛伊德所"不知"的那个"东西"

有一天我儿子问我，究竟什么是弗洛伊德所谈的观点？他问的其实就是属于回旋扭动的那种观点。每次谈到弗洛伊德时，所有课本都不知所云。弗洛伊德在讲人类的精神世界时，可以分为"它"（Id）、自我（Ego）、超我（Superego）三个层次，或舞台上的三个角色。他们之间的关系是彼此相接、彼此制衡。但弗洛伊德认为超我何时会发动呢？就是当"它"（Id）有任何动静时，它就会首先赶到现场，当场说 No；超我（Superego）会跳过自我（Ego），直接对"它"（Id）喊 No。如果我们拿双手作为道具，左手从肩膀到手掌代表"它"，从左手手掌和右手臂弯相接处代表自我，而右手就是超我。当左手想要有动作，此时代表超我的右手（即和左手掌在臂弯处相接的右手），它会折过来拖住左手臂，是来制止它（Id）的动作。若用空间来呈现，我们的精神世界必须用三维或立体的模型来做动态的演示。弗洛伊德想事情时其实比较像是这样立体而动态的，不像课本上写的那么呆板。他强调超我是直接对"它"下指令、踩刹车的，不通过自我来作为传递信息的中介。

因此，当自我被晾在一旁不知道该如何是好时，白天发生的冲突和矛盾，到夜晚就会演变成一些很奇怪的梦境，在梦中呈现"又想要、又不要；想去要、又不去要"，这很不容易说清楚，可是很明显的是有一种"要和不要"的矛盾在其中。所以自我必须学会做一件事：在欲望的"要和不要"以及意图的"去和不去"不断冲突的难题下，用它自身在梦中开始思考判断。想办法让矛盾解决，让欲望和意图在现实中结合而得到合法实现。我通过手势向我儿子说明三者之间的关系，因为我在现场能够直接用手当作教材工具，可是那些课本上的编者写书时并不知道这种方便的示范。那么，我在备忘录上该如何写呢？一个很简单的手势，写的时候要怎样描述？要写多少东西才能让人看懂呢？ ❶

超我是对着"它"发命令的，那"它"是什么东西？它自己不知道，连超我也不知道。甚至弗洛伊德也不知道。所以弗洛伊德把它叫作"*das Es*"（the It），英文翻成 the Id，把它直接翻成汉语应叫作"那玩意儿"。但现在的许多编译者却把它翻作"本我"，但弗洛伊德从来没有说过"它"是"意思清清楚楚、根本的我"。它的名字不就叫"the It"——"那玩意儿"吗？

---

❶ 在作这段讲解时，我确实用双手摆出手势。在课堂上，所有的人都看见了这种"很容易"的示范，但在本书的描述中却不见得容易懂。讲堂里所具有的"当下性"（immediacy）不是一本书能够轻易移置的，特为之志。

不知其名，就姑名之为 Id（"它"）。就如同我一开始谈的"这是什么东西？"也就是已经发生的事，但你却不明白那究竟是"怎么一回事"，而且不只你和我，甚至是任何人，我们都无法清楚"那是怎么一回事"。

弗洛伊德关于"它"的概念，跟孔子的"不知为不知"不是挺合拍吗？因此孔子就像是弗洛伊德的先知。不强硬地解释"不知"，这在咨询和临床实践中也是很重要的原则。如果你自己无法承认这原则，那么你的"知"绝对是在霸凌别人的知识。就是这样。所以自然科学里面其实也有很多东西，正是"强不知以为知"，不懂装懂。

我们的知识一概只是为了能够**了解人、了解人，最后还是想要了解人**。然后设法与人接触、沟通、传授，企图把一些看起来不能说清的东西讲清楚。这样的知识就称为"人文的"，叫作"斯文"，并且我们还给它冠上了很好的汉字，现在可以回头把它叫作"心理学"。还有，我们也特别把这种心理学称为"建构论的心理学"。因此，我们就能从建构论的根本逻辑"数元 / 思元"来重新谈起。

心理学与社会建构论，一拍即合

我们今天可以说"心理学"这三个字挺好用的，"心"刚好和"物"相对；"理"便是讲道理的；那么"学"呢？就是你需要亲身接触才能学会，就像骑脚踏车一样。所以"心理学"三个字，就刚好把那个**"很难讲的东西"**和**"你也许可以学到的东西"，再跟"一个可以言说的道理"结合在一起，变成了"心理学"**。因此，心理学与社会建构论正好一拍即合，而且两者发展似乎可以并肩齐步、携手并进。

虽然历史上的事实不是如此，社会建构论在心理学界的发展，就知识的历史而言，应该算是后知后觉。然而，当我们将 psychology 翻译成"心理学"时，建构论其实已经隐含在其中了。所以我强调，真正重要的是"我们怎么知道那个很难说的东西"。而所谓的"心"，就像刚才我问大家"怎么知道"那个已经扭曲的塑料瓶仍旧是塑料瓶。由于塑料瓶只是一个常识上的称呼，我们在使用共同语言的条件下，很容易理解。但是我们所要知道的"东西"其实又是很多人说不出来的。你说："我知道啊——点滴在心头。"梁启超也说过："如人饮水，冷暖自知。"大家都以为这便可以作为心理学的格言——但问题是"点滴在心头"不过是个比喻而已，应该是点滴在"大脑"吧？但如果说"点滴在脑袋"，"东西"只存在于个人的脑壳里，这种话说出来时不能保证别人一定知道你在说什么。虽然我们可以通过"观其眸子"，从灵魂之窗来观望，也许可以多多少少知道一部分，但我们和他人既然隔着一个脑壳子，还是看不见眼睛后面一寸里究竟发生了什么事情。心理学可以说"反正我们每一个人自己都知道"。然后心理学的最后一章就以此作为结论了，这样可以吗？如果可以的话，我们今天就不必聚在这个讲堂中，从头讲起了。

心理学的知识有一个很大的麻烦，就是"你以为自己知道"，在常识（common sense）的情况下这是毫无疑问的。但若要你说："我心里在想什么？"——譬如，更进一步问："我今天对你说话是善意还是恶意的？"你们首先要猜我的意思吧？抱持善意的话，我就是知无不言，言无不尽；怀抱恶意的话我就是招摇撞骗，让你们觉得我很有学问，所以你不敢开口发问或回嘴。光是在课堂上，至少我有这两种可能性，大家在面对这种处境时都得要学会对情况做判断。不光是"冷暖自知"，而是"学而时习之"——这已经是大家都很熟悉的话了，但大家都肯定明白其义吗？——我们下次再谈吧。

学员提问：老师刚才有提到"知之为知之"，后来还有提到"运算符"的部分，那这之后会在其他讲堂课程中再提到吗？感觉像是很重要的东西？

对。像我们今天谈得还不够深入，而我在上一讲谈的内容，差不多可能已经预告了第三讲、第四讲的题材。这是我第一次在校外的讲堂上这样谈，所以我不确定这内容到底要讲几次才会讲清楚。我讲述时不像是为大家"准备考试"，不是告诉大家如何划重点。我一定要设法让大家跟我一起练练功夫。所以我问了些基本问题，像是如何骑脚踏车，大家会说我懂、我知道。那样的"知"确实是知道，但你能够将道理说出来吗？这时候你产生了疑问，而我开始说明所谓"知"其实包含很多东西，譬如说 Matheme，不管称作"运算符"或叫作"数元""量元""象元"等，最后还可叫作"思元"。不同的翻译，不同的意思，分别在说：当我们思考时，是用哪一种单位在解读。"量"（liang 四声）其实也是"量"（liang 二声）。我说自己在思考时叫作考虑、思量、衡量，"量"（liang 二声）本身并不等于"量"（liang 四声）。

反思"质、量之争"

今天我们的学院心理学非常偏重量化研究，即使过去质性与量化双方一直在斗争，但最后总是量化研究胜出，之后就会一直对质性研究高喊："你们是伪科学，而我们量化才是真科学。"当主流不断地强调"真科学"时，如果我们回头问："那么量和质有何不同？这不同究竟是什么意思？"多数人无法回答，因为大部分人只知道所谓的量是指数量，但并没有想到所有的量都必须在编码之后才能产生。而所谓编码的意思是：当研究者收集了原始资料（data），把 data 变成 ABC 等代码，又转化成 123 等数值。原始的观察结果在这种神不知鬼不觉的编码过程中被转变成数元。本来得到的结果是 ABC，后来转成 123 时，这数据其实已经被做了手脚。当量化研究把"量"（liang 二声）的结果变成"量"（liang 四声）时，结果其实不尽然准确。因为原始的真实已经被做掉了，做了一些科学本质上不该做的事。但大部分的人仍被蒙在鼓里，甚至会诡辩说："这是不是超出讨论范围了？"于是，教科书上的内容都只呈现原始数据被换成数量后的结果。这样的说法，大家一定要信服吗？

如果你会摇头，那就表示我们可以这样响应："这样的数学实在太低级了，表面上是严谨的计算，但其实数学本质根本不是这样。"因此，运算符可以称为量子或象子、数子，各种"子或元"的说法都通。总之从数学到哲学之间，有很多种不同的单位在运作，这是我想谈的东西中非常重要的一部分，往后我也会用这样的方式来谈关于"质和量"。大家可以先假想有种东西叫作"量体"（quanta），而另一种必定可以称为"质体"（qualia）❶，质体和量体之间究竟是怎么回事？注定是对立不能相容吗？其实质、量彼此可以合并，如果有一方排斥另一方，那肯定犯了错，譬如量化排斥质性。但反过来说，如果质将量收纳，却完全合理可行，因为质体包含的东西很多，量体只不过是其中的一例而已。但量化研究作为知识方法的一项分支，竟然反客为主地说要把质性研究并吞或排除，这是非常不合逻辑且违反道理的事。偏偏现今的学院里面，很多人集体陷入不可自拔的泥淖。于是当代心理学所发表的研究报告都成为 GIGO 的结果——这是心理学人自己说的笑

---

❶ Qualia，可感受的特性。与"质体"对应，quanta 译为"量体"。——编者注

话："Garbage in，garbage out.（输入的是垃圾，输出的也是垃圾。）"它也老早就被其他领域的人嘲笑说："你们的数学实际上只是在用一些罐装统计。你们都只能靠着 SPSS 统计分析软件，从中选了一种计算方式，然后输入 data，按下一个键，答案就出来了。"要知道，有些其他学科的研究，方程式还都是要自己去写的，但心理学居然只要按一个键，答案就出来了，真是欺人之谈。所以我们下次再来仔细地谈量和质之间的必然关系。目前主流强调的"科学心理学"显然是错得离谱，容后细谈。

"诱练法"，打造科学知识的新体系

大纲中提到的分类学、因果论等，我们还都没仔细谈，往后我们会认真介绍，譬如类型学（typology），其中包含的"型"是型态学（morphology，又译形态学），和我们常见的科学分析（analysis）、分类法（taxonomy）很不一样。它在分析思考时凭着形体、形象来做判断，所以不是靠数量来区别，或仰赖所谓的"程度"就能区分高低。我们会说，在结构和结构之间，量似乎是可以渐进的，累积到一个程度就导致"量变到质变"的转化，跃进为下一个结构。其实并不尽然如此——所谓范畴（category），在一个范畴和另一个范畴之间，有时根本没有"量"的关系。

以一个简单的例子说明。法国哲学家伯格森（Bergson）曾说：当我们在谈"情"的时候，大家都知道所谓的七情（在汉语中指"喜怒哀惧爱恶欲"）。人们高兴时会说自己 happy（快乐），或用另一种相似的情感说 joyous（喜悦）。请问 happy 和 joyous 的差别是指量的多寡吗？当人在快乐开怀时，会说自己的"快乐"比"喜悦"在数量上高出两、三倍吗？把喜悦乘以二能等于快乐吗？恐怕用膝盖想就知道不可能了。喜悦是喜悦，是一种轻微的情感，轻盈的喜上眉梢；而快乐会表现得更兴奋鲜明。或许会有人说："那么，只要测量肾上腺素就知道是快乐还是喜悦。"两种看似接近的情绪，其实互相之间并没有"量"的关系，而是在本质上有所不同。如果连两种相似的情绪都没办法区分，还能够宣称是心理学吗？当哲学家这样问时，主流的心理学就会被问倒了。因为多数心理学家都以为只要测量肾上腺素就可以知道答案，殊不知这是在问东答西。

我想谈的是，为何我们所习惯的科学都只能玩"归纳法"和"演绎法"？其实一定要有第三种方法，我把这第三种方法用心翻译成"诱练法"（abduction，有译溯因法）。如果大家去翻一些关于科学方法论的教科书，会发现 abduction 这个字很少出现，而真正知道的人其实已经进入了一种不同的层次。曾经有位数学家说："数学之所以会进步，是因为它在否定自己的同时，创造了一个新的体系。"

如何去创造一个新体系呢？其实不是要去特意创造，而是利用假设的方式做不断的推敲，譬如我们假想将一把利剑变成模型，在手中反复玩弄劈砍并且不会造成伤害，然而玩的过程中，脑子里也许会灵光乍现——有某种东西，拿起真枪实剑反而料想不到。因为当手中真拿起一把剑时，那种锋利会让人毛骨悚然。❶也就是说，我们真的拿起刀剑来时，就会被他的锋利吓到，变得很难去思考别的事情了。可是拿起仿造刀剑的钥匙环或模型时，就可以

---

❶ 有一次我跑到朋友家中，拿起了他祖父的一把武士刀，我们顽皮地把刀鞘抽开，虽然刀身表面已经锈迹斑斑，但是拔出刀来时，我们全身都起了疙瘩……那刀锋之锋利，让我们冷汗直流，相比下，菜刀简直像是幼儿园的玩具。多年之后，这位曾在美国担任高级工程师的老朋友才告诉我说："古法铸造武士刀锐利的程度，即使以现代的技术，也无法超过。刀刃锐利到仅 3 个铁原子…这 3 个原子的事是我以前在贝尔实验室工作时的大老板（美国电磁波专家）告诉我的。"

用手去触摸，思量刀刃的角度好不好，等等。

　　因此，一个像是可以开启问题的模型，❶它会诱发你去玩弄、体验，在这段玩弄的过程中，很可能诱发我们想出新理论来，这就是诱练法。在科学方法里头还很少人去下功夫，但实际上不管是物理学、心理学，通过诱练法都可以产生出一种非常有创意的理论进展，能够诱导我们思考到更多层次。我们在讲堂一开始讨论"心"的时候，发现它原来是指一个身体器官，不是我们想象中的思考中心，于是我们开始通过考古学和甲骨文，借由历史去追溯。这一段思考方式其实就是利用诱练法，但是学院心理学中很少人使用。主流的研究认为这样的讨论大概只能投稿到哲学期刊中，然而科学哲学事实上是所有的自然科学、人文科学都必须要有的基础。因此心理学也必须进入哲学，之后才有办法再回到现实中。实验心理学之父冯特（Wundt）本身就不赞成心理学和哲学分家。❷所以我们的心理学不但要会解构也要会重构。但所谓的研究方法，其实无论质、量都能并行无碍。在科学上，我们谈的并没有离题，事实上就是一直在设法重建方法论的基础。

---

❶　我们有必要称为"启发式模型"（heuristic model），在此暂不做进一步的强调。

❷　Wundt, W. (1913 /2013). *Psychology's struggle for existence* (2nd ed.) (Translated by Lamiell, j. T.). *History of Psychology*, 16(3),195-209.

第三讲

「心」的社会建构：关于「我知、我懂」的重新思考我们应该开始用汉语里最精妙的几个范畴来展开社会建构论。古汉语的一个单字，常比现代汉语的双字（或多字）词包含更多也更模糊的意义底蕴（即语意内涵）。"心"即是我们第一个要掀开底蕴的问题。

以社会建构论突破学院中的知识壁垒

在所谓的学院心理学，或是心理学相关学系，譬如咨询辅导、临床心理学等，事实上在学院里都是门墙森严的，他们所使用的教材基本上都有一些壁垒分明、难以打破的规矩。譬如，谈到精神分析时，有些人可能以为精神分析已是炙手可热的显学，但实际上主流的所有心理学系（部），或咨询辅导系所，几乎都不谈精神分析——不只是避谈，而是根本不敢谈。有些人勉强会谈谈加上了一些号称带有"东方特色"的精神分析，譬如荣格（Carl G.Jung），但其中含有很多一厢情愿的色彩，不见得是荣格的本意。一般的心理学课程，只有在人格心理学里面才可能会有一、两个章节谈到精神分析。一直到现在，如果打开美国最新版的教科书，里面关于精神分析的章节内容几乎半世纪没有更新，仿佛完全不知道这个世界上的精神分析到底发展成了什么样。而且书中对于精神分析的解释，如果拿到欧洲的学院去比比看，大家都会认为这是很片面的描述。然而心理学系的人自己并不知道，他们以为这样就可以把精神分析一笔带过了。所以精神分析对心理学来说已经是另外一门学问。可是欧洲的学院大多数并不是这样，和美国学院是两个不同的世界。

有趣的是，虽然我们的大纲里主要以建构论的方式开讲，且让大家先知道内容会跟后现代、后结构主义有关，但我们的讲堂策划人在一开始就提醒我说："你千万不要把这里的学生当作博士班来教。这里的学员基本上还是社会人士。"因此，我打算把大家引进某个一般称为建构论"入门"的地方。但我说的"入门"，是要离开那些"麻瓜"的世界，像哈利·波特一样，"砰！"地冲进一个魔法学院。

我并不是这种说法的始作俑者。事实上，出版的书籍已经暗示了非学院派的旨趣，非学院派根本不打算臣服于学院，许多非主流典型的书籍在市面流通，完全不受限制。所以大家看到了这些书时，不要立刻认为"现在学院中已经发生了变革"——事实不是这样的。这些书仍然只能作为心理科系学生的课外参考读物，它是以"旁门左道"的方式在学院外流通的，课堂里很少谈论。但如果一定要推展的话，是有机会的，譬如我稍微点算一下跟荣格有关的书，已经推出了十几本，然而荣格在精神分析中又是一种"另类"的精神分析，全世界的精神分析都把荣格的学派叫作"分析心理学"（analytic psychology）。所以，只要是在学术世界中打滚过的人就会知道——在心理学领域，这些门派其实都还有相当严谨的内行和外行之分。

我在此问大家一个"内行"的问题："美国常发生种族歧视，这看似荒谬不文明的现象，请问哪些种族之间有这样的关系？"大家都会说是白人和黑人。但如果只这样说，就实在太外行了。我们知道的"白人"到底是指谁？在美国的拉丁美洲人（Latinos）是白人还是有色人种？大家已经开始有点困惑了吧？譬如说西班牙人、葡萄牙人，也跟中南美洲的原住民混血，可是他们有一些确实长得金发碧眼，肤色略暗，那他们是白人还是有色人种？总之，如果知道内情的人一定也会知道"拉丁美洲人"的分类是很暧昧的，很难说他们是白人，但当然也不是黑人。再说，当地的白人之间，没有人会不注意意大利人、爱尔兰人、犹太人等区分——以及歧视。总之，当我们越了解当地情况时，也就是成为内行人时，越会发现事情远远不是那么容易说清楚的。

我现在提到的问题稍微有点宽泛，就当作是课堂的热身阶段，让大家稍微了解一下所谓"门派""族群"等"内行和外行"之区分，都来自社会建构。现在，我们立刻切入正题。

建构知识的方法："道问学"

我把讲堂与现实比作《哈利·波特》中的霍格沃茨学院与麻瓜世界，这属于两个完全不同的世界。我们这里所具备的气氛与我们所说的"学院派"确有不同的分野。譬如在讲堂"谈问题和问问题"出现的状况，与学院中的情境确实不同。我特别强调在这里不光是讲课、听课，也不仅是提供如同补习班一样的考试重点。反过来说，在这里大家像是古代儒生一样，是专程来求知、做学问的。古代读书人是怎样读法呢？大家不要以为他们只是在自家的寒窗边咬牙苦读。自从唐代出现了科举考试之后，官方和坊间相应产生了类似现代补习班一样的升学特攻队，针对考取功名而设立的机构，就叫作书院。

书院体制在科举推行后蓬勃发展，到了宋代可说进入了高峰，但书院还是有国立、私立之别，求学问的方式也渐有分别。到了明代，书院已经供过于求，开始产生一些紊乱诡异的现象。所以书院也像我们现在谈的学院一样，和追求知识产生了许多倒果为因、以手段为目的等现象。

我想谈谈一种知识追求，也就是求学问的光景。我曾经在河南参访过一间宋代留下的嵩阳书院，那个建筑物里有个现象特别有趣，值得跟大家说一下。那间书院座落在嵩山的山脚下，北宋五子当中的程颐、程颢就曾在此任教。我当时注意到墙上的图示说明，了解到这里的书院并没有大讲堂，没有一次容纳数十人、可提供演讲的空间。但这间书院其实已经远远超出私塾、讲堂和一般乡间学校的层级。几乎是想要考取进士的一批人才会来此精读，换句话说，这样的书院等级已像是研究学院。里头虽然没有教室，但学院设立了一间不是很大的中央讲堂，并且由教师坐在里头轮值。讲堂中间放了一张桌子，叫作"教席"，学生们会三三两两地走过来，向目前轮班的夫子请教。学生会来一批又换一批地围着老师进行"问学"。

我不确定那些老师每人要轮班多久，也许三小时或半天就换一位夫子，但学院的上课方式就是有问必答，可是不做主动讲授。换言之，求学者自己要先看书，之后自行前来提问题，老师就坐在教席上等着让人家来问。因此，所谓的"学问"就是这样的意思——古时学院确实采用"道问学"的方式。"问、说""请益、开示"，就叫作"道问学"。关于宋代书院，我没有整体情况的了解，但实际上我看到的一个光景就是如此。因此，我要特别鼓励大家在这个地方，就像书院一样发问，我们一起成为一批"有机知识分子"，彼此间相互培养"道问学"的机会。

汉语心理学的发展脉络

这个课堂每次结束后，照例都会有人留下来发问要求解惑，而我总会在这里多待个十几分钟后，才因为需要赶车而告辞。有一位伙伴跟我谈得意犹未尽，便跟着我一路走到地铁站入口。这一路上，我们讨论的时间大约持续了十分钟。走到地铁站门口之后，我以为他是顺路陪我走过来的，结果并不是，他跟我说了再见，便转身离开。我觉得这非常有意思，他跟着我一路提问、谈论，而且还提出了一个非常关键、重要的问题，我回想课堂上果然也有人问："老师是否要用'诗学为体，科学为用'的方式来阐明'汉语心理学'？"在这样的讨论之下，我觉得我原来应有这样的打算，就是重整并产生一种新的心理学。

我们现在谈论的"汉语心理学"是不一样的。我们着重的是我们在生活中用以思考、行动的语言工具——"汉语"。我们的语言在语言学里的正式称谓是"汉语"。虽然汉语包含了多种方言，可是后来产生了被称作共同语言的"官话系统"。近八百年来，经历元、明、清逐渐发展出的"官话系统"、"汉语"已成为华人世界里最通行的一种语言，我国大陆普通话和台湾地区的"国语"除了少数的名词不同外，基本上"不需要翻译便能够对话"，在语言学的定义上，就是属于同一种语言。

汉语在现代化过程中的偏误

然而，"汉语"在现代化的过程出现过非常多问题，它一再经历多重的转译，导致我们使用的每个词汇都可能问题重重。因此，我们目前使用的"现代汉语"到底是不是一个适当的学术语言呢？我们其实很难拿捏——有时候它的涵意不对，但使用习惯了就难以改变。譬如，大家都知道心理学必然会谈到"同理心"，甚至不只是心理学，在报纸杂志上也到处看得到。可是"同理心"作为心理学的术语，究竟是从哪里来的？怎么使用？是什么意思？如果经过考察，大家都使用的"同理心"，在我的著作中曾经再三强调："同理心"是很片面的翻译。一本发行量很广的《普通心理学》作者是杨国枢和张春兴,后者甚至编了《张氏心理学辞典》。虽然两位都是我的老师,不过"吾爱吾师,吾更爱真理"这句话我很当真,所以我要说他们都没有认真考察这个词的翻译。后来大家谈到"同理",以为这就是"我了解你"的意思。

可是实际上,被我们译为"同理心"的 empathy,不只是"同理"而已,它的真义是与人"感同身受",并且有一种好像能进入对方体内去理解的意思。Empathy 这个字,em 的前缀,意思就是进入,而字根 path 指的是情感,特别是悲情,所以 empathy 翻译成"同""理"就太不着边际了。我们在翻译时为什么不用"同感"或"同情"呢?因为"同感""同情"在我们的语言中已经是很常用的语词,因此就别出心裁地翻译出"同理",就是要能够和同感、同情有区别。但是这么做其实是误解原意,导致 empathy 这个字好像只是说出一种道理,然后大家的心事和情感就可以有简单而共通的理解。这是个心理学的关键词,对于能够精熟使用汉语的人来说是理解上的偏斜,所以我们对于汉语的语词要有更为准确的掌握。

"百年来,我们毫无贡献"

我们在谈"汉语"时,也很难不联想到思想传统的问题。在整个汉语世界里,心理学的流派常会宣称自己属于某某学派,例如某学派自称它们的核心精神是"儒家",或把自己的思想传统通称为"道学"。然而,如果真的去读本土心理学里关于这些传统的作品,就会发现他们对儒家典籍几乎没读通就开始滥用,因此对"儒家"的解释乱成一团。知道这问题的人很多,但是因为本土心理学的圈子很小,形成一个自我繁殖的小圈圈。每当跟外国人讲起的时候，他们惯于说整个华人圈子的文化都叫作 Confucianism（儒家）。这是一个过度简化的说辞，就好像说整个欧洲都是基督教一样的意思。用基督教来概括整个欧洲，以及用 Confucianism 来宣称自己，还说自己是"儒门子弟"，这样说实在过于浮滥。

即使要谈儒家，至少也要有能力区分最早的原始儒家，接着是汉儒；从汉到唐时，儒学可以说是没落到没有声音了。等到再度冒出来的时候已经是宋儒，在宋到明之间，有另外一个很强的"理学"势力兴起。他们表面上发扬原始儒家，但实际上受到非常多佛学和道家玄学的影响，以致宋代的理学讲出来的东西比原始儒家要复杂得多。譬如光是北宋五子（周敦颐、程颢、程颐、邵雍、张载）就有大量的著作，因此可说宋明时期有过儒学的高峰。接下来就是清儒。清儒称自己的考据学叫作汉学，他们排斥宋学，因为宋学讲义理，但清代的考据学不讲义理，义理之学被排斥到当时的主流之外。

细说起来有很多名堂，但总之，若要谈儒家，大略可分为四种，各自有不同的著作方式，甚至于连求学方式都不相同。那么我们今天声称自己源于儒学，究竟属于哪一种儒？我们所读的四书五经确实源于原始儒家，可是它的注释是谁写的？汉儒作了大量的注释，后来到宋代的集大成者是朱熹；然后更多的考据、注疏大多是清儒写的，所以，自称儒家的人究竟属于哪一家的儒呢？当代有人声称自己是"新儒家"，这说法其实也还只是新的尝试。他们若以为只要用现代语言去改写一下就能成为新儒家，这里头就不会真正形成有意义的新东西。

所以话说回来，前不久中国香港有一位颇具名望和人气的心理学者英年早逝了，为此一时间有讣告广泛向外发出，邀请世界各地的学者前去致敬。这位学者名叫梁觉，我曾经见过他，当时不觉得他很有批判性，但后来他说过发人深省的一句话："在这一百年来，我们这些讲中国话的心理学家对心理学毫无贡献。"因为没有创造出任何一个有效的心理学范畴，可以让后人在新范畴中对心理学产生新的思考。因此梁觉明白地说："百年来，我们毫无贡献。"

在汉语语境中找寻科学心理的新范畴

现在我们回过头来谈最根本的问题：我们在使用汉语时，怎么可能没有产生新范畴？意思是说，即使我们用了一个名词，可是我们急着在它后面附上了一个原文，譬如说"同理心"后面括号写上 empathy。到目前为止，有没有哪一个范畴的名称后面是不用附加英文的？在心理学里就是没有。甚至，本土心理学目前的掌旗者黄光国先生，他在本土心理学里一直谈的"关系取向"其实也是根据西方现成的谈法；"人际关系取向"或"社会取向"，这几个词在后面必定会加括号写上英文，像 interpersonal orientation、social relation 等。这些都还是翻译的词，也就是说，目前仍然没有以汉语的语词作为根本来解释心理学的。例如谈到人格（personality）时，大家还是习惯一直使用像"人格特质"（personality traits）的概念来进行讨论，所以心理学在此真的没有产生过任何一个有效的新范畴。总之，我在几年以前也一直认为这是不可能的。后来有几位思想史、社会学的研究者提起几个汉语的概念"报""度""缘""势"等，都像是在尝试建立汉语心理学的新范畴。我觉得这是好的开始，但目前仍然只是零零星星的提议，尚未形成有意义的新系统。

我所期望的汉语心理学，必须从根本而重要的议题出发，然后能跟着进入知识论和方法论的发展。最终还会影响到形上学（本体论或存有论）的问题。这是个宏大的宣称，我却不能只停留在说大话的阶段。我们必须很切题地来展开这种论述。我稍后会对此做个较明确的示例。现在先谈谈知识范式转移和知识革命的问题。

心理学建构论范式的初步发展

第一个很大的议题是关于心理学知识范式转移的现象。我上次提出许多参考书目时，有一本重要经典被我漏掉了，而那其实是最不应该漏掉的书，即库尔特（Jeff Coulter）的《心智的社会建构》（*The Social Construction of Mind*），也就是相当于我们这个第三讲的讲题"心（灵）的社会建构"。此书出版于 1979 年，比格根在 1985 年发表的那一篇引起学术界关注的文章更早了 6 年，所以换句话说，库尔特早在格根之前就讨论过"心的社会建构"的议题了。大家听过"库尔特"这个名字吗？如果没有听过，那也不是你们的错，因为他不是心理学家。换句话说，在心理学圈内是听不到他的。库尔特自认为是个社会学家，所以他在写"社会建构"时强调的"目前"，也就是 1970 年到 1980 年，出现了一个词叫作"知识社会学"，当时真是风起云涌。大家开始对于"知识是什么东西"展开讨论，特别是社会科学和自然科学之间一直以来的对抗，知识社会学重新提了出来，带来一些非常有力的说法，进行了一个大反扑。

其中有一位非常重要的人物讲到"科学范式转移"，这就是库恩（Kuhn）。他从自然科学谈起，认为诸科学的发展都有个共通原则，就是新范式的兴起会把旧的范式打倒，成为另一个广为人知的范式，人们会普遍接受。一个范式在形成时，它不只是学说，还会形成一股学术势力，然后接下来就会重新瓜分其他范式的地盘，形成了一个很重要的"科学的社会学现象"。库恩谈到范式转移时，其实也带着学术政治的运作方式在其中。可见科学本身，不管是物理、化学、生物还是数学，都一样难免如此。何况在人文和社会科学里面，范式转移意味着各派系的支持者彼此之间的激烈斗争，如同春秋战国时代诸子百家争鸣。

库恩和其他学者把这个现象称作"知识的社会学"，意思是说"知识不只是知识本身"。每一门学问在进行时，暗潮汹涌的势力派别就在底下搏斗。所以库尔特在讲"心（mind）的社会建构"时就说："心理学家以为 mind 这个东西被心理学霸占来使用以后，就会变成心理学独门的看家本事。"因此当心理学家在讲"mind"是怎么一回事，他们就会在一旁对这种"心理学主义"（psychologism）嗤之以鼻——心理学谈"mind"的时候把它描述得很神秘，但实际操作时却又笨拙无方。至少在理论和实践两面都犯了非常严重的错误，一再地被指责出来后，库尔特说，"mind"这个主题如果是交到社会学手中，尤其是知识社会学的手中，"我们社会学家可以讲得比心理学更好"。所以库尔特写了《心智的社会建构》这样一本书，十年后还写了另一本更精采的《行动中的心智》（*Mind in Action*），继续以科学哲学来讨论"心"的知识社会学。

后来的格根为什么会和其他主流心理学家这么不同呢？其实可以说，格根背后真正的力量还是来自知识社会学的。在欧洲后现代主义中，维特根斯坦是一个引发后现代与后结构主义的枢纽人物。格根不断地讨论他，而库尔特也在谈维特根斯坦。另外，我上次谈到彼得·伯格和托马斯克曼的那本主要著作《现实的社会建构》，他们提到社会建构之中主要的方法论是"社会辩证法"，也就是指有一个产出的外部化过程，中间有一个辩证的客体化过程，之后会进到内部化过程。我们在社会生活中的学习会把知识内部化，变成自己的东西，但内部化的都已是客体化之后的产物，和最初的外部化已经没有关系。因此，那所谓的产出是一种心灵或身体的产出，但"学习"却是指把社会客体化的产出给学进来。因此我们每一个人所学到的尽是学派之见，而不是原创的想法。这就是知识社会学想告诉大家的观点：我们学到的知识，事实上已经是被高度派系化、规格化、客体化的东西。我们会觉得自己不太能够挣脱派系，因为思想的原创者在思考时其实是天马行空的，可是我们最后所学的却尽是规格化、制式化的操作知识，让人觉得越过雷池一步就像进入无可挽回的险境一般——这只是一个简略的描述，往后有机会，我会把其中的具体实情讲出来，让各位体会这种险境的滋味。

汉语中的"心"范畴：以宋代为例

我要和各位分享宋代儒家使用的语词，这些词语用现代话来说属于哲学范畴。我们的汉语哲学里，其实都还一直沿用他们创造的一些重要词汇，但是因为先前很少人做过系统的整理，所以内容飘忽不定。我们把北宋早期的人物摊开来看，譬如胡瑗、范仲淹、司马光等，还不列入北宋五子，他们已经有了一些开始。如果我们去读他们的这些文字，一定会感到惊奇，因为他们几位已经企图要有系统地推出一些东西，只可惜后来这个系统没有真正完成。譬如胡瑗曾经谈过命和性："天能命人之性，而不能就人之性，唯人能就其性。"所以说，子曰"成性存存，道义之门"——这是在《中庸》里面的话，也就是在解释孔子说的话。孔子当年谈论的一句话，差不多隔了一千年北宋的学者才把"天和性命的关系"做出了诠释。

接下来谈谈范仲淹。大家都知道他说过"先天下之忧而忧"这句话，他的学问深厚，甚至也研究《易经》，譬如他用"气"来解"易"时，特别讲到"升"卦："升，地中生木，其道上行，君子位以德升之时也。夫高以下为基，木始生于地中，其举远矣。圣人日跻其德，而至于大宝……以顺而升，物不距矣……"我知道，光是这样念一遍，要大家马上了解，是困难的，因为它是根据《易传》里所用的卦辞，串起来所作的说明：用《易经》里的一卦来说"气"，如何跟"木"（所谓金、木、水、火、土"五行"之中的"木"）之间产生了一个叫作"升"的关系。气会动的话，就像木气❶会升一样，升之后就会有荣华，所以他讲的君子之德，就像是木在升的状态。升就是上升的升，出生的生也是上升的升，他就利用这样的方式来思考。请注意：这绝对不是逻辑学，这是用诗的语言在讲哲学，也就是我想谈的"诗学为体，科学为用"的一种方式。

接下来更进一步的是司马光。大家知道他的大作是《资治通鉴》，把古史以来一直到宋朝的历史，全部用编年史的方式重写一遍。这手笔之大是很惊人的。他重写一遍"资治"通鉴，因为他是皇帝的老师，所以重新写一本书让皇帝来恶补历史。除此之外，司马光还有一项不为人知的喜好，就是他很欣赏汉代的思想家扬雄。扬雄写过一本《太玄经》，那是一本奇书，后来的人不太敢谈它，因为它利用《周易》八卦的道理，自己又推出了一种不同的卦爻系统。他用了很奇特的符号去解释卦象，写出以"体图""性图""名图"三个系统交叉的另类易经。《易经》本身蕴含的道理是把人在生命中所遭遇的状况（人生处境，human conditions）浓缩在六十四种卦象中，而每一个状况另有分支，通过十种"象"去解释，最后差不多可以延伸出三百八十几种象、象的卦辞。卜卦的结果以最后的卦象做解释，基本上就是

---

❶ "木气"听起来就很玄，但在英文中的 sap 却是尽人皆知的普通话。

把人可能碰到的六十四个状况写成一个范畴图示，亦即把人生处境用三个卦延伸为八卦、六十四卦，再分别串连出一段有神喻（oracle）意味的意思。

因此，《周易》形成的就是一个范畴系统，一方面是数字的（digital）推导，另一方面是诗意的延伸。扬雄所作《太玄经》也是如此，同时扬雄也把卦象用诗意的方式将数字的东西转化成另一种编码，再由此形成另一套可以被人理解的"象"。而在扬雄的《太玄经》之后约一千年，司马光自己又写了第三本易经。这本书鲜为人知，名为《潜虚》。司马光用自己的方式通过数字把人类的状况再编写一次。像这样重写易经的道理在汉代儒家听起来是离经叛道的，所以大家不太注意扬雄和司马光写的作品，然而在外国的汉学家看起来，这真是稀世之作。

扬雄写下《太玄经》这本高度革命性的著作，但长久以来还是被埋没了。司马光看到后立刻视为至宝。因此，他在朝庭担任过宰相，退休之后还为继续为皇帝撰写有助于治国的历史百科，在此之外还潜心写下《潜虚》，也就是第三本易经。一般而言，我们认为"心"或"生命"是一个系统，需要用许多范畴来形成一套结构。司马光在《潜虚》里运用非常耐人寻味的文字把这套结构系统勾勒出来，他说：

> 万物皆祖于虚，
>
> 生于气。
>
> 气以成体，
>
> 体以受性。
>
> 性以辨名，

名以立行，

行以俟命。

这段话本身构成了一个本体论下的七个范畴，如下：

虚者物之府也，

气者生之户也，

体者质之具也，

性者神之赋也，

名者事之分也，

行者人之务也，

命者人之遇也。

由于生命必须要有一个系统把上下串起来，以后要用另外两套看起来像是辅助的次体系来说明它是什么意思。"虚"字表示"物"之府，"府"字是一个诗的意象，表示住的地方；气者生之"户"这也是一个住处，但表示出入的地方；质之"具"，表示可以使用的器物；性者神之"赋"，这里的"赋"可能有两种意思，一者表示资赋的赋，另外也可能在讲诗，譬如风雅颂、赋比兴；而"性"则是神的一种言说的方式。然后"名者事之分也，行者人之务也，命者人之遇也"，这些就不再一一赘述了。

司马光渴望很有系统地谈生命，但我们没有看到他在文章里特别做出解释，譬如以一章的篇幅对"虚"做解释，然后说明"赋"的含义。司马光在文中是马上进入对"心"的卦象来做解释，不只是六十四卦而是有不同的图示，五十五卦或七十五卦，然后在解释卦象时都会重复前面文字中的用法，譬如"万物皆祖于虚，生于气。气以成体，体以受性"，所以司马光并没有真正创造性地推导出描述各种心灵状态的卦象系统。如果我们试着写一本"心学概论""心学总论"或叫作"性命之学总论"，是不是能把司马光所谈的七个范畴写成七个章节呢？照理说，司马光应有本事去写出这样的著作。然而，汉语的世界其实从来没有这种论述，能够像佛学那般，讲述时会先铺陈总纲，然后用第一章、第二章、第三章这样一直演绎下去，如此一来，一本数十万字的大经典就出现了。因此我想问的是："直到现在，我们到底能够创造出什么样的新范畴？新系统？"其实刚才谈的范畴都只是把历来令人敬佩的古代经典，即《易经》的玄学、道家玄学，以及儒家的论述等加以拼凑。

让汉语的知识宝库得以重现

我说过，我们只是企图将汉语中被遗忘的东西在当代重现，并且替它做个充分的解释，然后我们也许能够产生新的范畴。虽然表面上我们继承了传统文化，但作为后继的子子孙孙，我们并没有承担起这些传统的责任，直到受过整套的西方训练后，才发现西方发明的范畴其实和我们传统的范畴比起来实在是各有千秋的。因此我们不是没有东西，但为何不拿起原有的范畴来谈道理呢？

背后的原因大家都晓得：如果将现代汉语拿到古汉语情境中使用，根本无法说得通，无法让人理解。倘若大家尝试把《潜虚》中的词汇翻成英文，看看现代化如何交流，那根本不会成功，因为在英语的情境中无法找到适当的字词来翻译。于是我们就会感觉到心虚，就会想："汉语竟然连英文都对不上，所以是我们出错了。"但事实上如果我们拥有属于自己的独特文化宝藏，西方人若懂得这回事，至少他们的"汉学家"（Sinologists）也该想办法把它翻译成西方语文，就像他们翻译了孔子、老子那样。

汉学是一种很奇特的学问。基本上是属于西方的中国研究，但中国学者也称自己做的学问叫"汉学"，就像是在弹奏"变奏曲"一样，有中国主题，但所有的变奏都是以西方的方法为基底。所以我们在此采用的谈论方式虽然也像汉学，但各位一定会慢慢听出其中的不同。

在知识的历史上，我们来看看西方哲学家如何诠释汉语里出现的范畴。拿一位法国当代知名的女性主义学者克里斯蒂娃（Kristeva）为例，她曾经谈到"气和虚"的关系，知道在中国形上学体系中"气和虚"是最高层次。后来所谓的"己和性"在儒家里面可能很重要，可是相对而言，更重要的是道家的"气和虚"。所以司马光其实已经是个"两面人"了，表面上自称为儒，其实他最高的思考范畴是道家的虚和气；这已成为宋明理学的惯例。克里斯蒂娃在讲"气和虚"时，已经知道这种词汇在当代的写作中很难找到相应的词来翻译，但是她找到了一个在梵文中可以对得上"气与虚"的概念，叫作Chakra（脉轮）。大家会发现这个字并不生疏，因为在《火影忍者》的动漫里就不断使用了。因此，这是很有趣的，为了要翻译一个古汉字，结果发现只能够在古梵文里找到能对应的字。通过现代英文或德文就无法找出这个字来。所以大家就知道，其实我只不过强调了："请各位看看自己的传统里留下来了多少宝藏。"而宝藏有时候只是一直被埋藏，有时则被不识货的人被当作垃圾去了。

回顾同学课后追着我到车站的那一幕，她说："老师这样的论述不是很危险吗？"我说："一点儿都不危险，问题是我们对自己太没信心，所以别人虽一再告诫，我却并不感觉到危险。因为古代圣贤们为我背书，他们写下的经典支持着我，所谓六经皆我脚注，不就是这样？"但现在的问题是：我们的古圣先贤们并没有讲清楚，因此现在我们要替他们来重新阐述道理。然而我们不能凭空臆测，只是活在一个现代社会的结构下，我们该怎么办？我们借社会建构论把原来存在的东西加以颠覆，重新阐述。既然要重建论述，我们有没有办法回到希腊文，或古汉语中去谈？西方人会选择回到希腊文，譬如海德格尔就大量使用希腊文来谈现象学，还偶尔读一点德文翻译的《老子》《易经》等，他慨叹说："非常可惜，西方人能用的历史只有两千年。"——意思是印度人和中国人有四千年以上的历史可用。四千年前祖先留下来，要"子子孙孙永宝用"的概念和语词，后来被强势的西学所盖过。

中西哲学最高点的交织：自然

因此，如果我们虚心回头检视，大家会发现许多汉语的词汇本身是非常高明的，例如海德格尔晚年不断谈到的一个概念 *Ereignis*。*Er-eigen-is* 中的 *eigen* 是"自"或"出自"的意思。这个字在德文中是稀松平常的用语，可是当哲学家将它认定为一个非常重要的概念时，许多的翻译者用汉语反复尝试，却不知道该如何翻译，直到后来有人综合了诸家之言，拍板说道："它应翻译作'本成'。"（有译"本有""大道""统化"）然而，我翻阅了佛学辞典，发现佛学里已经存在"本成"这个词了，但它的含义和 *Ereignis* 没有丝毫关联，这该怎么办呢？上次我批评过"本我"是个很糟糕的翻译，而我们现在很习惯将弗洛伊德的概念翻为"本我"，这种用词的方式在汉语中就变成粗制滥造。好在后来我发现，如果我们懂得老子所说的"自然"是什么意思，用它来翻译 *Ereignis* 这个字，就精准得不得了。老子所说的"自然"和今天的自然科学（natural science）指的"自然"截然不同。

"自然"的意思是指自然而然——"自"是指自己本身；"然"则是指确立、肯定。因此"自然"意指"它就是自己本身"。所以老子说："人法地，地法天，天法道，道法自然。"这段话在当代容易被误以为指"道，效法遵循着 nature"❶，这岂不是在谈进化论？难道老子和达尔文体验出了一样的道理吗？但是真正明白老子的人就知道不可以这样翻译。地法天，土地上的生发会跟随天体运转，所以地法天；天法道，"道"已经是一种形上学最高的概念，但老子竟然还可以进一步，回过头谈"道法自然"，几乎跟康德（Kant）说出一样的话："Thing-in-Itself"——万物自身就是如此。但康德把"万物自身"变成了不可知的怪物，老子却完全没有这个意思。那么，老子的"道"是什么意思呢？老子的"道"就是"是什么就是什么"，所以是"自然"，是自然而然，我是我、他是他、东西是东西，不需要借别的东西来作为自己的法则。但我不特别偏好这种套套逻辑，看来莫测高深，却很容易流为装模作样的语言。所以，我们的寻语之途，其实还有很长的路要走。

海德格尔晚年时喜欢老子的东西，他说这种智慧其实在西方更古老的智者口中也讲过，但今天放到哲学体系中来谈时，还得再定义清楚。譬如"自然"，大家已经习惯生物学、物理学所说的"自然"，就是自然科学。很难反转过来再去思考"自然"的其他涵意。我既然和大家谈过"自然"的意思，以后你们就不要再去把它联系到自然史（natural history）、自然科学（natural

---

❶ 陈荣捷编译的 *A Source Book in Chinese Philosophy* 一书中，对于《老子》中的"道法自然"这句话确实使用了误导的翻译："And Tao model sitself after Nature."。（p.153） science）。"自然"不是那个意思。Nature 这个字在汉语里头最多指"生"而已。生之谓性，凡用生来表示性，一般认为这里的"性"字指真实的性状，或指生物之本能、生理欲望等生命之属性，譬如"食色，性也"。Nature 会翻译成"自然"，是受到日本汉字的干扰而形成的乱局。

事实上"道法自然"是非常高明的一句话，大家要晓得：谈到最高的形上法则，已经高到没有再高可言，因此"道"只能等于它自身。就像我们谈到海德格尔时说过的概念："A=A"，证明了 A；但这样的证明是不对的。因为"A 等于 A"表示至少有三个"元"或运算符已经介入其中，"A""=""A"共有三个符号出现。这三个符号说明了一件事："I am thinking""You are thinking"="We are thinking"。而所谓同一律的意思，一个东西和它自身相等，不是因为它自身会相等，而是指"我思"。笛卡尔（Descartes）的第一命题是"我思故我在"，但现在"我思，就叫作自然"。"思"之中的 -ing 表示自然，也表示"我的"。如果用古汉语来说，就是："我谓之然，我然之也。"这样说可以吗？大家的古文程度可以接受这样的说法吗？把那个力量回归到人身上，就是说"能思"便能使这个宇宙跟着"思"而运转。能思的人叫作什么？叫作"能人"，也常叫作"哲学家"，他们的确是这样，让整个哲学能够起死回生，让存在得以存在，让生命得以重生。

性命、天道、心与思考

但我们的要点不在于谈哲学，而是要回到心理学的角度。像"心"这样的基本概念，从前的人可能太过倚重于使用一种诗学、隐喻的方式来思考，如果不使用隐喻就会讲不出话来，以致逻辑抽象思考能力变得软弱不堪。在语言上纯粹使用抽象推理的思维和表达方式，是宋代的哲学家（思想家）发展出来的。所以，既然我们已经受到西方（包括上一波的印度）的挑战——或锻炼或折磨——这么长一段时间，如果还要说是逻辑能力不行，这就实在讲不通。

今天已经谈到第三讲，我发现这些讲课内容从第一讲开始，就出现一种螺旋般的循环，所以大家会听到有点重复的东西，可是我要谈的要点仍在于"心究竟是什么"。因为在我们整个汉语的传统中，"心"这个字果然占据着一个很高的位置，几乎等同于"思想"，甚至是"性命"和"心灵"等。这些现代汉语词汇在古汉语中可以浓缩成一个"心"字。"心"起源于甲骨文的时代，距今差不多4000年前的殷商时代。当时正要开始创造汉字时，人们以为人体的核心部位就是我们的"心"，相当于今天的"脑"具有的功能。所以为什么"心"这个部首可以创造出那么多个汉字，甚至到了汉代的《说文解字》中以"忄（心）"为部首的字已经多达300个。"心"这个字具有非常重要的涵意，但它一开始起源于一个美丽的误会，后来我们稍微做出了修正，创造出另一个字，也就是思想的"思"。这个字为什么这样写呢？

"思"在甲骨文里的样子是 🜚——下半部的结构像是人的心脏，上面是人的大脑。语词自行进行了修正，人们发现自己在"思"的时候，是通过脑在思考而不是心。心在那儿扑通扑通地跳动，它怎么还能够再去思考呢？心能够产生脉搏，分为左心室、右心室，可是它不会思考。后来发现时，我们已经无法改变"心"这个字的写法了。然而，我们都知道：谈到"心"时，它可能与性、命，和天道有关，而"心"和性命天道之间，则必须要通过"思"才能够彼此串连起来。

心学与心理学发展的画地自限

所以我想强调：心理学正站在这样一个利基之上——"利基"（niche）是和财经相关的语词，意思是在整个市场中最有可能会得利的位置。我用经济学作个比喻，来说心理学可以有很大的发展余地，不像是学院派的心理学受到那么多的约束——在谈"发展余地"之前，我只谈谈其中最不可思议的一个限制就好。

在谈到人格或性格时，学院心理学有个奇怪的坚持，就是几乎必然会使用人格测验或性格测评等的评量工具，而评量时需要把人格（性格）与智力的相关重叠之处完全排除掉。人格心理学有这样基本的排除原则——心理学以此为前提来推理"人格""性格"，等于把发展的可能变成自我局限。人和人之间发生接触之后，一旦需要判断对方的性格时，对方到底聪不聪明、能力高不高，是绝对具有影响力的关键因素。可是当心理学把这个因素从人格的概念中排除掉，难道现实生活中的我们，都可以不管对方是上智下愚，就能论断他的性格吗？当心理学主张自己是一门科学，所以采用某种计算方式把所有测量的干扰因素都排除掉，这里的"排除"究竟是什么意思呢？我在此先解释一个关于心理测验的术语："难度测验"——凡是有难度的，跟没有难度的，就是两种不同的测验。意思是，只要具有难度的题目，就涉及智力高低。于是把有难度的测验题通通排除，这就是所谓人格测验的基本原则。

什么叫有"难度"？就是受测者需凭借智力来做判断或选择，而不是有没有学过的问题。当一个人具备越高的本事（智力），就更能够跨越困难而有越好的表现，这就是能力和难度的关系。但在性格测验中不能考验一个人的能力，只能去考验人的种种典型倾向。譬如喜欢什么颜色？喜欢跟谁接近？或在某种情境下会有什么特殊倾向——譬如焦虑反应，内向或外向等。但这都不许跟智力问题产生任何干扰（confounding），性格测验和智力测验一定要分得很清楚。可是在人世间哪有这样的事？每个人的性格差异中，都会同时表现了他的能力。当我们认为一个人有出色能干的能力，我们对他的夸奖和欣赏中，同时也包含了他某方面的性格。譬如说某人在公共场合中处事表现得落落大方，或沉着稳健，或幽默机智；或是夸赞一个人为不世出的天才，同时也说他可能是内向、专注力高等。问题就在于能力和性格不能一刀两断。然而心理学已经武断地说那是智力测验，这是性格测验。大家可以再想想看，心理学设立了这样奇怪的前提，却认为如此一来能让这门学问变得"纯净"。这里的纯净是什么意思？譬如常见的物理问题的定义："在真空之中""在标准状况下"之类的，物理学可以用这样的假设来当前提，然而一个"人"的"标准状况"是什么？把物理学的标准套用到心理学以后，会让人认为这样的心理测量变得更为"纯净"吗？追求这样的"纯净"只能说明心理学非常"怕脏"。因为有洁癖，每次碰到一点点含糊不清的定义就马上要切割。然后带着畏惧来制定心理学中天经地义的科学法则，但学院心理学人一直到今天都还引以自豪地奉行这种的原则。所以我要说的是：心理学本身从起点开始便充满了一些莫名其妙的馊主意。它事实上是一个工具主义，譬如说先有测验之后，我们才决定要测量什么。这就是工具主义，以手段来界定目的。然而真实世界中，人根本不是这样活的。

心学的第三范畴：心理学的新立足点

所以在"心"的问题上，一切需要重新开始："心，究竟是什么东西"——古代的人起先把"心"误认为"心脏"，但后来经过修正"心"发展成为了一个很广阔的世界。我们跳开汉语传统来看看欧洲的中世纪。那时讲人心时有个基本共识，会用一个简略的方式来说：人性含有"知、情、意"三大范畴。看起来中世纪的讲法都比现代心理学还高明，因为现代人的常识只知道自己具备"理性、感性"这种二元论。然而为什么中世纪的思想家可以知道人具有"知、情、意"三元的范畴一起运作？"知、情、意"是什么意思？"知"跟我们说的理性很接近，而"情"跟现在的感性接近，可是"意"要怎么归类呢？"意"其实讲的是"意志、意向"，也就是"会让人产生动力"的一种状态。它不只是理性，也不只是感性，而是这两者交叉后产生的另一层次的状态，当代心理学称为动机（motivation）。要点是具有"产生动力"的主动性，兼含有性格、能力的概念，变成了第三范畴。

因此，电影《理智与情感》看起来已经将人性问题全部包含在内。但这是不对的——从 12 世纪后早就有人看出：除了理性、感性，还有一个叫作"意"的东西，它究竟在哪里？为什么我们现在不谈了？

我曾经向大家提过"喜、怒、哀、惧、爱、恶、欲"，拿出其中的"喜、乐"，我问大家：是否认为两者是数量或程度高低的差别？是否"喜"的量只要乘以 2 或 3 就等于"乐"？我们大家都知道不是这样。两者在本质上有差异，如果我们想要把喜、乐分别开来，一定有一个分别之道。要做出分别得有一个第三元，它会向你显示喜和乐的不同。那不完全是逻辑演绎的结果，而是人曾经亲身经历过"喜、乐"的状态，然后"知道"这两者之间是不等质的，"知道"它们之间不是量化关系而是质性差别。于是这种区别（distinction）被划分出来后，它本身也成为人的一种理解范畴。而这个区别一定要包含在"思"里面。

　　什么叫作"思"？什么叫作"你知道、你懂"？这样的问题过去长久以来不管在哲学领域也好，心理学领域也好，到后来都会陷入一种二元论的争论，不是 A 就是 B、不是这个就是那个。所谓的第三元，它可以成为一种非常重要的新范畴，可是常常都会在二元对立的状态中变得软弱无力。然而，社会建构论在这个地方发挥作用，能够把二元论的问题推进到一种"重建"的状态。无论在汉语还是西方语言中，甚至是现象学家都认为，把人心翻译成 mind（心智），以及它的形容词 mental（心理的），再加上 psychology（心理学），这是个错误的翻译。因为还有一个形容词，就是 psychology 的字根 *psyche*。*Psyche* 的含义不同于 mind。*Psyche* 是个希腊字，虽然讲的是"心"，却不等于今天讲的 mental（精神）或 mind（心智）。部分现象学家曾明确指出："Psyche（心理）这个字很可能是将 mind（心智）和 mental（精神）融合，再另加上某些意义。"当代的人却已无法明确说出那"加上的"是什么意义；然而古代的希腊人似乎知道。因为现代惯用二元论的方式来区分，所以无法明确说出第三元的性质。当思想进入后结构的时代，它常会使用一种方式来对付二元论，我们可以说它就是三元论。但那意思是——**当某一个东西和另外一个东西对抗时，那个"对抗"本身就是"第三元"**。当我们把某一个东西拿来和另外一个东西做比较时，这两个东西会被摆在同一阶序，我们称它为"第一阶"（first order）。举例来说，当我在称量金块和铜片时，两者重量不一样，但是谁告诉你不一样？是天平。因为天平本身既非金也非铜，它不属于两边的任一方，它是个第三者。你可以画个三角形的三个端点来代表这三元，把底部的两点连成一线，代表一阶，而顶端的一点不在这条线上，就如同摆在另一阶。因此对两物所做的"衡量"本身就成为"第二阶"（second order）。看起来是三元，但我们也要把它理解为二阶——"对立的二元"是第一阶，把"对立"认出来就是进入第二阶。这种"认出来"在心理学中也常称为"元认知"（metacognition）。

解构、建构、重构：以社会建构论打破二元对立

当我们在思考一物时，物本身不会思考，譬如说"我"在思考"你"。请问"我就是你"或"你就是我"，哪种说法对呢？都不对。法国现象学家梅洛-庞蒂（Merleau-Ponty）某一天在法国海边避暑胜地，看到远方大约50米左右，有人拿起了一顶大草帽往自己的脸部一盖——为了遮阳。突然之间，他灵光乍现。当那个拿草帽的人做那个动作时，梅洛-庞蒂认为"我完全知道他在干什么。"梅洛-庞蒂的认知和那人的动作之间产生一种莫名其妙的默契——我的"知"跟他的"行"产生共鸣。他既不是我，我也不是他，但那个共鸣本身在知识上是个第三者。也就是说：对于这个共鸣现象，必须要具备元思考才会发生。把 2 变成 3，3 本身就突然蹦出来，让它本身既是一种 2 的关系，也变成 3 的"另一种""元知识"。❶

讲到这里，会很难理解吗？我很卖力想要解释的，就是如何利用"后结构"的方法来理解"结构"。这想法虽然和现有的常识非常不同，但一定有一种容易懂的解释。

若把这套思想原则带回心理学，那将会有助于我们的理解。因为心理

---

❶ 这段说明，其实在庄子和惠施的辩论中曾经出现。就是"观于濠上而知鱼乐"那段。这就是"元认知"的表现，古今表达不同而已。

学要谈的问题，永远都是如此的。譬如我们刚刚谈过的"喜、乐"，大家都经验过，也都晓得要比喻喜悦可以说"喜上眉梢"，如果测一下心跳，感觉上并不是在狂跳；但是人在快乐的状态中就很不一样——收到他人祝福或庆生时，因为真心喜爱的人送自己礼物，可能让我们心跳加速，想冲上去拥抱等。那样的情绪和淡淡的喜悦就是根本不一样。然而，我们知道这两者的差别，却一直想去找出"喜和乐的共同元素"，当你一直不断想去找，其实是找错了方向。我们应该说"喜和乐是不同的"，是因为在两者的"比较"之下，经验可以把两者"区别"出来。要点在于你能说出它的差异、区别，这在没有比较的情况下是无法产生的。任何质性的定义都不只在它本身，而在于它与他者的比较和区分。而凡是在做着"比较和区分"的，就叫作"思"。所以，**质性的本质在于人之所思，而不在于物自身。**

换句话说，比较的重点也不是在为快乐和喜悦下定义，而是两者之间含义接近，但属于不同的向度。能够把"异和同"说出来时，就已经说出了这门学问里很重要的一个关键。整个建构论都在这样的思维下，可以把我们所思想的任何东西都"重新进行比较"，这样就是在进行所谓的解构和重构。任何过去没有想过的比较，今天都可以拿任何东西来做这种前所未有的比较。以建构论的方式比较之后，我们就可以推翻过去的了解，恍然大悟地意识到——自己以前总是把"东和西"当成固定的死对头，从来没想过"东和西"可以有另外的方式重新比较。重新比较就是重新构思的意思。于是这"东西"就变得不一样了。

"懂你，懂我"，人文心理学与实验心理学的不同理解

我本来习惯在纸张上作图构思，可是今天我居然没把草稿带来。但我把库尔特的书带来了。库尔特是《心智的社会建构》一书的作者，我在书上写了一些笔记，我觉得他写了一些非常有趣的概念，但这个问题其实原先是维特根斯坦提出的，经过他吸收以后又诠释得很好，让我们知道心理学过去都有一些成见，以致把自己变成一门闭塞的学问。库尔特的提问法是这样的："当一个人说'我了解'（我懂）"时，另一个人响应'我知道你懂''我了解你的了解'，那是什么意思呢？"这是个非常有趣的问题，但你去问问身旁的小孩、大人或家人。如果你问："这样你懂了吗？"他说："我懂。"请问，这样真的能保证他懂了吗？

"我懂"这句话可以在以下这几种很难避免的情况下以对比的方式出现：

第一，面对上司时，如果你敢说不懂，就得面对"炒鱿鱼"。你绝对只能回答"我懂"，然后再回去恶补上司究竟说了什么东西。

第二，你的爱人问你"我这样说，我对你的情感有多深，你懂了吗？"你当下说"我懂"，但心里却会想着"我好几次都怀疑他或她的心意，我真的懂吗？"——你不能在一个人说"我懂"时，就认为他懂了。"懂"本身可以在非常多不同的情境中使用，而我们没有办法检验它。实验室的心理学家认为可以用百般的方式去检验，追求真相。他以为可以这样做，可是他无法作出检验的"变量"和方法，也就是无法设计出这样的测验。人和人之间说"懂"其实你只能说："我即使半信半疑，也得接受他的回答。"然后去观

其眸子，人焉廋哉。当他说"我懂"时，要仔细看看他的眼神。因为在人和人之间本来就只能这样，而实验室里却没有这种可能。

当我一心只想找所谓的"懂"的范畴是什么，想办法去找出"懂"的模因（-eme）是什么时，好像在"懂"本身找出一种原子，这样其实是想错方向了。用一个逻辑分析的方式去分析"什么叫作懂"是难以办到的。可是我们可以另外想办法，因为自古以来人就一直在说："我知道了，我知道了。""这我会，晓得。"我们都会说一些类似的话，但这些话到底在讲什么？

譬如我们平时说的："我知道，我知道。"可是"知"为何在中文里会写成这样呢？我们利用网络上的甲骨文字典来看一看 ❶——

知，甲骨文如 ≈ (矢，代行猎、作战) +

(口，谈论，或标的)

道，甲骨文 = (行，四通大路) + (首，代表观察、思考、选择，或人首) + 主 (止，行走)

古人一向以诗为体，以科学为用，可是当他们还不知道何谓西方科学（science）时，"知"这个古字是怎样构成的？为什么要写一个"矢"，旁边摆着一个像是"口"的东西？你去查甲骨文字典，里面居然没有这个字，直到战国时代才出现。但这不太可能，"知"这个字这么重要、这么基本，怎么会在甲骨文中找不到呢？而为什么在战国时又会出现？我们讲的"知道"，是一个在心灵中发生的事，为什么要画一支箭矢，以及在旁边加上一个口字？也就是对于"知"的解释，得通过两个"象元"——"矢、口"两者结

❶ 我得表明我对这种网络信息的运用是很有选择性的，必要时都会予以修订，因为甲骨文的文字学在诠释上还有很多不确定的说法，"定于一尊"是个假象。目前的运用只是基于计算机软件的方便，不得不然，我还是保有诠释的自主权。

合起来，才叫作"知"。这意思其实还不太明白，留有一点尾巴，我等一下再来交代。

我们汉语里的"知"，在它之前可以有好几种不同的用字，而且各有不同的意象。但这个字的象元太奇怪了——后来我发现，更早以前有一种"圣智者"，古代社会的领导阶级中一定要有这种人，于是"智"在甲骨文里面出现的样子真是会把大家吓一跳——为什么会是这样的写法呢？

$$\text{𣉩} = \text{干}（干，木制武器）+ \text{矢}（矢，司箭）+ \text{口}$$

（口，谈论，或标的）

甲骨文和铜器上的金文不尽相同，由于甲骨文经过大篆、小篆、隶书等改变，以致后来的字体对其前身产生了误解和变形，可至少大部分形体是保留下来了，譬如右边"矢"、中间的"口"和左边有点奇怪的"干"。清代学者指出此处的"干"曾经写得像"于"，在古代是代表"器"的意思。换句话说，所谓智者的意思是指用"箭"射中一个标的，但是过程中还用到某一种器的支持。❶我们常不知道自己的祖先在想什么，但是对祖先而言，他应该至少觉得把箭矢拿在手上，然后，"啪"一下射中目标，就表示"知"了。射中了还表示这个人很聪明，是个"智者"。我翻译出来的意思就是如此，当然后续还有讨论空间。每一个汉字都值得继续讨论，直到意义贯通为止（这里只能先卖个关子）。

如果用建构主义来看甲骨文会发现，古人会利用某几个"象"组合成一个跟原来看起来不相干的字，后来构成了一个抽象的意思，可是抽象的意思

---

❶ 这种支持的"器"，在射箭的工具上也可能是指很具体的东西，至少在韩国的弓箭中还可以见到，名为"片箭"，就是在弓上加一支在弓与弦之间垂直的竹片（干），以稳定箭矢。

没办法不用具象的事物去代表。因此，"知"的象表达就是把箭矢射到某一个目标上，表示"知"道了。延伸地说，这种能够"知"的人叫作智者——智者的"智"是把"知"写在一个日或一个白上，原先被认为是器的部分，后来慢慢被认为也许有别的含义。但惊人的是，现代的古文研究者大胆发现，在古汉文里面出现"口"字，且放在字体的下半部，这样代表的不是一般人想象的"箭靶"，这是郭沫若在研究甲骨文时的一项重要发现——这种符号摆在字体下方时，通常代表那个人的身份是一个女人。而最初的智者、圣人都是女人。我们在利用"象元"解字时，也曾经错得很离谱。因为解象的要点常在于解事，而不在于解人、解物。

圣，甲骨文聖像长着大耳 の 的人 ，表示耳聪大慧者。中国远古祖先认识到，善听是内心宁静敏感者的超凡能力，能在自然环境中辨音识相者，是大觉悟的成道者。有的甲骨文 の 的加"口" ，一般解为口说，表示预言——但此说还需进一步诠释。

以上是取自网络最通用的甲骨文解释。但我们只参考而不必尽信，因为光是那个"口"的位置，在甲骨文里就和以上的网络信息不符。

圣人的"聖"有一个大耳朵，还有身体，旁边加上一个口，这是"圣"字最早的写法。繁体中文"聖"写的"耳呈"是个变形。也就是我们现在看到的，有耳有口，其实旁边应该是一个人。反正就是耳和口还留着，但底下稍微变了。所以这个人起码是善听者，但如果他还是能言善道的人，为什么最早的写法要把口放在下方呢？若表示说话，应该把口放上面才对。放底下标示性别，表示这个圣人是女人。古时候在母系社会里面，那些智者、圣（聖）者、君、后、司等带着"口"的字，都表示一些重要人物，而她们全都是女性。这是母系社会的常态，不值惊怪。

如果你现在如此大胆（激进）地说这种话，这在我们传统里是大逆不道的。然而后现代主义所受的启发，很多源自女性主义。女性主义的基本前提：女性在历史上被抹得一干二净，大家都忘了她们在整个文明上有什么贡献，可是如果回到历史中翻旧帐，大家会发现其实女人的贡献非常多。我们在汉字里就找到了一大批很厉害的人物，用一个符号标示了她的身份是女性。于是我们找到一个方式，回到古老的源头，并且使用一套看起来很基进的方式来利用"象元"，解释我们的文明来源。这是通过建构论和后结构的方法，才能找回来的传统宝藏。"大逆不道"本身就因为不道，所以也根本无逆可言。

汉语中的本体论："是"

我们一直强调我们的知识传统没有本体论，没办法讲存在、存有之类的概念，但是我们后来知道存在主义其实是在讲"是和不是"的问题，而不是讲物（对象）的"在和不在"。我们后来把这个字叫作 being（存在）或 to be（成为）。而在西方的语言里面可以清楚地知道 I am、You are、He is 当中的 be 动词变成一个很重要的关系字，一旦出现，它就会带出后面的提及者，形成一个谓语（predicate），也把前后连起来，所以那个 be 所说的"存有"，相当于中文里头的"是"。可是在中文语句里的"是"常常会被省略，譬如我们说"孟子者，孟母之子也"，这句子里并没有用"是"，没有说明孟子"是"孟母的儿子。中间那个"是"在汉语中常常可以省略，也就是说，我们觉得系动词没有必要，因为已经把头和尾讲出来了，它自然会连起来。可是在西方语言里它不能省略。只有谁曾经省掉而又被人注意到了呢？就是笛卡尔所说的"我思，故我在"。用拉丁文写成 *Cogito ergo sum*。*Cogito* 就是我们现在知道的认识（cognition），也就是"知"；*ergo* 是一个连接词，也就是所以（therefore）；*sum* 就是存在（being），所以直译原文就是"思考所以存在"（Think therefore being），这句子里没有"我"，我们原先用的是日本人的翻译"我思故我在"，把两个"我"加了进去。笛卡尔的原文没有"我"，所以就是"思故在"。拉丁文不用 be 动词，甚至不用主词，就可以把句子完成，古汉语其实也是一样的道理。

然而，任何东西在你要讨论之前，都需要知道它是否真的存在。否则我们讨论下去就像是挥拳打在空气中一样，完全没有意义。因此在讨论前，为了确定"存在"的问题，我考察过"是"这个字在古汉语的写法。其实非常奇特，又是个值得继续深思的字眼。它有时是一个三角形，或是画一个圆形，底下圆形指的是"足、止（趾）、走"。"趾"在古汉语就是步行，而"是"字中间这一条杠在古汉字中就是一个逻辑符号，一个运算符，表示这个和这个有关联。所以"是"就是"走向那里"，向那里走过去。那你们知道三角形或圆形的符号是什么东西吗？我查阅过郭沫若的字源学解释，先前也已经谈过，这几个符号都是在指女性，跟我们刚刚在字体结构下方看到的"口"字符一样。

是，金文🔆＝⊙（日，太阳）＋（又，手）＋➤也（止，即"趾"脚），这是后来的变形，表示太阳直射，日正当中，人们用脚进入夏季的忙碌（这种解释分明是瞎扯）。但看原文：上口下足（步），是指走向母亲，表示"走对了"才叫"是"。

网络信息让大家看见所谓"公认"的解释，但我做了必要的修改，如上。

"是"的原文表示向女人走去，特别指向母亲走过去，然后就得到了肯定，这就叫"是"。意思等同于这样的行动："你是我的好儿子——乖儿子，给妈过来。"请大家想象家中妈妈只要一个召唤，儿子就乖乖过来了，即使被痛骂一顿也还会回答："是。妈。我是。有。我在。"因此，在中文里"是"这个字，就是儿子朝向妈妈走过去的景象。要做出这样的分析，除了要具备研究古文的底子，还需要把建构论的本事综合在一起，才会得出这样的建构。

要把一个很抽象的物（或事）具象化本来就很困难，可是如果在古人的世界里发生这种事情，产生这样的文字，可以说是很自然的。当时真正有权力呼唤人前来的，就是部落里的年长女性，因为在早期的母系社会中，谁是爸爸？他在哪里？大家都不知道。五六千年前的世界真是如此："古人知其母不知其父"，所以会呼唤儿女的人只可能是妈妈，不会是爸爸。在家里，当妈妈呼唤一声时，你不就走过去了吗？走过去的你会说："是。"（Yes! Yes, I am! Yes, here I am!）所以形成了"I am. 我是。"这样的说法。直到后世人扭曲原意之后，把"是"写成稍微形上学一点，在象征女性的符号"口"中间打上一个点，表示走向太阳。所谓天干地坤，向一个最大的天体走过去就叫"是"。但原先甲骨文不是这样写的。"抬头三尺有神明"，抬起头看见大太阳就在那儿，表示天；所以把"是"的意思变成了走向天神报到。然而，我们原来的世界并非如此，"天"也从来不是指"日"。

回到源头，重下定义

在建构论的观点中，所有的东西都可以经过某种想象而重构。这样讲，其实也不算是革命，只是很颠覆我们的常识。回到文化的源头，竟然发现我们可以为自己的生活重新下定义。这样，我们就了解：所谓的"心"，不是

"你"知不知道，或"我"知不知道，而是有时你知道了什么但我不会知道，你打算干什么我也不知道。然而，我们两者之间一定存在着交集，能让彼此互相领会。相会的结果可以叫作客体化，或可以说那是社会的共同产物，它可以是我们的文明，也可以是某种概念思想，或就是具体的文字了。建构论想要告诉大家："你我的心灵，或'知道'和'懂'，这些东西就是如此制造出来的。"不是在谈你知不知道、懂不懂什么的问题，也不是强调心理学如何能从人心中把东西挖掘出来。凭空去挖掘人心是挖不出东西来的——还有，你真能动手去"挖"吗？还是要从人的周边环境下手，才会发现：其实有更多线索可以让我们了解"什么是最基本的心灵、心智"。

我们开头只先用"心"来具体举例，如思元、象元。后面我们还会谈到更多内容，让大家发现：一个汉字的含义本身，就是知识的一片广场，它会回荡出很多余韵，可以谈得非常广泛。所以我们可以推导出比前人所知更为丰富的内容。譬如我要谈"情是何物"以及谈"欲是何物"时，我要用不同的章节来讲。大家可能以为情一定会说到爱情、人情等，欲望肯定会结合其中。我认为不见得是这样。"欲望"早在你想都没有想到的时候便存在了。

我们回头来继续谈前文中的"知"。在甲骨文中，看起来像是箭矢射到标靶，但如果"矢"旁边的"口"是指女性的话，那么所谓的"知"究竟指什么？如果知道这支箭矢可以是男性的象征，那么相接的时刻就叫作"相知"。为什么"相知"是如此快乐的事情呢？屈原曾说："乐莫乐兮新相知，悲莫悲兮生别离。"这句话提供了最佳说明。在弗洛伊德的著作《超越享乐原则》一书里，讲得最简单的原则，也是生活里面最乐的事情，就是性的交合。

人的相知有些时候是："我终于把这件事情讲出来了。"——那会有多快乐呢？起码我可以用"知"来跟某人相交了，心事可以交出去了，但这样还不至于叫作"快乐"。那人在什么时候和人"相知"是最快乐的呢？"乐莫乐兮新相知"，屈原讲的是非常自然的事情——男女在巫山云雨中"相知"也"相惜"，因此"知"本身就是这么乐的事情。以"心"来作为"本体"，才有可能产生这样的体会，也就是最准确的理解。

学员提问

传统中女性的地位其实一直是被压迫的，从婆媳问题、缠足跟老师刚才所谈的内容，两性地位的差距相当大，这是怎么一回事呢？

历史是一个相当大单位的思考对象，我们不必谈达尔文生物进化观点的几十万年，我们就谈 5000 年，或就算只用 1000 年作为单位，文明本身也有很大的变化。甲骨文发明的时候在 4000 年前，当时的社会状态中，女权是普遍彰显的，这一点大家在古文献中可以找到的证据非常多。譬如要证明一个人的血统时，不是要证明他跟父亲的关系，而是要证明他和母亲的关系。所以姓名的"姓"是女字边的，一直到今天都还是。这表示当时的社会状态是如此，我们今天只是将旧习沿用下来，但已经扭曲了原意，可见这就是一个历史事实——包括扭曲的事实。后来女权消失了，这样的议题我们往后会谈到。

回到性别关系的议题，为何女性主义在后现代主义占据非常重要的地位？因为女性确实经过许多不同的时代演变，5000 年、2000 年或 1000 年，得看当时发生了什么事件。譬如刚才谈的缠足，大约距今 1000 年前开始出现。1000 年以前的女人并没有缠足。换句话说，当时女性可以四处跑动。

但开始缠足以后，女人就被废了功夫，除了自己的闺房家屋外，就走不出去、走不远。到了外地，要是没人扶着，几乎走不了路。因此整体女性在社会权力阶级中更加下降，这是一段非常悲惨的历史。

这段历史中最奇怪的是：整个汉语学术界里都没有留下任何一篇文献去检讨。明明自己的妈妈、姊妹、老婆的脚被缠了，却没有任何一个男性去谈论。直到外国传教士来到的时候才点破："你们女性的脚怎么搞的？"然后才发现要裹小脚时，脚是需要先往内卷，后才裹起来。那被卷起的地方，如果里面稍微有点发炎感染，要怎么办？裹脚布是绝对不能拿下来的，所以无法治疗，就让脚发烂。古时因为缠足而死掉的人有多少？从来没有报导。直到这个恶习被外国人揭发以后，汉人自己也觉得无地自容，才开始推动我们现代的"天然足"。我们的"现代化"包括语言的现代化、生活习惯的现代化，同时也包含了性别关系的现代化。

因此，我们的历史是一个很麻烦的东西，我们在讲社会建构时，其实也在谈历史文化的建构。作为学心理学的人，如果对自己的文化不了解的话，常常也没办法说出有意义的内容。大家没有想到，只是一个字、一句话、一个活动而已，居然影响到整个历史发展。好个"三寸金莲"。看到那些几百年前的照片时，请大家静默地反省一下，千年来我们的文化陷入这样的野蛮关系中，却又引以自豪。女人在这么长的时间里，社会地位低下，是因为她们的活动力被阉割掉了——不是被阉割性器官，而是被剥夺了基本行动力。大家是否意识到：这也是我们的"文化遗产"，我们千万不要忘记其中的巨额负债。

第四讲

『心理学』与『理心术』2：『灵』的社会建构

谈论"灵"，其实也牵涉到广泛语言建构之中属于"心"的另一个问题面向，我们要在循环中来回碰撞，持续做螺旋状的前进，从而看出我们在现代社会中对于"灵"欲拒还迎的矛盾心态。

我们上一次从"心"的概念出发，接着要谈论"灵"。大家都知道我企图从汉语里面选出一些心理学的范畴，作为我们将传统推进革新的方式。首先，这不是指发明什么理论范畴，而是指利用字源学，让汉语中的许多古字词转化成为心灵之学的新范畴。我们毋须创造，只是要考据。而这是外国人无法替我们做到的事。我们所面临的问题在于：这将触及方法论或本体论这类原先在西方的体系下建立的学问，因此我们需要先熟悉那些"论"是什么概念。有人曾经问我："本体论是什么意思？"在我开始解释前，还需要先厘清：即先前我们谈过"现代汉语大量采用日本翻译"的问题，而"本体论"（ontology）一词正是来自日本的翻译。虽然现在我们已经用得很习惯，但对于 ontology 而言，它并不是个很恰切的译名。

心理"学"与理心"术"

当我们要开始谈关于"灵"的社会建构时，必须意识到：这是汉语中特有的字，也就是说，在西方语系中无法找到相当的语词——汉藏语系和印欧语系本来是两种截然不同的语言体系，因此在互译时都会碰到这样的困难。回顾我们谈论"心"的社会建构时，除了强调关于心智的部分，如 mental、mind 等概念之外，同时也谈到关于"心性"的含意。此外，我们还谈论"心灵"这个复合词的概念，然而，我们使用"灵"字时，往往没有想到"灵"

在古代完全源自巫术的传统。我们现在谈"灵性"时，常不知道它跟巫术之间究竟有什么关联，但现在我决意要这样开始谈论，必定会引起各位意料之外的问题（或说是知识的震动吧）。

谈论"心理学"，特别是其中跟"助人工作"有关的部分，我将它称为"理心术"。这是先前谈过的概念，当时我还没来得及认真解释，但上次课后有同学特别留下来问："为什么要用'理心术'这样的说法？跟原来的心理学有何不同？"我反问他："那你知道心理学的'理'和理心术的'理'有什么不同吗？""理"字原来是个斜玉旁的字，所以"理"跟玉有关。而这个字本来的含意就是整理：古代的玉石保管者时常得整理——那些玉石需要打磨、抛光，反复加工除去杂斑等，而寻常人家是无法碰触到玉石的，只有高阶的仕宦贵族才拥有这等权利。特别是在古代，玉石大都是用来制造礼器，因此只有站在当时社会地位高端者才有机会接触使用玉石的祭祀礼仪。这么说来，此处的"理"不同于平时我们所谈的"理"。至于"道理"，那又是后来的延伸用法。"道"确实是在"谈论"，但是"理"比较像是艺术的加工、整理，而这过程，我就用来指称"理心"。

所以，我们现在就要来面对什么是"理心"的问题。大家都已是汉语的惯用者，但平时不见得会仔细去考虑语文的由来。如果我们停下来思考一下：对于"心"的"整理"，的确比较像是一种"术"，而不是一门"学"。"术"通常有两种涵意，其一是科学技术，如 technology、technique 等。而大家都知道科学发展有个核心面向，在于是否具备足够的科技或工艺，足以达成我们的理想目标，这就是"术"。然而"术"字还有第二个涵意，就是和古代所称的"术士"有关。"术士"所拥有的"术"，不像我们今天所指的技术。事实上"术"的含义与讲述与叙述的"述"在根源上接近。"述"字的部首"辶"意思是"走"，而古字"术"（術）的部首则是"行"。

術，甲骨文：

术，甲骨文 ⺂ = 乚（又，抓）+ 八（八，分，剥离），篆文 䘸 = 彳（行，通道）+ 朮（术，推测是用植物编织的意思但这只是一种与脉络不符的推测，不必尽信。）

古字 彳（行）的意思也和"走"相同，所以"述"与"术"两个字的意思今天虽然分道扬镳了，但原意是相通的。大家都会认为"技术"较像是动手，而"讲述"则是开口说话，看起来是两回事。然而以前的术士身份等同于巫师，他的工作是主持祭祀、典礼，或在祭典上表演，因此大部分的时间他得开口，吟唱或讲述。我们今天谈的问题，如果回到古汉语的角度来思考，就会发现：很多时候，字词的历史根源跟我们现在的想象大不相同。虽然传统看起来好像离我们越来越远了，但是回顾传统仍然很有意义。我们的古汉语在现代看来就像是缆绳没系好的船，船体向外海越漂越远——如果我们没有设法维系，它就会莫名地漂离而去，所以我们得要回到字的根源，去重新开启我们对于意义和道理的谈法。我们所谓的"字源学"，在很多意义上也就是"字符学"——这就会接上我们先前几讲所谈的内容。

古汉语在发明之时，那些字词的制造者其实是一群前无古人的天才。很多字形从无中生有，字词制造者创造出了约 4500 个字的丰富字词，就是我们今天所知道的甲骨文。那些字体在历史上横空而出，现在往往已找不到真正的来源。甚至那些文字在最早创造时，就以非常成熟的姿态出现，这是一件千古奇案，没有人可以解开的谜团。在 4500 个古汉字里，我们至今还不太确定其涵意的约有 3000 多字，而比较能够肯定只有 1500 多字而已。大家要知道：古人把很多物象、事象、意象都通过拟形的笔划给浓缩拼凑出来。这种造字法是非常了不起的诗意发明。

我们历史文化遗产中有这样的宝藏。很多西方学者因为汉字、汉语太难学，等到他们发现汉字如此重要时，已经来不及学习了。几位当代非常重要的哲学家也意识到汉字的重要性，但他们感叹自己就是学不来。所以我们在知识上的优势就在这里，大家可以自豪地说："我们的汉语底子远比西方人强得多。"因为我们每个人至少都经历过二三十年的锻炼——当然也叫作磨炼——西方人只要记下 26~30 个字母就能拼出各种字词，但要学会汉字，我们究竟记下了多少个"字母"？起码要记 500 多个，才有办法开始写汉字。换句话说，我们的字母群（也就是"字根""部首"）就是有那么多。目前我们所用的计算机输入法大多使用拼音，另一种五笔输入法，好像把汉字重新分解为字根，但这种输入法现在没人要用，因为它实在太难辨识。然而，我们大家心中都存有那个"五百多字键盘"，虽是非常怪异的庞然大物，但重点是——我们大家都已经学会了，进入宝库的钥匙已经在我们手上。

"灵"以及"性命之学"

谈论心灵时，要特别说明一点是，我们既然翻译了西方知识，譬如心理学（psychology），它的前缀是 psycho（*psyche*），源自希腊文；而古希腊在谈论 *psyche* 时，绝对不是在谈我们今天的 psychology，换句话说，不是在谈论 mind、mental 这样的概念。*Psyche* 在概念上还相当于"灵魂"（或就是"魂"），另外，*psyche* 也接近于"气"，跟汉语白话里常用的"气"，两者有若合符节之处，但又不完全一样：就像"气息"与"元气"之间有相似也有差异。总而言之，那是当时希腊人的构想，后来进入现代语言，大家再谈起 *psyche* 时，却已是似懂非懂。

也就是说，*psyche* 牵涉到"灵/魂"的概念，但就在西方后来各语言体系之间的理解就有些差异，譬如我们比较一下欧陆的德语，以及英美语系，他们在使用"灵魂"这个字眼时，在语意上就有差别。欧陆的人对于 spirit、soul，也就是关于灵魂的字眼，相对比英美语系较容易接受。但是盎格鲁·萨克逊（AngloSaxon）人（也就是用英语的族群）认为这样的说法已经涉及巫术的领域，而所谓的现代化就是要把巫术排除掉，不让它污染文明。因此，盎格鲁·萨克逊语系的人一讲到 spirit、soul，就要做出很明显的区分，对后者这个带有巫术意味的字，在使用上出现极端矛盾的心态——最好的兄弟叫 soul brother（灵魂兄弟），但最好的研究报告（paper）里不可以提到 soul（灵魂）。

　　然而，在德语中，有一个相对于 spirit 的字叫 *Geist*，这个字是指精神，也指鬼魂（*Geist* 的字源和 ghost 接近）。德国人竟然可以使用这个字，把人文学科叫作 *Geisteswissenschaften*——此字一般译为"人文科学"。但以德文的原意，应该翻成"精神科学"。只是在英语当中没有造出这样的词。如果我们把心理学叫作 Spiritual Science，这个说辞在英语中就是江湖术士的用语了。然而，德语和英语的情况完全不同。因此，我们可了解：即使不考虑汉语的变化，光是在西方语言中就存在不同的系统，对语言的理解就不一样。

　　今天我们来谈谈各位都很习惯使用的语词："灵感"。大家通常会说"灵感来了，才会做文章"——这说法没人觉得奇怪。假如我说灵感是一种巫师和术士的用语，大家又会做何感想呢？会不会开始排斥它？因为"靈"这个字的构成很明显可以看出：上面一个"雨"，中间三个"口"，下面就是一个"巫"。这是什么意思？为什么三个口呢？是表示念念有辞的咒语。为了要求雨而喃喃念咒。是谁在这么做呢？就是巫师。古时念咒祈雨是一种常见的巫术，而且得通过高级的大巫❶，这样的大巫师就叫作"灵"。灵这个字还有另外一种写法：在战国时代"灵"的写法是"雨"底下有三支"弓"，但那其实不是弓，而是三只脚，表示有人在那里踏步跳舞。所谓"我歌月徘徊，我舞影零乱"，那是巫师在祭坛中零乱地踏着脚步，仿佛出现了三只脚，因为此时的大巫师已在迷狂的状态。

金文以"需"为基拙，再加上双手、双脚，表示祈雨的巫师手舞足蹈，以咒语来通天。

由于汉字的传承在漫长的历史中存在不少以讹传讹的问题，后来的人在抄写"灵"时，因为不理解乱舞的三只脚，所以会把它抄成"弓"。换句话说，这原本是强调祈雨的"巫"通过某一种"舞"的姿态去进行仪式。这样大家应可了解："灵"这个字，当然跟"巫术"有关。

虽然当代心理学一直强调科学，排斥"巫术"的概念，但我们今天若把"巫"的传统找回来，完全无须预设其非理性或非科学。大家可知道，从前负责祈雨的巫师在部落社会乃至初期的王国中的地位究竟有多高吗？"巫"是祭天的司仪，是可以代表整个王国来通天的。后来这个大巫都是由天子和帝王自己担任，去进行祭天仪式。平民百姓不敢祭天，因为这表示僭越了天子的权力。老百姓拜的叫"老天爷""天公伯"，拜这种人格化的神不等于祭天。譬如去扫墓祭拜祖先时，今天我们仍保持这个习俗的三个步骤：第一拜天、第二拜地、第三才拜祖先。清明时，民间所拜的"天"就是"天公伯"——谁敢真的去拜天？那只有皇帝才做得到。祭天时皇帝会带着成千上万的人马，到泰山的山巅去接近上天，这个仪式叫作"郊"或"封禅"。表

---

❶　俗语说"小巫见大巫"，这"小巫／大巫"之别实乃其来有自。"文王、周公之彝训垂于筮氏之官"——这"筮氏之官"就是大巫。大巫用《易经》来进行占卜，张载说："《易》……为君子谋，不为小人谋。"这些都说明"大巫"有别于"小巫"。

示巨大隆重的祭天仪式，只有帝王才有这样的权力——祭天时不就常是向天祈求普降甘霖吗？不就是祈求"风调雨顺、国泰民安"吗？这本来是一句标准的天子语言，今天却已经镌刻在田边的土地庙上。古代的"灵"就是指大巫师的地位，他的高度等同于帝王的左右手，乃至可与天子平起平坐。我们在民间看到的灵媒都只是小巫罢了。

在战国时代，巫的仪式传统仍然鼎盛。当时的诸侯或天子，特别是在周朝，有诸侯千百，而周朝大约持续了800年，但是周天子的威信只在立国时存在，后来很快就下滑到与诸国并列。而后这个传统渐被遗忘，到了汉代时几乎已经不见踪迹，真正的那种大巫师术士也已经不见了。

战国时代的所谓公、侯、伯等诸侯都开始自称为"王"，开始使用"王"这个字时，通常会遭到其他国家的挞伐，譬如我们所说的五霸七雄，他们称自己为"伯"。两者发音相同，事实上等同于"霸"，但只要称"霸"后又企图自立为王时，其他几个"霸"就会联合起来指责他"僭越"。从文献可以看出来，各国好像都在为自己争取王权，导致后来彼此征战不休。当时王的左右手都有几位高级巫师，除了称为"灵"之外，另一个称谓是大家不容易联想到的"圣"。原来"圣"这个字也是指大巫师。所以在我们的传统中曾经由大巫师占据了今日最高级"知识分子"的社会地位，由这些巫师替王服务。今天我们在这里谈的"心灵"，不只是谈 mind 或 mental，而是企图要将人和天的关系也囊括其中。天人关系是什么？那正是"性命"——古时候说"人命关天"。所以，我们在谈"心"的时候，竟然就是在谈"性命之学"。

现代科学所排斥的"灵感"

从汉字的字源学回头去看，我们可以说是歪打正着，看出里面就有一些科学方法的相关字眼。大家都需要对自己使用的字词再回头省视，我这里只稍微解释一部分。科学里面讲的 mind、mental 这两个字，看起来与古代希腊时期所谈的 *psyche*，或拉丁文里的相关字词，都可以代表 2500 年前罗马人和希腊人在想事情的时候所使用的字眼。但流传到了今日，其实很多部分都从历史上遗失了，这些字却是用来讲一些非常高级的心智动作。譬如拉丁文里有一个词 *noumen*，英语里很难找到对等的字。它在拉丁语中指的是由"神圣／圣灵／灵魂"这个语意群所指的意思，但我们在翻译上无法十分准确地表达其涵意。它所说的"神圣"可能与巫师有关，但也可以脱离巫术作为哲学用语，总之，是意指非常奥妙的灵魂活动。

这个字现在很少作为普通词汇使用，但不论是罗马人还是更早的希腊人，其实都有这种词汇。我们今天通过汉语的"神圣／圣灵／灵魂"来理解，其实就是把曾经被现代语言（特别是英语系统）所排斥的东西，给找了回来。当我们说一个人写作时"灵感丰沛、下笔如有神"——"灵感"这个字要是放进科学心理学里，一定会被主流打压、边缘化，因为这种字意违反了现代理性的想法。然而问题是：仍然很多人都相信"灵感"在生活中存在。不论你是否相信"灵"的概念，我现在想做的事情，就是让各位慢慢对于"灵"感觉到比较舒适、不冲突，日后使用这个字时，也不会觉得"灵"意味着自己被巫术操控。

回到现代的角度思考、生活，每当碰上一些让大家感觉困惑，甚至攸关生死的大事时，我们便在身心饱受煎熬的状态下，使用现代科学的概念，把这些事情"套进公式中就能够有效地解决",譬如生病时通过医疗用药,或使用像是方程式之类的语言来解释问题;于是,所有的疑难杂症和问题的解决好像都已包含在整套科学之中。我们的生命已完全受到科学的保障——是这样吗?

然而,四五千年前的人没有这样方便的知识和信仰系统,因此常需要自己想办法,各种想象和尝试几乎都是凭空而来;所以,你要是为他们设身处地想想,会觉得非常不可思议。要想办法把这些构想转变成为可以说服人的东西,不能光是心血来潮想一想就能达到的。所以当时叫作"灵""圣"的术士们,慢慢地把这样的想法转变为可以让人"懂"的东西。"甲骨文现象"就可以让我们发现,这种最初的凭空构想,却能够以有形的方式出现。他们的实际操作就是占卜。用牛骨或龟甲,先打上几个洞,烧出裂痕,然后把那些裂痕看成某种笔画,读出某种意思——这种造字的原初现象,多少也是我们的猜测。但我想:在有意地画出一些笔画(譬如画出一二三四)之外,一定还有其他的笔画构成方式,那么,甲骨上出现的裂痕很可能就是在"造字"了。

你今天会说这真是乱无章法,但面临着山穷水尽的困境,他能怎么办呢?于是只好顺着天意来创造人意。天意出现在龟这种圣兽的甲壳上,然后顺着天意来发现这个难题该怎么解决。那些最初看见的裂痕叫作"兆"或"卜"。能用卜和兆来看出意义,并且把它说出来的人分为两种,一种叫作"占"另一种叫作"贞"。占就是把卜给说成东西。但"贞"字比较有疑问,因为一开始不是这样的写法。在甲骨文里面,贞是这样写的:

= (卜,甲骨上的裂痕) + (鼎,祭祀的神器),或直接写为

到了今天还有人在争论:这个字到底是"贞"还是"鼎"?两种说法都

振振有辞，但无论如何，它都是属于国之重器，而能够用鼎来预测未来的人，就叫作"贞"，也就是贞人。他们可以说出天意，并且知道是否有福祸，因此他们占有非常高的社会地位。

数，与"人世处境"

用卜卦来预知吉凶福祸，我们可以说它没什么道理，却必须承认那是历史事实，因此还是要说出其中的道理来。那么，究竟会是什么道理呢？那就是我们今天的数学。所有的卦象都被换算成比较有秩序的一条杠、两条杠，以及它们的排列组合。由于甲骨上的裂痕太没有规则，于是先把它换算成几个交叉单位，如"十／乄"形成"爻"，然后也可换算为两种裂痕的组合，就是"—"和"——"（1 和 2），然后迭成三层。这样就会有 $2 \times 2 \times 2$ 的 8 种组合，也就形成了"八卦"。关于"迭三层"的想法来源，当代的解释都说那是最原始的"天／地／人"三层次的形上学。也许是对"数"有层次的知觉——譬如，至少知道数序、数量，和其中的运算关系属于不同层次。

对于"数"的具体运算，先是八卦，接着就是再迭一层，成为八八六十四卦。我们要知道：古人对于"数"并不只是知道数序、数量等"抽象"概念。每个数都可以同时指涉某种"事象"，因此产生了替各卦取名的做法，也就是让它们各自成象。"爻"字就是"重卦"想法的具体证据。

于是每一卦都有卦象，接着又慢慢从"象"演绎出一段解释的文字。这样一路转换下来，我们就知道：卦的背后是数和道理，然后被翻译成为一些"象"的名称。可是对我们来说，经过翻译后的"象"还是很难理解——为什么八卦中的某卦叫作"坤"，某卦叫作"干"？又或叫"震""艮""坎""离"

等？而且，这些卦象似乎都在说明山川天地之间的某种状态，圣人把这些卦象经过重卦，再演绎出六十四卦，转换成为语言文字的说明。圣人所作的这些演绎解释此后就变成所有人生处境（human conditions）的说明范本。有了模板，后代就沿袭模板作为解释问题的根据。因此，现在只要"把人生处境背后另有一套万事万物高深的运作秩序"给说出来，就成为了最高的"道"。一部分是能"道而述之"，另一部分就是它所代表的某种宇宙秩序，特别是天体运转，以及地形和季节变化的秩序，也就是"道／数"或"术数"的关系。

从经验到超验

我谈这些的用意，是想让大家了解一件事：日常生活的"经验"，表面上看来很简单，可是如果我们想要把生活经验给予定义，那就是既不自然也不容易的事。要为我们的生活经验下定义，在身边就可举个简单的例子：温度的经验。"温度"是"经验"，或叫"体验"，那是理所当然，但今天教室中的温度是冷、是热，或是还能用其他语词来形容呢？我的意思是想问各位："如何能够把自己感受到的温度说出来？"

大家都有温度的体验，甚至我们都正处在同一个温度环境之中，但你会怎么描述呢？可以看温度计，也可看空调上显示的室内、室外气温。温度计是将汞放到细玻璃管中，看它在里头因热涨冷缩而产生的刻度升降，用此来定义温度。所以，温度是人人可以感觉到的，但如果没有换成温度计上的数值，则所谓的"温度"就会难以言说。

因此，当我问各位到底是冷是热的时候，每个人的体验其实并不一样。

如果要说明有多不同的话，各位请看：我现在浑身是汗，因为我刚刚用小跑步赶到讲堂；而各位如果已经在教室里坐了 10 分钟，相比之下，会觉得现在温度舒适。所以我们谈论温度时，其实是各说各话。但如果现场有温度计，就能定下一个参照标准。我的意思是，只要把经验拉高成为抽象的意义，就可把这抽象称作"超验"，也就是超过直接经验。这个词看起来似乎很高深，但其实就是指：当我们将经验说出来时，它的意义已经跳到了另一个层次，也就是已经过换算。但无论如何，既然提到了"换算"，那就会连接到我们上次谈过的"运算符"或"数元／思元"，即利用某种东西将现象代换成可以言说的信息。

掌握这种技术的人，譬如早期的希腊哲学家，一定是从数学开始发展，以毕达哥拉斯为例，大家都知道他提出了勾股定理。但各位要是能看到毕达哥拉斯留下的其他断简残篇，就会发现他讲的更多是神秘主义——谈论生命的来源、变化以及可能性等。可是他说明了一个道理，直角三角形双边平方和等于斜边平方。这句话只不过是他的神秘主义之中的一句而已，而其他的语句就不太容易理解了。这就是毕达哥拉斯，一个被称为哲学家，也是神秘主义者的人物。我们如果去找找"前苏格拉底"的哲学，说起来都是断简残篇，不成系统，但留下来的就是那些。当时的哲学家说他们"会算"，我们古代的"贞人"也说他们"会算"。因此卜卦通常不只是"说出"卦辞，同时也表示"能算出来"。

只是该如何算呢？方法通常会从可说的公式变成一种心法或是秘传，不让人轻易得知，不然术士们就得失业了。所以卜卦和玄学永远保有神秘不可言宣的一面。但这些不传之秘最后还是会被人流传下来。因此，为了传承最后留下来的秘传玄学，亦即我们的传统中形成了像是《易经》这样的作品；我们相对创造出了特殊的传承体制，也就是"学校"。

各位知道学校的"学"字，为什么会写成这个样子？以及其中为什么包含一个"爻"字？

学，甲骨文 𥄑 = 𐤙（算筹）+ ∩（六，即"庐"，表示房屋），表示练算习字的房屋。有的写法 𥅁 在算筹（𐤙）的两边加 𐤛（爪，手），突出"动手"教学的含意。金文 𥅀 在房屋 ∩ 下面加"子" 𐤗，表明教学对象。有的金文 𥅀 加"攴" 𐤘（持械打击），表示执教者体罚受教者。造字本义：教孩子算数、习字的校舍。

爻，甲骨文 𐤚 =（两根算筹互相交错、组合）。造字本义：古人效法天地变化的规律，用阴阳的组合来推测、计算其变化。金文 𐤜 由三（多）个 𐤙（组合）会意，表示多次组合。篆文 𐤚 承续甲骨文字形。

"学"这个古老的字，其构字的意象是一群孩子在学校的建筑物里七手八脚，中问的"𐤙"就是"爻"。孩子开始在学习时就是用竹片（算筹）来记数，后来我们又把竹片的排列组合转成某种象征符号，最后就翻译成八卦里面的许多个"象"。原来在学"术"的时候，其实也在学习数学，或至少是学几何。我们只是没有发明"几何"这个词而已。

接着我们看另一个字——"算"（筹）。这个字出现时的写法跟今天是不一样的，看起来像几个人聚在一起"弄"。弄什么呢？下方肯定是双手，中央是玉。又出现"玉"了。上面是竹片，下面是玉。古时候只有王室系统里的人才有资格玩弄"玉"。所以计算的人也就是在整理、分类，计算时所算的东西也就是"玉"。所以古代算术就是起源于在弄玉，后来才用竹片来推广。

这些竹片即"算筹"，是古代人使用的计数工具。今天我们只要把生活中经验的事态，转成一个比经验还要高的法则，就可称为"超验"。因此，古代的"超验"通过占卜，其实是跟数学结合在一起。因此，能够掌握超验知识的人，就成为了我们说的"大巫"。

从"大象"到"抽象"

关于超验，最简单的例子就是先前提到的温度经验，研究心理学不就是要把生活的经验用道理说出来吗？是一门把人的体验转成可以述说解释的学问。然而，每个人所碰到的经验能够直接相比吗？客观谈论温度的确把事情简化了。如果台北市平均温度达到了 42 摄氏度，持续一整月，可以当成是天灾，因为会产生大规模的连锁效应。像这样温度上升的情况在 5000 年前也可能发生。气候或地理上的改变在岁月中造成沧海桑田的现象，读历史的人很难特别去注意。然而，历史上发生过一次值得大书特书的气候事件，就发生在河南这块地方。

河南曾经是殷商的大本营，商族人从黄河下游一路沿河迁移上来，后来占领现今的河南。河南在黄河河道的转弯处，应属于华北。奇怪的是，周族灭商之后，周族发现商族反扑对他们造成威胁时，在传说中是说"商人服象，为虐于东南"，[1] 河南这个地方怎么会有象呢？大象今天主要是在亚洲的泰国、印度出没。南亚的确有象，可是为什么在四五千年前，连河南都有大象呢？难道他们就是把泰国、印度的象带过来吗？如果发生水土不服不都死光了吗？但问题是：当时商人确实能够服象，也就是可以把象用成他们的工具，不管是用来劳动、建筑或作战，象都是所向无敌的巨兽。

---

[1] 吕氏春秋古乐篇："商人服象为虐东夷，周公以师逐之，至于江南。"说明了"商人驯服象组成象军"，以及"商军被周军击退到江南"两件史实。

商人当时居然有办法"服象",就表示古代华北的气温肯定与我们今天所知道大有不同。经过推算,结果是当时华北的气温和今天长江差不多,因此可以合理地说有"象"在那里活动。这不只是从外引入,而是可以在地驯养。"象"这个字的在甲骨文里画的就是一头象的模样。上头有清楚的长鼻、长牙,再加上胖大的躯体,它的长相在甲骨文里头是非常写实的。

象,甲骨文🐘,像长鼻、长牙的大型动物。造字本义:鼻子长、体型超大的食草动物。因形体庞大,鼻子曲长,富于视觉震撼力,古人遂以象借代万物最显眼之形。豫,篆文🐘=🐘(予,进入、通过)+🐘(象),表示大象通过,后指帝王的巡行。

"象"字很明显地画出一头侧面的象。读音"象"碰巧跟梵文读音十分接近。梵文"象"的读音是"hiang",此间颇有蹊跷,对吧?汉文使用"象"这个字的读音,是否为老早从印度舶来的一个字?我们现在无法考察,只能说有一点蛛丝马迹、有一点关联性。无论如何,殷商人会使用"象",这件事铁证如山。今天的河南被简称为"豫",就表示古人能制服"象"并且能用它来做交通工具。更有意思的一个字,是用手抓住了大象,那个字就是"为"。

为,甲骨文🐘=,🐘(又,抓、牵)+🐘(象),表示牵象驯化。造字本义:驯象,使象服役。金文🐘将甲骨文的"又"🐘写成"爪"🐘,将甲骨文的🐘写成🐘。篆文🐘变形,"象"形不明。隶书🐘将"爪"🐘与本是象鼻形状的╱写成不知所云的🐘。

好在我们用字源学把这个不知所云的变形还原出来,看出执象、服象的意思。所以我们会用"为"字来说"大有作为"。使用"为"这个字就表示能够服象,而这是远超过一般人的行为,故能表示大有作为。许多证据支持殷商人能够使用象，而且是"大有作为"地使用象队，譬如当作帝王乘坐的坐骑、兴建大型建筑用的驮兽，甚至是作战的利器。因此，商人的活动力高，包含开辟土地、建筑工程甚至作战，他们的效率都比其他部族更高。因此，一旦御兽技术开始发展并逐渐逼近其他部族时，就像"商"逼近"夏"之后，果然是把"夏"这最古老的部族给灭了。

回过头来说：我们谈论"经验"时，只要拉高一个层次去思考，如同我们刚刚"以数学的方式来谈道理"，这就构成了"超验"。假设各位能徒手制伏"象"，我们将这个概念画下来，转一个方式理解成"为"，这过程不需要使用数学，只是把"能够用手制伏象"写成"为"字；"为"的意思转变成不只是服象，而是只要能够掌控任何一件大事，那就是"为——大有作为"。就这样，"为"被转高了一个层次。所有关于经验的东西，只要能够把它转成往上一层的抽象表达，即构成"超验"的理解。

在"超验"中为什么需要"抽象"呢？这个词汇从外文翻译成汉语时，是和"具象"相对的，大约在 20 世纪初以日本汉语借词的方式引进，❶原先不存在于古汉语中。我请各位来想象一下：为什么象可以抽出东西呢？原来是后来的语意变了，因为"象"是最庞大的动物，所以我会说这个"景象"或"现象"非常显眼，特别显眼的事物我们就把它称为"象"。于是"象"就演化为能够代表所有的"事象"。甚至也造成兼有动词、名词两义的"象征"。

---

❶ 根据《近现代汉语新词词源词典》(香港中国语文学会编，上海：汉语大辞典出版社，2001)，"抽象"一词在 1903 年出现于《新尔雅》一书。《新尔雅》是清末民初时期由留日中国学生所编写的新语词典，主要收录西方的人文、自然科学新概念、术语，当时这些新词汇大多数来自日语借词，因此这部词典是研究日语借词在中国的接受选择普及过程的重要文献数据。

老师，我好奇，如果经验就是经验，为何有时需要把经验提高到另一个层次呢？

我们可以非常简单地说，如果你只是活在日常生活世界中，那就不必多费心管经验的层次了。但如果你去担任成千上万人口的管理者时，那该怎么办呢？你的经验会跟一般人一样吗？我只要向大家提出一个问题就好："管理"在这里是什么意思呢？以我们刚提到的具体例子来说，就是了解自己手中有多少头象。假设一共有五百头，那么就将"象"转成为数字，然后把五百头象掌握在手中，这就是一种抽象的动作——所有其他具体事物像这样一转，就都叫抽象。所以负责管理的人，自然会需要将经验推高一层，转变为一种可以掌控的状态，而化为数字、名称、类型等，都是为了这个目的。于是，通过"超验"，我们会创造出和经验不同的字词，也创造了更多知识。只是要从一个非常具体的东西转化为"高层次概念"的过程，需要稍微动一点手脚，这时候的思维就叫"抽象"。意思就是超出了经验的范围之上，进入另外一个法则。各位请不要看到"超验"这个词就立刻联想到康德哲学，然后感到畏惧退避。超验的意思可以简单地理解为只是超越到平常的生活经验之上。

"超验"为谈论心理学的基本前提

我们现在就可以来谈谈心理学知识的本质。"心理学"通常看起来就是在解释"经验"，但心理学的知识不能完全捕捉经验。当我们谈论人的感受时，有时候会发现"感受"很奇怪，譬如人的情感通常跟人的存在是同步的，但有时会特别感到它"失去掌握"。如果换成物理学的角度，看到具体的事物，可以一件一件去算数。但我们的心情却不能够拿来这样算，因为人的心情一直处在开放的改变当中，所以我们会发现它难以掌握。

因此，心理学的前提是必须把经验加以超验化，然后我们才有办法去谈论。基于这样的条件，我们需要将原先的"情感"转化成间接描绘的方式，设法去形容、比喻，使旁人得以理解。这种知识过程虽然没有直接去经历，但我们会认为"自己参与其中"。譬如听着他人冒险的故事时，我们的内心感到兴奋；或从故事中觉察到自己，同时感到悲伤，也许连接到自己过去的某种相似的经验，甚至形成某种自己的理解和新观点。这些转化的现象是因为我们的内在（或外在）永远都有一个管理者，它总会对着自己问："你现在要讲什么？你的感觉是什么？"因此，人类的"感受"常常不是自己认为的就算，而是需要经过内外协调才能够产出真正的结果。这时的"心理"果然不是一个单一层次的存在，而是至少两层，或至少存在可以产生协商的两方——我们常会用"内 / 外"来比喻这两方。

这个现象同时明确地指出，我们的"心里"会发生冲突。因为处在战争状态中，所以需要有个管理者来征调我们的内在资源，于是我们的内在资源常常在危急情况中被屡次征召。当管理者在解释心情时，就发现这个"内在"常常是身不由己的，没有替自己发言的权力，无法掌控或自由切换情感状态。因此，我们能够说"心"就是一个自主掌握者吗？掌握的方式并不是内在协商的结果，而是由外来的语言文字在充当管理的工具。在古代社会中，能使用文字的人其实就是拥有影响"心"的能力，影响人的"心"，而他们都属于管理阶级。所以他们的发言会创造出很多"事"来（生事、成事），寻常百姓的街谈巷议就没有这种效力。

各位现在就会了解：原来文字和我们刚才谈论的数学一样——"文字"本身全都是经过"超验"之后才生出来的产物。但既然我们谈的是"超验"，那么到底"超"到什么程度呢？当我们将经验往上一个层次解释时，会上升到什么程度呢？老实说并没有限度，你不知道经过"超验"会飙到哪去。有没有一个合理范围让大家揣测呢？——这样的说辞本身就构成一种超验思维——且在超验之中，我们会发现没有上限、没有边界。因此我们才会说，古代人在处理心的问题时会提到心的"失神"，也衍伸出"神魂"的概念来。而"魂飞魄散"的说法，在古代的语言当中是一种很自然的语言。因为古人晓得一旦开始谈心的问题时，就自然会进入魂、魄的层次。但今天我们如果要用到"魂魄"之类的字眼时，好像必须赶快跳过。因为一个常用"魂魄"这类字眼的人，会被视为脑子有问题。但某些时刻，我们却无法避免，譬如说到春宵一刻值千金的情境，我们会说那是"销魂蚀骨"，这时候你就会说"魂都飞了"。只不过那一刻通常不会很长。说过了以后，就需要赶快回到常态，因为我们的想法是：我们都拥有心灵，但不是魂魄。只不过，"魂"这个字在古代人的生活中并不奇怪，人会认为这是种自然现象，只要往上一蹦，就可以在语言中说成"出神入神"。但今天我们倾向于认为这是属于不可掌握的范畴，我们的"现代性"倾向于排斥这样的用语。

　　请问老师，"先验"和"超验"，它们的差别到底是在哪里？

　　先验和超验原先在翻译时是同样的字，但是他们在写法上稍微有一点差别。学术语言很常用希腊文、拉丁文来表示。拉丁文用 *a priori* 这个字，含有优先性 priority 的字根。**Priority** 可是优先，是属于经验上的先后，加了一个 a，表示超过了经验之上。如果要比较"先验与超验"的不同，"先验"比较适合翻译成这个字，就是说它在秩序上的优先。那么"超验"呢？这个字原先来自希腊文 *transcend*，确实不是指先后，而是上下，也就是不同层次了。只是后来这两个字常合并在一起，先验和超验变成可以互换的意思。

先验的意思是说，在经验之前，先天即有，不用经过学习就能知能晓。为什么我们看到了一个现象后，立刻就能转成某一个数或是几何图示？为何毕达哥拉斯看到了"直角三角形"时，就看到了所谓平方和的概念？我相信"毕达哥拉斯定理"如果没有被他本人发现，迟早也会被别人发现。因此它就带有了普世的先验性质，不需要进入经验当中去找，它自然就会出现，这就是"先验"。而超验的意思，相对于经验本身而言，它有一个超越，或再往上一层的性质。这两者，先或超，在意思上很接近。我要说的是，来自希腊文和来自拉丁文的字源，在意思上会有些不同。只是在写文章中提到 transcendental 时，为了不重复用词，有时就会换成 *a priori*。

关于这个问题，汉语里的"先验"和"超验"有何差异？事实上使用英语时，我们会发现 transcendental，或 transcend、ascend、descend，基本都是指上或下的关系，transcend 表示不论是上还是下，总之它超越了现况。心理学与其他的自然科学有个非常关键的差异，在于心理学本来也要谈经验，认为经验本身可以客观地谈论。但后来发现心理学存在一个限制：它无法把经验当作客观物品来看待。对于别人心中的东西，我们永远都只能揣测，或用旁敲侧击的方式去掌握，因此这类词汇永远带有推估、臆测的意味。上次我们探讨"心"的时候，大部分都在谈"心智"，也就是"你知不知道"的"知"。

管理人类社会的 "形而上学"

我们再回头谈 "知" 的问题。假设有一个客观的东西存在，于是对存在的现象直接描述纪录，这属于 "自然科学" 的知识。先前讨论的例子："玉山上有一棵树……" 以物理学的角度说的是 "有一个东西，它客观地存在"。于是，我们直接描述肉眼所见的事物实体，并不会想到有一个超验的层次，自然科学在处理经验时，首先就会把所有的经验视为同在一个平面。心理学所做的抽象、高层次思考，在希腊字里称为 *meta*，意思是向后。在这里 "后" 的意思也同时可以想成 "先"，反正都是脱离了原本的自然条件。我们说的向 "上"，"在物理之上" 就称为形而上学（metaphysics）。而物理学（physics）与形而上学（metaphysics），翻成汉字后反而让人难以理解它原先的含义。心理学放在两者的相对位置来说，比较接近形而上学。但是，形而上的是什么？形而下的又是什么？我们很容易卷入这种文字障碍，反而不知所去。

我们一直谈的 "道理"，就是形而上的东西。如果采用希腊字就能清楚理解，原先被称作 "经验" 的事物是一回事，向上一层去超越经验后，又成为另外一回事。以马克思主义的哲学来想，它会告诉我们：任何一个好像本来就存在的道理本身，背后其实隐然有不同的存在——物理学是 "百姓日用而不自知"。可是当人成为管理者的时候，就必定需要以 "形而上学"（meta-physics）的方式才能管理他者。马克思主义解释了我们所有实际经验之间的上下关系，不光只是抽象地说 "这原来是一些对象，后来变成一堆数字"，说的不只是一些道理而已——需要掌握数字的人，实际上就在阶层上高于他人。

现在我们回头来谈：为什么 "灵" 会在心理学中被重新注意？其实当我们谈论心灵的时候，并不是打算回到术士的方式，而是要了解：术士这种身份的存在，其实也暗示了人的事情有大有小，碰到大事时就必须要有一个高阶的存在，才能够替人们管住情势或进行处理。起码要有能力解释那些巨变的现象，到底是什么东西或什么道理。所以说，术士能言善道，占卜的人不就是把几道裂痕说成某种象征或道理吗？他们都是把"东西""现象"说出来后，情况才开始能够恢复掌控。因此，心理学本来就属于"灵"这种高阶的学问——今天各位"很幸运地"踩上了这个踏板——但这到底是不是"幸运"我们还得继续考察和检视。

我只是想说明：这种能够把经验转成"一段可述说的道理"者，常常已经跨入了超验的范畴。所以我们在讲心理学时，心理—心智—心灵，有一层一层逐渐往高走的意味。到后来的心灵，各位会发现，我们所谈的好像已经把上限和边界都抹除了。因此，一旦想并入近代科学时，就会让人觉得要赶快刹车，不要再去谈心灵，以避免搅扰我们所建立好的近现代秩序。这大致就是发生在所谓"启蒙时代"的现象。当时发展出的理性主义，决定把先前那些"管不住"的道理都给排除掉。

但这样的事情也不仅发生在近现代。哲学家卡尔·雅斯贝尔斯（Karl Jaspers），是存在哲学的奠基者之一。他曾写过一本解释文明史的重要著作❶，后来整个文明史学界都引用他的概念——"轴心时代"（Axial Age）：大约 2500 年前，欧亚大陆上的几个重要文明同时出现了重大突破，意思就是思维的核心产生了翻转，那时候希腊哲学、印度奥义书和东亚儒道两家的哲人刚好在同一个时代出现。不同族群的人类文明最重要的演进之中有一个相同点，就是在对抗先前掌权的巫师们。这是人类史上第一次"去神秘化"的启蒙时代。当时留下来的经典，今天都被我们称为"经典"。但那一次的转折，看来还转得不够彻底，以致今天的我们还是觉得太神秘了。

---

❶ Karl Jaspers，*Origin and Goal of History*，Routledge Revivals，2011.

雅斯贝尔斯看出人类在文明史上是要对抗的，就是古代玄学在解释经验现象时看起来似乎有道理，却常让人摸不清意思的状况。原则上大部分经典都反对占星学、占卜术等，但反对的道理是什么？我们可以总而言之说是"智慧"，可见这不是到了十六、十七世纪的启蒙时代才发生，早在两千多年前就已经有过一次。但因为对于"智慧"的定义过高，所以后来再发生一次，其性质就是能够把智慧执行得更彻底，譬如改称"理性"。但是"彻底执行的理性"不表示它相当于智慧，因为启蒙时代的根本精神是要控管一切，于是出现了科技的启蒙，"工业化"是它的具体产物——更接近于稳稳地掌控世界。

于是，"现代"出现了这么一个现象："科技智慧在上进，但人性智慧在下降。"因为科技对人掌控得太好了，管理管得太严密了，原本认为科技会给人带来自由，但人的自由反而被科技剥夺了。如果我们继续这场"民智大开"的现代文明，大众对心灵的关注会继续下降，人民对自由的需求也会越来越低，于是每个人都被"科技生活"彻底管控，从而让启蒙时代、理性主义演变成一个全方位管制的技术挂帅时代。这种趋势就是至今都还没有停止的"现代化"。然而，执行管控的人已经不再是巫师，而是另一批术士——他们叫作"工程师"——今日治国、治天下的大事都掌握在他们手里。然而，他们讲的都是工程的逻辑和道理，同时包含了股市在内，全部凭靠数字来描述。如果你天天看着股市上升下降，会以为这是很自然的事情。但真相是有一群管控者，他们把市场的景气转变看成"趋势"来了解，利用数字画成的曲线图来告诉你趋势的走向，但那都是"真的"吗？

我们用心理学来和这些理论逻辑相比，会发现后者虽然看起来掌控了实体生活，但回到人心，我们会发现这种方式常是误用和滥用。回顾我们之前所谈的心理测验，它本是最早将心理学的知识声望建立起来的基础。一开始发展的都是智力测验，后来逐渐发展出各种描述其他心理状态的测验。心理测验的编制方式确实是模仿今天台面上的经济学、工程学，模仿他们所使用的管控技术。这些技术在特定领域中，包含物理学、化学、生物学，甚至是经济学，已经发展得算是成熟，成为心理学后来的模仿对象。经过了多方模仿，便构成了我们今天的科学心理学。但是所谓的科学心理学其实从最初就有一点误入歧途之嫌。因为它的发展目的也是管控，让"人"能够被预测、管理，后来反而失去了其他理解人的方式。因此，要去亲近理解"心灵"的方式，不是去计算，而应该用心倾听它在说什么，设法把它要说的意思听出来。利用人与人互相对话的方式，目的不是在掌控而是了解，两者的用意全然不同。我在专注听一个人述说时，我不是一个地位比较高的人，我并不是一个能够拿捏、操弄对方的人。我是诚心想协助你、帮你的忙。所以心理学不能再认为自己和古代的灵、巫拥有相同的位阶，那样的时代已经一去不返了。今天的心理学家也像是术士，但他唯一被赋有的权力就是可以设法倾听，然后理解对方是什么意思；过程通常也是经过某种换算，听完之后再把它说成某一种可说之事，或可说之物。

了解与体会的学问

谈到这里，我们已经深入了今天的核心主题，既然如此，我在这里还要稍微再推进一步。上次特别解释"心"这个字，当时认为人在思考时是通过心脏这个器官，所以是个错误说法，但后来晓得这说法只是一个象征，于是慢慢地转成另一种描写。举例而言，当我说"我能够了解你、我能够体会你的感受"时，我是用脑袋去想，或是将自己的整个身体当作一个思考工具，然后与你相会呢？汉字里为何会说"我能够'体会'你的心情"？各位认为这是浑话吗？这句话听起来很神秘，但"你—我"是在哪里相会呢？是和对方的灵魂相会吗？——我们说过，那是古代智慧里最让人捉摸不定的说法，但若说"我能体会"这句话，却是 understanding 最好的一种表达方式——表示我在设身处境，我跑到你的心里去感受（虽然实际上这只是一种隐喻）。这确实叫作"体会"。后来在汉字里。"体"字变成一个很重要的动词，如体察、体谅、体悟等，这些词汇在西方的语言里面没有对等物。身体（body）变成了动词。我们过去以为是心脏在思考，其实不只是心脏，而是整个身体都在思考。所以我们从古以来讲到"思"或"知"时，不是在讲一件只用大脑的事，而是用全身去思考。这样的智慧是我们应该从经典里筛选出来，继续发扬的一项世纪大业。

这让心理学变成一种更有意思的学问。当主流科学心理学一直聚焦在"脑科学"时，他们认为所有发生在人身上的事情，包含经验的全部，都可以用脑部的活动来解释。但我要问："究竟是脑在控制了你整个人，还是反过来说：人其实是有办法利用脑来帮助他做事情？"我再问一遍："是脑控制了人？还是人利用脑来帮助他做事情？"

学员提问

那个"人"是什么？

对，问得好。这听起来很怪——"你"是谁啊？你如果不是脑，那是谁呢？我现在来解释给各位听听。"你"就是"汝身"，也就是你的整个身体；你的身体利用脑做事、生活。脑只是身体的一部分，包含在"汝身"之中。

各位想想看，孔子解释"仁"的重要概念就是"忠、恕"。❶恕是什么意思呢？恕写成汉字就是"如心"。如心就是汝心，也就是你的心。我要怎么知道你的心呢？事实上，我们又要对"如"这个字来进行"运算符"的分析和理解："如"的意思近乎猜测、揣摩。但是又要怎么解释"如心"就是"汝心"，也就是你的心呢？现在"我"就站在"你"对面，我用"恕"的方式，就是"如心"，而且是"如汝之心"，我用自己的心去揣测你的心，设法和你一样。更有趣的是，在战国时代"恕"居然被写成了这样：

恕，籀文🉑 = 🉐（女）+ 🉐（心，态度）。

造字本义：女性心存慈爱，态度宽容。

战国时代留下的写法，"恕"是由"女"和"心"构成。所以原来体会别人的最基本道理，在汉语体系里留下的智慧痕迹就是"妈妈在体会她的孩子"。这里的"女"其实是"母"，后来转变成我们在讲"恕"的道理时，基本的根据就是以一个母亲来了解孩子的角度，尤其是对着无法言语的婴孩，所以妈妈只好猜测："我的孩子，你冷了吗？你饿了吗？我的孩子是不是疼了？"妈妈们在想自己的孩子时，自然会利用这些"道"，这些关于"恕"的智慧。孔子是个被单亲妈妈带大的"圣人"，他领会的道理和生命经验有关，因此孔子的仁德之道，说穿了，其实无非是出自于母亲的妇人之仁。

史上好几位大人物如韩非子、韩信，都曾经嘲笑过"妇人之仁"他们认为要砍人脑袋之时，发现自己砍不下去，那就是妇人之仁。可是"仁"的道理就是在拿刀砍下去之前，多替那个人考虑了一下：会不会痛？因此，一旦有了"如心"的能力，就会犹豫是否能杀人。然而，当一位将军要杀人时，一声令下不只是几十、几百颗人头落地，而是就算有十万颗人头，都要利落

❶ 孔子弟子曾参说："夫子之道，忠恕而已矣。"

地砍下来。各位想想看，这得有多狠？别人死活与我何干？只想着自己要征
服的土地，然后一声令下，四十万人就全部被坑杀了，❶哪有什么"恕"的
道理可言？但假若下令坑杀的将军是女人，或许还会考虑被黄沙乱石埋没的
痛苦，可以不要用这么残忍的方式，或许改成流放之类——肯定还有许多别
的方式可以处理，不需要如此惨无人道。

连最基本的"要怎么知道别人的心"也有一些非常属于经验的可能性，
譬如妈妈在揣测孩子时，出现了一种独特的方式，将来有可能转换为一种自
创的概念，也是一种符号，同时又是神话里的一个重要意象。❷这个字后来
转变成哲学里最重要的道理，就是"仁"。而它的基础来自"如汝之心"，"汝"
心，大部分是母心，因为只有她才能够揣摩得出来，最初的"仁"就是这么
来的。

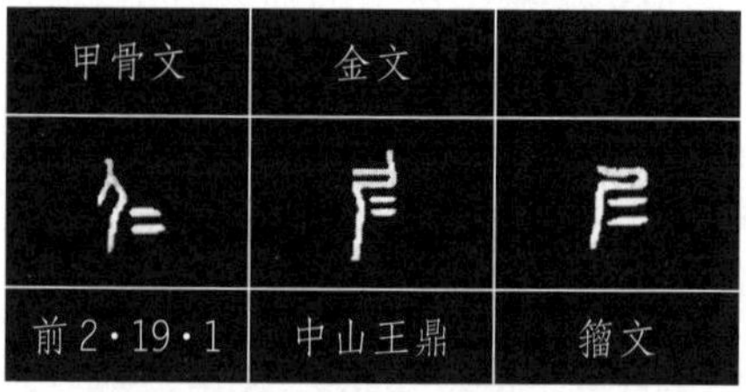

图 4-1

已知"仁"字在最古老的经典《尚书》之中未曾出现。至于神话意
象之说，可参看"毓"的甲骨文（图 4-2）：

---

❶ 秦灭赵的最后一战"长平之役"，战败的赵卒"四十万人"（事实上还不止此数）
　 被悉数坑杀。

❷ 甲骨文里确有"人二"一字，金文则把"仁"写成一个坐姿的人身，底下加个"二"。
　 籀文则写为"尸二"（见图 4-1）。这些字的写法和甲骨文的造字原则很难联系在
　 一起，因为让人"生出"一个数字，是把经验和超验混在一起，不可思议。在此
　 仅供参考，不必尽信。

甲骨文	金文	籀文	
前2·23	郘仲爵	说文解字	说文解字

图 4-2

"女（母）生子"＝"育"（毓）。此字写法和西王母的神像造形有关，在此不详述。

理心术：从"灵"到"心灵"

所以我们现在谈心理学时，也能发现：当我们在理解"心"的问题时，假若牵涉了本来没有上限、边界的概念，譬如"灵"这时候如果我们把它称作"心灵"，"灵"就会在这里转成了某种程度上可捉摸的东西。设法去捉摸"心灵"时，我们所做的事就变成了所谓的"理心术"。把它称为理心术，比起称为心理学，要保留了更多空间，这样同时也蕴藏了一点神秘、玄奇。可是，如果用心理学的角度来看，"理心术"，因为我们声称是在整理，却不知道最后结果如何，因此我不能预测经过整理之后的心，究竟能不能理出头绪来，能不能帮助我们进入到可以理解的状态。我们谈论心灵时，确实不需要先预知结果。但仍然认为"理心术"是跟本土的技术有关。但此时的"术"（述）是能够述说的，利用言说把人的经验换算成为"一种可以掌握的道理"。

道理就是"可道、可说之理"。所以我们现在来来回回地弄清楚了：心理学常常被认为是种可以了解人心的学问，但这里所说的"了解人心"又是怎么回事呢？譬如我住的小区搬来了新住户，而我当时担任小区管理会的主委，邻居间碰面了就会向他介绍说："这是我们的主委，宋教授。"此时，新搬来的住户就会好奇地问："教授，您从事哪一行？哪一个专业的？"我通常会认为：大家都是邻居，不必多谈这些，反正往后大家相见，敦亲睦邻，相互间声好就很好了。但在一旁的人却多嘴说："他是心理学的。"那位新住户整个人抖了一下，后退两步，然后说："那你……知道我在想什么吗？"我则向他告白："坦白说，我不知道。心理学是要听人告诉我，才会知道的。"

在这样的情况下，我很不喜欢跟人谈起自己的专业，一讲就破坏了彼此的关系。大家先假设我是个术士，好像可以算出人的命运，但当然不是。我只说，担任小区主委是我自愿的，因为咨询的工作属于我的专长之一，在我任期中希望邻里间不要互相争吵。要闹纠纷的话，请先到我这来，个别跟我谈谈，谈完之后，我再出去"各个击破"。我所谓的"击破"实际上是指：大家可以互相沟通，不能当面谈就用间接谈，最终可以一起解决问题，不必互相猜忌。这样才叫作"理心术"。简单说就是如此，我没有使用巫术，或特别使用什么怪招，只是去理解、整理、清理而已。所以，听到"心理专业"时就会吓退两步，那是被传言误导的反应。

我们在日常生活中对心理学有很多误解，大家都期望它能够穿透人心：通过发展一套看起来很科学的方式，只要经过层层推算就能将人性准确掌握。结果，一开始就算错了。因为它设定要计算的东西，本身就是错的。就像我们谈起心灵时，大家都认为充满神秘性。但是只要谈到"人格"或"特质"就不会有多余的联想，因为它被认定是可以测量的东西。很明显的，特质必须通过量表来定义，否则大家就不知道测验所测的"特质"是在说什么。于是，那个特质就和量表结合成连体婴的关系，任何特质跟量表的关系都是如此。但量表在设计上常常已经走在错误的方向上。

"自我"的误导

过去我们假设人的核心在心脏，现在这说法已经没人觉得合理可信。但如果把人格核心换成"自我"，大家就会觉得足以信服吗？各位知道"自我"这两个字在汉字里是多怪的字吗？"自"是什么意思？"我"又是什么意思？因为大家用惯了就会觉得"自我"约等于 self，在《辞海》里它会在"自我"这个条目后面括号加上 self。换句话说，原来的汉字里根本就没有"自我"这样的语词。事实上是把西方人的概念翻译而成为"自我"。"自"在古字里是画人的鼻子，一个鼻子的形状就是今天我们写的"自"。

"自"是"鼻"的本字。自，甲骨文 ，像人的鼻子，有鼻梁鼻翼。

所以"鼻"这个字，就是在"自"底下继续延伸出来。但为什么鼻子是自我的延伸？

学员提问

一般人在指对方的时候都是指对方的鼻子……

是吗？我们跟人互动的方式，真是如此吗？我们对着人用手指来指他的时候，可能会指对方的脸，但不至于瞄准着鼻子。以波斯人来说，他们指他人的时候是指着肝，因为他们认为生命核心在于肝。以前波斯人没有握手问好的文化，他们靠近朋友的时候，会把手伸出来碰一下对方的肝，约等于肝胆相照的意思。所以，"自我"怎么会是鼻子呢？因为这个字原来不是在指别人，而是指自己。所以"自"这个字除了是鼻子以外，就是"自指"的动作，指向自己，所以鼻子就变成"自（我）"。

在"自"之外，"我"也是个奇怪的字。以我们现在的写法，右边有一把戈，古代的武器叫干戈。所以"我"至少是指某种作战的行动者。为什么会这样？当我在指自己的鼻子时，大概还是蛮友善，但下一步的"我"竟然就要跟你开战了？这就是"我"吗？这是我们祖先的想法吗？我们的祖先都是这么好战的吗？应该不是这样。古代说到"我"时，应是指"我方"，与我方相对的就是"敌方"。敌我相对时，当然是武力相向，因此"我"是带着武器的；我所面对的当然是作战的对方，叫"敌"，所以就构成了"敌我关系"。"我"字原来是一个在战争状态下产生出来的字汇。所以"我"就变成作战的行动者，因此在古代使用这字时，要非常小心。在古代一说到"我"的时候，已经意味着敌我关系。

古人平时自称不会用"我"，而都会用另外一个字，就是发音像"吾""余"这样的字。我们在方言里面都晓得：代名词吾、侬、阮、俺……这些字的特色就是它们都只是发音，在字形上没有特别的含意。但在写成"我"的时候，已经不只是自指，而是用指事法来把敌我对峙的状态写成一个字。晚期的甲骨文中，"我"字很明显的就是一把"戈"，放置在武器架上。把长长的戈放在架子上做什么呢？那些人平常是农夫，农闲时就要练兵。所以先把戈放在一旁备用。这样构成了练兵的"单位"，其中的"单"就是田里的一群人，开"战"的时候，拿起戈来，这个由"单""戈"构成的战争单位就称为"我"。

我，𢦏。甲骨文旧解："如同一种有许多利齿的武器，是戊𢦏的变形"——但此说太谬。有利齿或如锯状的武器，对于战争场景而言是太离谱的想象，自古以来的兵器系统里从未出现过这种武器。因此较合理的解释是"戈置于架上"。

我们要晓得，"我"这个字本来就是作战用字，今天我们之所以会把"自我"莫名其妙地用来翻译 self，就是日本人在用汉字造词时，有些时候会滥用汉字，表面上在替我们造字，但实际上几乎是造孽了。原来我们一提到"我"时，那都是要作战的意思，像是"我方""我军"，乃至"我大败美国队"，这个"我"是指谁？就是指我们的球队。但只要写一个"我"字就已经是指"我方"，并且就是在一个作战的对立状态。那种指称方式叫"我"，但事实上我们平常生活里不会这么用的。因此当我们在说"袜"（闽南语的"我"）"俺"之类的方言，它根本就没有特定的造字，就只是一个声音而已。包括英文的 I 也一样，只是一个发音，没有其他特别的意思。

今天我们说"自我"，好像说成了灵魂的核心，这说法实在大有问题。说"自"的意思还蛮好的，意思是朝着他人指着自己，以这种方式代表"我"是可以的；可是使用"我"这个字太可怕了。因此，我们今天在说自我时，你会发现，它有这么一个语意：一个人常常在说"我如何如何……"过于关注自我的时候，我们就会说他"很自我"。当一个人被人评论为"很自我"时，那已经是在骂人了。

因此，今天心理学说"自我"是我们的核心。这种选字的方式实在太有违常识。因此，我宁可说"我"就等于"我自身"，而"我"的开放，等同于"我自身"对你开放，然后你也会对我开放。于是我们以身会身，这样就可以产生互相的"体会关系"。这样的说法在概念上更准确。反过来说，如果关注"自我"，后来就会朝向"自我中心"这个可怕的方向发展，变得不管他人死活，都是"我说了算"。所以心理学需要特别留意选用的字词，不要让它变得浮滥。从心智谈到心灵的时候要特别有此警觉。我们的心灵常常是不可捉摸，但我们强硬地企图捉摸它，结果以偏概全地误用了一个概念语词，那是遗害千年。

以心会心，即是以体相会

屈原在死前知道他的生命遇到了许多难题，但不知如何解决，结果就失魂落魄地去找一位郑国的大师（詹）来占卜。描写占卜的那篇文章是《卜居》，换句话说，他要问的是何去何从的问题。当屈原讲完了他的难题后，詹放下占卜的道具，磕头说："对不起，我没有办法替你占卜（数有所不逮），你说的道理太难了，我不知道你在说什么（神有所不通）。"所以，屈原听了就真的无路可走了。当他走到人生的最后一步，想要问人，结果连最厉害的大师都说不上来。原本要替他解决问题的大师，不但解决不了，反而把人给逼死了——我们现在的心理学就是这样子吗？我们当然是要帮助人，去了解问题背后的道理，但是了解的过程本身却发展成奇特的测量。一个称作心智或心灵的东西，那几乎是一种不可测的东西。"不可测"就是它的基本原则。但心理学如果要作为一种能够理解心灵的学问，这打量的方式就不应该模仿测量学，而应要用一种很自然的招数，也就是"体会——以体会之"。这时候心理学果然是运用整个身体在思考，不是只用脑袋在想而已。

通过这些举例说明，我最后还要再补充一句：大家都把"同理心"（empathy）当作心理学的基本招数，但"同理心"一词本身是个偏斜翻译。什么叫作"同理心"？我们之间的"同"难道是用"理"去推测出来的吗？凭推理我就知道你是什么东西的话，那么我们就把心理学的道理给窄化了。大家去找找"同理心"的英文、德文、希腊文，去看看它的原文，就知道那绝对不只是在"同"人家的"理"，而是更强调以心会心才对。

老师刚才说，去听对方说、去理解，甚至去猜他的意思，然后最后就可以帮助他，可是我很困惑，那个帮助他，是在帮什么？

帮什么？你可以这么说：我们遇到很大的难题时，通常并不一定真的就能把故事讲完，而听完故事的人不一定能够觉得一切尽在掌握之中。前来求助的人，假若连自己都不知道自己要说什么，那么，能够立刻听懂意思，而且能立刻想出办法来帮人解决，那只是对于心理治疗的"新闻式报导"。我们常常不容易知道问题，也就不会立刻生产出解决之道。只不过，在聆听中的我可以试试看。于是你说着说着，而我在旁听着听着，结果我听到非常入神之时，觉得有一种如梦似幻的意境形成，甚至稍微有一点灵魂出窍的感觉。我做出这种姿势（双手扶着太阳穴，头部摇摆）时，不要觉得奇怪，以前的术士这样做的时候，他也不是真的要引什么神灵来上身，而是说求助的人讲的事情已经很难了，后来我几乎要被难倒了，然后就这样摇头……摇着头……

有些考据学做得非常仔细，可以把一些字意作出很得体的诠释。原来当我们在猜测人心的时候，我们已经说过那是"如心""如人之心"，但那个"如"，还有另外一个写法叫作"若"，这"如""若"之道可能就是理心术的关键词。"若"字在甲骨文里长这个样子：

若，甲骨文，是指事字，指高举两臂摇摆长发的女子

考据学者张光直把商朝青铜时代的金文做了非常彻底的考据，发现"若"这个字本来就是指一个巫师，特别是女性的，跪在那儿摆头甩发，那个样态

形成了"若"字。也就是说，那个人像不在场似的"若此若彼"，并且念念有词，而她念的词叫"诺"。意思是给人一个许诺，告诉求问的人，事情应该如何。巫师本身叫作"若"，巫师所说的话、做的事叫作"诺"（不要把这和神"论"搞混），就是进入一个猜测的状态，这种状态凭我们的传统来说，不会觉得难以理解——可是今天的启蒙理性如果要讲解这件事，会说成什么？定会被视为一种迷狂状态，是一种混乱（chaos）。迷就是走失了，狂就是疯狂，但我们要想一下，这种状态就一定叫作迷狂吗？如果有一位大师，他能够全神灌注在那儿听你说话，他就有可能进入一个超脱现实的恍神状态。但是我们不必说这就叫作疯狂。我们的语言真的有很多细微的地方和西方不同，疯狂的"疯"可能是种病，但"狂"可以说是病吗？

在"圣"与"狂"之问

"狂"字的写法很怪，看起来是在"犬"字旁加上了"王"，但古代的写法并不是王，只是发音接近于王。它跟过往的"往"字相似，构字上以"王"或"主"为字边，在古代两者意思相通。当然，如果我们分开来看字根，不太容易理解"狂"到底要表达什么，但总之绝对不是在讲一个人疯狂。甲骨文的字体，"狂"上方画成一个有点像是"意"的头部，也就是立正的"立"，然后底下用"工"把它接起来。因此把它诠释为"王"是不对的，意思并非疯狂，而是有某种人状态看起来是挺直了腰杆，但这个人竟然处在一种如兽的状态中。于是，人在这种奇特的状态下，我们就把他称为"狂"。

然而，在我们的《书经》当中，"狂"竟是"成圣的条件"。怎么说？《书经》里的一句话，值得当作今天讲堂的压轴好戏，出自周公对世人的警语：

"唯圣罔念作狂；唯狂克念作圣。"所以狂和圣之间的关联和差异在于"念与不念"。罔念，是不能念的意思；克念，是能念的意思；"念"又是什么意思呢？"念"就是念兹在兹，专注投入某一件事当中，指你的心和目标对象融为一体。于是，如果一个人从狂的状态中能够念兹在兹，用心致志的话，他能够变作圣。但是作为圣者，如果不能够念，也就是不专注（罔念）的话，那就成为了狂人。所以圣和狂其实是一语之转、一心之转而已。因此，在我们的语言当中说的"狂"其实不是在说人疯狂，这个狂者有一种特别的意味。有时候"狂者"可以自成一家，是种特殊的状态。在我们的传统中就有一种人叫"狂士"，那不是骂人的话，而是隐微的称赞，说那人有语惊四座的、厉害的张狂本事。

因此，"狂"是指人有一种很特殊的本事，但如果运用不当，就会跟"圣"的道理越走越远。然而，我们的语言说明了一件事：人可以在狂和圣之间穿梭来回。因此，谁可以掌握心灵的知识呢？只有这种人，要不就是"圣"，否则就是"狂"。所以各位要成为"理心术士"，需要念兹在兹的，其中一半是"读圣贤书所为何事"，另外一半就是"吾党小子狂简（狷）"——要是没有这种条件的话，不要来当吾党小子。为狂与圣之间的状态可以相互转化，两者的差别在于一个人灵魂的活动状态。可是陷入一个启蒙理性时代之中，就不能理解这种灵魂的流动。

所以我们从心理学转成理心术的时候，其实已经有很多基本的知识条件也转变了。我们要维持住这样的说法，加上汉语传统的帮助，并且在经验上我们也可以理解"一个人起此时，不见得是发疯"，他很可能是进入一种看起来叫"狂"的状态，那个"狂"本身是用一种很特别的方式在摸索心灵，如此你才会理解：怎样才能尽其所能地去捉摸别人、体会别人。其中有一部分是可知的常理，但万一超过常理时怎么办？有时就需要使用不合常理的状态，也就是"狂"，才能捉摸别人，所以当时才会称这种人为"灵"，而摸得着、抓得住的话就很"灵"了。所以心理学家也需要"灵"（至少是"灵感"）的。当然，有时我们通过"体"，通过自身感受可以一语道破别人的处境。把让人不知所措的状态，变成一种可说、可道、可用的方式。各位可能会对这种说法感到大惑不解，是不？

让心不知边界地跑动起来

没关系的，因为"惑"的意思就是说，在心无边界下，我们开始思考运动起来。"惑"这个字上面不是写着一个"或"吗？底下加上一个心。"或"是什么意思呢？就是一个区域。区域的"域"，如果加上边境，把"或"框起来，就成为一个"国"，那没有框框的时候，就表示没有边界的疆域，这就是"或"，意思是你发现自己的心变成了脱疆野马，于是开始奔驰。当你感到大惑不解，于是会不知边界地跑动起来。而各位的大惑不解，就是我们下一堂一定要继续谈下去的进路。

不要以为日常生活的现象稀松平常，其实我们生活的经验里充满了很多让人迷惑的东西，我们以为随意聊聊就过去了，但有的时候需要很高的体悟。例如，我们与别人谈话后，不一定真正找到了"理"，或发现了"解决之道"。有的时候只是我在跟你谈话的过程中，你我之间当下"以体相会"，让人感觉得到支持陪伴，而能宽慰放心。实际上，事情最后还没有解决，但身心灵却能感觉到一切其实没有想象中那么糟糕。这就是理心术的奥妙，它不一定要急着解决问题，但它需要去述说对话，直到让人宽心之后，那条解决之道可能就会自动浮上台面，说不定还是从你自身得到的灵感。这样的心理学或理心术，不是从实验室中制定标的，然后设计出测量工具就可以得到的。这是就本体论而言绝对更为高明，但也是更加不容易掌握的道理。

"理心术"一方面让我们重新回到传统的经验中，另一方面当然也可以说让我们进入一种更加"后现代"的状态中，发现原先我们以为可以控制的东西，其实是控制不住的。现在通过将传统带回到现代的方式，我们创造出一种新的，属于后现代的优势观测点（advantage point），一种全新的观点。于是，把事情来回重新演练一遍之后，新道理出现了。这就是我们的所聚焦的，注重社会建构论的心理学。后现代的根源是在我们的"前现代"，看起来是距离遥远的时空，但也是我们的传统里一直蕴藏着的宝藏。所以如同我这般天马行空的讲述，我这个人一定也是挺狂的。但我应是"狂而克念"的，希望最后自己说出的道理能够接近于"圣"。

说到"狂而克念"，前天我跟一个同学一起搭车回家时，他问我平常的生活是怎么过？我说我"手不释卷"，这是形容我如何过生活最简单的四个字。没事的话我就整天看书，为什么要看书？因为要找出道理时不能够自己胡乱猜测。我看了许多书卷，而今天我到了讲堂的时候，果不其然，不必看稿子就可以连续讲述两个小时，时间也就飞快地过去了。这没什么特别奇怪，因为我对自己投入的事念兹在兹，满心都是这种东西和这些问题，所以我可以开口说出道理。我设法在现场看你们的眼神、会各位的心，所以我没有使用旧讲义来糊弄你们。这应该叫作"有机的知识状态"。我相信它是有意义的，因此我每次寄了纲要给讲堂承办人之后，还会一直修改成第二版、第三版，到了当天早上还有第四版，你会说：这个人好像心志不定……不是这样的，我是念兹在兹，因为想法会一夕数变，所以我这应是"克念"，并且希望在和你们的眼神交会中，让我抓取更多东西。

心智进入"狂"的状况，它跟走火入魔和狂妄是相似的状态，还是有所区别？

这是个好问题，"狂"和"妄"两者之间状态是相近的，但法国学者福柯（Michel Foucault）写的一本书叫《疯癫与文明》（*Madness and Civilization*），这本书的前身是他早期另一本书《古典时代疯狂史》。这本书里特别谈到"疯狂"的概念，认为疯狂、理性和语言之间有一种互相平行的关系，可是到了某个程度之后，它们之间的关系就断了，这就叫作"妄"。前面是狂，后面是妄。狂和妄我们都合称为"疯狂"，但这是混淆的。譬如李白，我们会说他喜欢喝酒，酒后整个人都进入一种"狂"的状态，这种状态下写诗"下笔如有神"。这种狂人一直存在。狂士尽在人间，比较早期也曾出现在《论语》中。

孔子在周游列国时期，有一次在路边巧遇一位"楚狂"。各位大概还记得《论语》中有一句："楚狂接舆而歌"。当时那位接舆而歌的人设法靠近孔子的马车，对他喊话道："凤兮凤兮何德之衰，往者不可谏来者犹可追。"大家在看到这句话，有没有感到一点吃惊？很想知道这个人是谁？但这个人跑掉了，谁也没追上他。是什么人可以出口便讲出这样的话？凤兮凤兮指孔丘。你是凤，但你的德竟在衰败，我在预告你可能会有厄运，所以我告诉你"往者不可谏，来者犹可追"。请你去追来者，不要陷溺在往者之中流连忘返。他在警告孔子，可是他讲的话是逛语。所以我们后来留下的纪录，把这个人叫"楚狂"，是从南方来的。后来这个人在司马迁的《史记》里出现时，姓接名舆，也有人把他叫作"接予"。考据下去，最后他在哪里出现？就在齐国的"楼下学官"。那学官里有72位上大夫，其中有一位名叫"接予"，后来又转传成"接子"。原来就是那个接近孔子的人，留下了一句像诳言的警语。这个人在一种"狂"的状态，可见他也很接近于"圣"。所以我们今天说的"疯狂"，其实混杂着一些不同的概念，狂不一定是妄，狂言本也蕴含着道理，可是狂言和妄语中间有个转折点（point of no return），一旦越过就没有道理可言了，之后我们会说是"妄"，已经亡失迷途了，但是自己却深信不疑，于是就越来越疯，直到不可挽回的地步。

这其中比较细致的过程，我们可以再去分析，如果各位有兴趣，可以去看福柯的书。可是《疯巅与文明》其实是一本不太好的翻译，讲的内容比较短浅也比较无趣。比较好的版本是《古典时代疯狂史》，翻译者林志明翻得很到位，建议各位想了解疯狂的话，可以看这本。

学员提问

老师刚才提到启蒙时代会把一些比较广泛的东西排除掉，那如果对启蒙时代有兴趣的话，要看什么书？

事实上福柯的著作就是针对这个问题，他谈论所谓的疯狂，所谓诊所、临床医疗体制等，主要在说疯和病两者如何被管控。通过现代的科技，把两个最难管控的东西管理得死死的。古典时代事实上就是理性时代，是指十七、十八世纪，当然源头从16世纪已经开始，但十七、十八世纪达到了高峰。了解音乐的人会知道这个时期的主流称为"古典音乐"，代表性人物是巴哈，他的音乐几乎像是用数学写出来的。工整而完美，规则而复杂，复杂但又清楚得不得了。这就是古典时代理性的象征——计算得很清楚——在音乐层面固然非常棒，但到了医疗体制下，极致的"算计和控制"就不是那么回事儿了。

刚刚讲了很多甲骨文的演变，如果我们对于甲骨文的这些故事有兴趣，老师可以推荐读物好让我们入门吗？

可以。甲骨文研究当然在现代是很重要的，要研究汉字的字源一定要通过甲骨文。能进行甲骨文研究，最后又可以写成一本可读的书，这样的作者现在比较多了。我搜集了很多，但建议读一位日本人做的研究。因为日本人跨入汉字文化已久，所以他写的这本入门书《汉字百话》，深入而浅出，是很好看的书。这位作者叫白川静，他有很多汉学研究，写得相当精彩。也有人认为郭沫若写的甲骨研究也很值得一看，但他的作品《甲骨文字研究》《卜辞通纂》等在书店买不到，必须到图书馆去找。另外，我自己有一套甲骨文研究的工具书，叫《古文字诂林》，是十二册的大字典，洋洋洒洒，把所有的字形和考据全都列出来，看得很容易头昏。因为一条条的解释常常前后矛盾，让人难以理解。白川静这本书会慢慢地带读者从几个字认识一些基本字根，去了解当时发明字根的思维。但字根的数量真的很多，因此，我们只需要知道几个关键的用法就好，譬如生病的"病"都带着"疒"，在甲骨文里它写成"爿"，指一张床；原来所有的病都是指人躺在床上，由医者临床照料。只是今天我们忘了"病"的真义，忘记那是临床治病者所掌握住的信息。如果我们能回头，从字根重新认识，文字世界会变得更丰富有趣。我向各位推荐白川静，他非常有学养，又比老派学者更先进，非常适合入门。至于入门的工具书方面，我推荐比较容易查找的一本，是《甲金篆隶大字典》（四川辞书出版社，2010）。

实情与所感：「情」「感」的社会建构

第五讲已进入大纲后半段。前几次课堂上所谈的内容，对我来说也是一种新的尝试。大约 20 年前，我曾在社会大学讲课，当时情况和现在类似，学员基本上不是大学生而是社会人士，今天跟各位提起的用意只是强调：我在课堂最重视的指标就是"不在课堂上讲陈腔滥调"。陈腔滥调在英文叫 cliché，来自法文，意思是你所说的话别人都知道，那些话其实都是废话。事实上我们也在避免如此，换成学术的说法，那就像在使用现象学方法中的"存而不论"，简单说，就是把某些东西"放进括号"。因为有许多的"众所皆知"事实上都是些成见，不必特地说明，大家也都认为理所当然。因此，把这些东西"放进括号中"，是为了重新检视：是否在那之外还有些新概念可以浮现。然而，如果各位刻意去学现象学，也开始把一些东西"放到括号中"，其实很容易会变得过于谨慎，以致觉得自己无法开口，因为我们知道的大多数东西都属于陈腔滥调，我们听惯的则属于老生常谈，这些都是 cliché，若把它们都放进括号中，那我们还剩下什么？因此我们现在要反其道而行，就是要"把括号里的东西拿出来"。

　　前几次讲堂中我已经跟大家反复强调过，我们使用汉语来说话、思考，我们生活在汉语的世界，虽然英文对我们来说非常重要，但是我们的生活环境中，汉语在字里行间、有意无意就已经表现出它的灵活性。我们在日常生活的汉语对话中，常常会把双重，甚至多重的含义都放到括号里，也就是把它们藏在字里行间，不必字字句句都明说，如果我们现在对于我们使用的语言，重新把它的言外之意挖掘出来，亦即把话语文字里的东西从括号里拿出来，就会发现另有天地。我们先前所谈的字源（字符）学，是从文字上探囊取物。今天，我们还要把方法延伸到语意学、语用学，来开发许多语言的言外之意。

"情"是"实情","感"是"所感"

谈到情感，我一开始以"问世间情是何物"作为开场白，"情"字一直在民谣和流行歌曲里被歌颂。当我们朗朗上口时，我若对着这句话问："情是何物？"各位会怎么回答？

先不要太有自信，等会儿我可能会把大家逼进一个死角。我现在要说，我们在建构论之下谈情感，一般总是通过格根或像是后结构主义者的说法，确实在字里行间，甚至你没有想到的一举手、一投足、一转身之间，乃至在每个人的背影里，都会发现很多潜藏的、没有说出口的东西。也就是说，我们在言说的词句之外，还有太多其他的表意方式。而我们事实上都会对这些"表意"学到"会意"的方式。譬如我们常说的"感、觉"就是这种会意方式之中的一部分。

我们在现代汉语中指称"情感"这类字眼时，都还是通过翻译西方语言而来，譬如说我们常看到的 emotions、feelings、affects 等，在心理学的教科书都翻译作"情绪""情感"之类的。其实用 feeling、affect 来代表情感，这样的中文（注意：这就是"现代汉语"的同义词）很难区分出其间的种种细微差别。在西方的语言学里，affect 可以当动词来使用，表示产生影响力；但 feeling 是由动词 feel 而来。由此我们可以知道，affect 所讲的情感，是特指可以让人产生行动驱力的那种情感。另外，emotion 这个字含有 motion，也表示动的意思，所以 feeling、emotion、affect 的意思都是情的驱动。

然而，我们用中文讲情感时，你曾经感觉到"情感是一种动力"吗？对各位来说，日常生活里的情感是种动力吗？假若你不知道，我想是因为现代汉语在近一个世纪，从古汉语、近代汉语重生出来之后，一直演变到现在，还处在一种牙牙学语般的发展阶段。现代汉语大量从西方语言里借用字词，它自己本身在古汉语中的一些语言涵意就会被遗忘了。我们先前已经再三强调过这样的语言发展现象，所以解读现代汉语中的双字词（或复字词，仿语）时，常常需要回头看看其中的单字，譬如，把"情感"拆回到"情"和"感"两个字。

在近代以前，"情"字常常就是个意义饱足的单字，不必和别的字写在一起。在提到所谓的"真情""实情"时，那已经不是一个字词，而是相当于英文中的词组了。看看司马迁的《李斯列传》，李斯在荀子门下学成之后，打算入秦去辅佐秦的霸业，也上书秦王谏逐客，但他对荀卿说：有许多游士，"久处卑贱之位，困苦之地，非世而恶利，自托于无为，此非士之情也。"也就是说，当时许多游士放言高论的目的只是设法博得他人的关注，他们的发言其实是言不由衷的。许多的"士"在战国时代形成了这样的一股风气，于是大家都设法想出惊人的言论，越是惊世骇俗越能让他博得声望。但是这些话后来到了秦始皇和李斯耳中听起来觉得很刺耳；换句话说，他们除了高谈阔论以外，其实无法成就正业。于是，秦始皇和宰相李斯开始商议，一步步贬低他们的地位，在他们听来，多数能言善道者所说的大话都是些歪理和邪道，所以最后真的使用严刑惩戒，导致"焚书坑儒"之祸。李斯所说的"此非士之情也"，其中"情"这个字是单字，表示当时确实有种概念叫"情"，也就相当于现代汉语的"真情""实情"了。

上次提到一位日本汉学家白川静，他写了很棒的著作，描述理解古汉字的入门，内容深入浅出。他讲到"感"字上半部有一个"咸"，构字时带有"口"字，以其特殊的字形来看，通常就是指一种巫术的标记。所以"感"字在古代巫术里讲的是"感通"的概念，而巫术里的"感通"事实上不只是人与人之间的感通，而是指通天、通神的才叫作"感"。换句话说，"感"字本身有很重的意味，超过现在普通话的语意范围。

我们的现代汉语在使用"情"和"感"这些字时，一直在引用西方语汇翻译过来的意思，但我们还有自己的一套语意需要开发。这样我们才能比心理学教科书有更丰富的见识。这是我在本讲一开始想要谈的概念。特别要注意：emotion 的形容词是 emotional，其他有细微差别的还有 sense，可变化成 sensation、sensational、sensual、sensitive、sensible；以及 affect，可变化成 affective、affected 等。我们来看看 sense 这个字。本来那就是指一个人"有感觉"。我们在中文里偶尔也会夹着英文说"这样很有 sense"，就是很有感觉，或很有意思。但一个人被称作 sensible person 时，这里的 sensible 是什么意思呢？这是指一个人足够敏感，通情达理，所以 sensible person 是指一个既讲理也通情的人。西方人在使用语言时，也都知道语意延伸的基本规则。这类字眼在西方语言里都是很有意思的字，但心理学却常只取用最粗略的大概意思。即使在西方语文的脉络中，心理学，特别是教科书，连 sensibility 都不能谈，所以常常变成埋没精微意义的罪魁祸首。

我们要特别谈的是：在 cliché 的讲法之外，还有什么意思？譬如说我现在特别提到的梅洛 - 庞蒂，他在当年曾和存在主义一起叱咤风云。但后来存在主义退潮了，梅洛 - 庞蒂却留了下来。他的著作到现在仍让人觉得意味深长。这里，我问大家一个简单的问题："一个人可以有几种感觉？"——视觉、嗅觉、味觉、听觉，还有触觉等，这是众所周知的；还有一些古典著作，譬如佛经，当中会论及"色受想行识"等，大都是从生活日常基本的感受官能开始谈起，然后再慢慢往上谈到抽象概念，如意识、精神性等。但我们现在不是要继续往上谈，因为我们上次谈体验和超验，过了头也会使许多人心生畏惧。现在我们用非常具体的方式开始谈，从最基本的体觉、触觉来谈起——这是一件非常怪的事情——现在，请大家先摸一下自己看看。

当你摸了自己，你应该会感觉到"摸和被摸"，因为你同时是摸和被摸的人。梅洛 - 庞蒂就问了这个有意思的问题："我们在摸自己的时候，到底可以算出几个感觉？"这里我们先不论超验的部分，我们只谈体验本身。当你想要去描述感觉的时候，会突然陷入一个困境："到底是一种还是两种感觉？"当我们认真思考这问题时，就会觉得不是那么简单。平常我们只聚焦在"你感觉到什么，我感觉到什么"，各自交谈之后似乎就会产生各自的感想。可是现在的情境是我摸自己，然而当我要去描述时，竟然觉得哑口无言，不知到底该说是一个感觉，还是两个感觉。

再换一个实验：当你对着镜子摸自己的同时，觉得自己"好可爱喔"，那是把视觉也加进来了，所以当下可能有好几种感官经验共同存在。但是，单纯的触觉不太可能会产生这种"我好可爱"的感觉，对不对？所以这第二个实验对第一个实验来说，已经岔题了。你只会在有人问你的感觉"是一个还是两个"时，才会感觉到很矛盾、很吊诡。对镜自摸是另外一回事。

关于摸自己，不论你用一种或两种感觉去描述，竟然是对又不对。我们可以从这个看起来非常简单的地方下手，对于我们过去过分自信地认为"这我知道的，就是这样"，看看能不能够有所突破，发现你并不是真的"知道了"。于是，原先的知识内容又被解构了。原以为凡是该知道的，你都知道了，但其实你并不知道。我随便问你一下，你就会发现你很难回答。

心不只在身里，还散布在周遭

现在，回到我们的文化资产。大家都知道的唐诗三百首其中一首："去年今日此门中，人面桃花相映红……"从小学到中学，这首诗应该很少人没背过。这是我们文化遗产的一部分，不管你承认不承认，它已经随着你的汉语经验而烙印在你心中了（更好的说法就是"烙印在你的语言中"）。现在我问各位：你真的知道这位作者崔护，他写的是什么东西吗？我们来仔细看一遍：

去年今日此门中，人面桃花相映红。

人面不知何处去，桃花依旧笑春风。

诗里有没有用到任何跟"情感"有关的字眼？这是第一个问题。第二个问题：诗中描述的对象，作者有没有用所谓的"可爱"或是"漂亮"的字眼？都没有。完全没用上任何跟情感有关的字眼。难道这首诗只是没有情感的自描？但各位难道不觉得这首诗深情款款吗？深情在哪里呢？

学员：有。桃花依旧笑春风。

好。在"桃花依旧笑春风"这句里你看到了"笑"字，果然就是一种情绪状态吧？但这里的"笑"字怪透了。各位想想："去年今日此门中"——所以当时的发现是"人面不知何处去"，那时是什么样的情怀？不就是思念吗？可人在浓厚的思念下呈现出来的，怎么是笑？思念时不是有点哀愁？怎么在诗中却笑了？这不是非常奇怪的写法吗？写到"桃花依旧笑春风"的时候，事实上动用了一种曲折的情感，各位从前面开始再看一遍，就会知道这是在写些什么情感了。

我说"要把东西从括号里面拿出来"，到底拿出些什么？有些时候你们可能觉得我现在有点像在做"演义"，会觉得不知道我说的是真是假。可是你总可以像我这样假想：有一个年轻未出嫁的女孩，在家中的阳台欣赏庭院中的桃花，这时诗人崔护，也是个年轻的书生，他不经意地走到了这个地方，抬头一看，他很可能被惊呆了。怎么说呢？看到一个漂亮的女孩，那女孩在看桃花。于是崔护停下步子，在那里看她。那女孩起先没注意到，可是后来头一回，发现门口有个年轻人在那儿盯着她看。你想想，那女孩会什么反应？（学员：害羞。）

是的。一定会害羞的。传统中，一千多年前的一个闺女，被一个男人盯着看，她一定会害羞的，所以她脸上泛红起来。这时说"人面桃花相映红"一是这个女孩的脸本来有一点点桃花色的，但可能更是羞红了脸。这和看他的人有没有关系呢？是我看着她才让她羞红了脸，崔护写下"人面桃花相映红"的时候，他说的是人面和桃花相互反映着"红"，却没说是我把她给"羞红"了，所以我们现在就要"把括号里的东西拿出来"，接下来会发生什么事情？这女孩肯定是要转身逃进屋里，因为她受惊了。可是或许同时想着"那人好俊呀"，所以她又回过头来再看一下那个年轻人，依旧是满脸泛红。这一下不得了，回眸一笑果然就成了百媚生，也可叫作临别秋波。这一下崔护一定是更惊呆了，真是美到让他狂喜不已，于是就一直看着她。结果这女孩子真的逃进去了，崔护这才突然惊觉："我真唐突，把一个女孩子吓到了。"所以他一定会非常抱歉，那倩影其实已经不在了，他可能会欠身作揖，表示抱歉才离开。可是这一整天，崔护便魂不守舍地在洛阳街上想着：那女孩怎会这么漂亮？

然后，很快地一年过去了，崔护又经过这个地方，情不自禁地想了起来"去年今日……"并往里面抬头一看。但"人面不知何处去"——人去楼空了吗？我讲讲我的想法：那女孩肯定不是没走出来，因为只要房里有人，总会有点动静，既然是想要见她，我可以等。但没等到。诗里只说"人面不知何处去"——崔护没见到她，这女孩应该是嫁走了。不知嫁到哪里去。那怎么办？这位诗人却说"桃花依旧笑春风"。其实他哪是笑？他应该是快要哭了。因为这样的美景已经不再，只剩下"桃花依旧笑春风"。

于是，崔护只好想："真希望那女孩嫁出去，能过幸福的日子，我祝福她。"作为一种情感的升华。第二种可能性是："我在发什么痴啊？"一阵苦笑自嘲，然后失落地走开。已经不是那种好笑了，而是有点发窘的干笑，让自己可以稍稍开怀离去。这样的描述，就让我们在四行诗里看到了一出景色，如果我们再多讲下去，那已经不是唐诗，而是变成了一出元曲。元曲会表演出很多原先诗中没有说的，就是把括号里面的东西给拿出来重新演义，让人感觉到真有意思。我们在讲人的情感的时候，以这首诗的字句来看，他没有讲情、没有讲感，唯一讲到的一点是笑，可是"笑"本身是充满曲折的。各位若回头来看，人面、桃花，接着人面不知何处去，在"去年今日"这种对比下，看来他的诗是要叙述哀愁，可是后来竟然是以"桃花依旧笑春风"来结尾。可见他的笑实在是笑得太曲折了。这首诗耐人寻味的地方，就在于它表现出情感的吊诡。

各位只要回头细看，也都会感觉到诗里的情感。我只怕从前的小学或中学老师都只是要你们背诵默写，从来没引导你们去想象。所以我们今天这样"把括号里的东西拿出来"，你就会演义出一部元曲来。还有不少这样的诗，在字里行间透露的都是言外之意、弦外之音。我们要知道，情感流露并不在于字面上。首先需要有某种表达，但在表达出来之后，你能体会的除了字面提供的线索之外，你还得在文字和想象之间里里外外地穿梭串联。情感世界应该就是如此的。

我上次讲过，整个建构论告诉我们，在谈心或谈心智的时候，不要一直想"心就在自己心中"，而是要想"心是散布在你身边的整个周遭"。我们必须要用环境里的整体脉络去寻找心到底在哪里。在这样的前提下，建构论的提法就成为一个很重要的新公式，打破了过去心理学所说的"心藏在你的心里"，或"心就藏在你的脑壳里"。因此，我们必须要从周遭的脉络、社会和文化，甚至于在整个意义系统里，去思考心。这样的话，我们对于这个问题，就会有不一样的寻找方向，我们对人的理解也开辟出新的天地。

所以，当我在这边谈"情感其实并不只在于人自身"，而是所谓的"实情""所感"的产物，我们若想要去描述，到底能描述得多贴切？或多不贴切？其实我们试着去描述心理现象时会发现"很难接近"；然后就会发现我们能说的不尽能符合原先的料想，反倒是在原先没料到的概念中找到了有意义的说法。刚才那首诗只不过是顺手取来的简单例子而已，其实这样的解释之法在诗学的世界中俯拾即是。

情感描述的 cliché

接着，我要进入一个主要问题："我们对于自身情感描述，为何常常会变成：你讲的差不多也只是别人知道的东西（即 cliché）？"譬如刚才马上就有同学反应说"崔护的笑是在思念"。我们所说的"思念"很接近于 cliché，但如果想将这首诗的情节拍成电影，运镜要出色的话，导演不可能直白地拍出思念。他的镜头可能会聚焦在桃花、在人的面容，以及刚才假设的"那女孩子羞红着脸逃进去，却又回眸一看"，运用好几个分镜的方式把诗的含义表现出来。这样的结果不一定只是在写实，你可以说崔护这个人可能带有一点投射，而我们这些读者在隔了一千多年以后，也还在投射那个场景，于是就投出了很多有情有义，或多愁善感的世界。这些事情宛如真的发生了一样，让人真假难辨，但我们用这样的方式，才能体会那个情感世界，不是一句 cliché 就可以道尽其妙的。

所以说"问世间，情是何物"——说得真好，情是世间之物，但是情在哪呢？你左右摸索的时候会发现："情"并不在脑壳里，不只是在心里。我们一旦说出来，大部分人讲出来的"情"都离不开 cliché。所以，我们常常活在这样一个矛盾的状态。情到深处方恨薄——令人无言。

如果你的伴侣问你："你爱我吗？你懂我的心吗？你爱我吗？"（Do you love me? You know my heart? Do you love me?）你回："当然爱你！"（Of course love you!）——"好了，我在看报纸，别烦我……"这种回话，听了会觉得这不是真的，于是她就会把报纸掰开，继续追问："你爱我吗？"然后，被逼的人就说："我不是已经跟你讲了十年了吗？还要再讲什么？还有什么新的话可以讲呢？"

我讲这些话都是"英文一百例句"里的简单的句子，没什么特别。可是我还能讲什么呢？所以说真的，能用来表达的语言真的不多。那该怎么办呢？情感是需要捉摸的，可是的确不能够顺手一抓即得。容易得到的话，通常就是那种 cliché，当然我们也知道自己有时候会被这种 cliché 给蒙混。

我要用一个例子，即闽南语中的"尪姨的牵亡"来说明 ❶。"牵亡"就是把亡魂牵出来面对家人，"尪姨"则是对那种灵媒（女巫）的闽南语名称，来求问的主家则敬称她为"师姑"。假如家里有个年轻的女孩过世了，父母亲非常思念她，就找上了一个牵亡的尪姨，请求她帮忙把亡魂给牵出来。牵

---

❶ 本稿件包含的"亡灵""巫术"等内容是过往时代人们受认知水平限制而衍生出的文化现象，带有浓厚的迷信色彩，我们在此呈现相关内容，旨在展现特定文化背景或故事场景，同时提醒读者在阅读时秉持理性思考的态度，运用科学知识加以辨别。——编者注

出来的时候，尪姨当然要使用女孩的声音，因此她会在事前先问："女孩子死时几岁？""18岁。"虽然实际上这个亡魂现在已经要算四十几岁了，可是灵媒会用18岁女孩的声音说："阿母啊……我足寒……"于是，母亲听了就开始泪流滚滚，在旁的老爸、奶奶也是，一家人都在流泪。尪姨只说了这样一句"我足寒啊……"，就能够把一家人的泪水都给催出来。

从这个简单的例子，我们就可知道，我们所使用的语言表达确实很有限，可是情感环境是大家都同在其中的。根据大家的理解，阴间的氛围是阴森寒冷，所以当尪姨带上来的亡魂表示她很寒冷时，在我们的文化经验中，就是非常合情合理的，足以让人报以滚滚热泪。可是，如果来自西方文化的人听到了亡魂这样诉说，"好寒、好冷"，他们一定会觉得大惑不解。因为西方的阴间情境叫炼狱，是烈火猛烧的环境。来自西方文化的人会觉得"这真是怪了，不是这样的……"所以，我们继承了庞大的文化遗产，但也处处受到遗产的约束。任何人想说自己的反应出自真情，都不见得只是如此。文化建构论的说法就是：我们不如说自己正是文化的传人。因此，我们的情感常常落在一种非常矛盾的处境里：一方面我们相信"人有真情"，但另一方面，我们却又无法切实地传达，只能套用文化公式。这个基本难题就一直不断地在考验我们。

难以言喻的情感

我们要开始检视这个基本问题时，过去习惯的谈法是"内在/外在"，但现在让我们切换到另一个范畴来理解，即把情感分为"公共的/私有的"。这样果然会把我们引到我们先前的问题上："情"究竟是你心里的？还是散布在你周遭？从这里谈起的话，你会发现，把过去的"内外之分"跟后来我们加上的"公私之分"迭加起来，比原来的线性空间明显地扩增了，不只是两端的二分法，而是具有了两向度、四象限的坐标。

我想把上述的讨论方式放入真正的情感世界来进行。但是要拿出好例子，通常不很容易，不像刚才讲的喜怒哀乐那么简单。我要说的是我们在情感当中的某些状态，是真正会让你感到好奇，一直很想去了解它，偏偏它本身有一种性质——它会避开你。你虽有所感，可是它的状态是复杂难言的。

在此之前，我想要请各位先做一些预备练习，譬如请你说说当下的感觉，或谈谈昨天、前天的回忆。你现在正在感觉之中，但要你描述现在这个当下是怎么回事，你可能会说不上来。但你仍然要试试看，练习一下，说出来。家人不在的时候，自己拿一支录音笔，先讲讲看，之后再把录音打开来播放。你会发现你的用语一定很贫乏，就连回忆过往的情事也一样。过去曾经发生的可能是锥心刺骨或销魂蚀骨的情事，但你要去描述它的时候，偏偏就是不见得能说得深刻。这种练习，如果各位真的去做的话，才能体验情感表达的真实困境。

我们现在跳回来谈几种非常重要的复杂情绪和情感，尤其是成年人所感受的成熟情绪之中，通常都无法避免这些复杂的感受。在建构论的论述中，这些难言的情感会露出一些可以道说的头绪。我现在要举出的四个例子，第一是疼痛，第二是尴尬或困窘，第三是关于忧，最后再谈亲与爱。我特别挑这几个出来，因为这些都是无人能避开以及必须有所表达的感受。

疼痛及其隐喻

我们从疼痛讲起。我们假想一种痛到心坎的情况是：你在穿着蓝白拖走路时，没看到地上有一根螺丝钉，一脚踩下去的时候，它就刺进你的脚掌。你当下的感觉是什么呢？"啊！！"一定会大声哀号"痛！痛！痛！"反应很快，然而这种感觉谁不知道？谁没有像这样被某种尖锐东西刺过的经历？心理学会马上接招说：痛既然是一种人尽皆知的感觉，那咱们来试着区分痛的等级（degrees）。于是，心理学果然出现了这么一个"痛感指数量表"，将痛分为1~10分。心理学认为这是一种贡献，疼痛进入医疗体系以后，让医师能判断你从外伤到内脏的疼痛到底有多痛。区分痛的程度，有时对诊断是有帮助的，但回过头来看看心理学，当初在建立指数时究竟凭借的是什么？试问痛本身具有一个客观程度吗？疼痛确实是有差别的，但那是什么差别呢？心理学家要说明时，通常是举例，只要举出几个具体例子，就认为它已经得到证明了。

假设痛感可区分为十个等级，我们如果去问男性，那些上过战场的老兵，他们告诉你的答案都一样，就是中弹那一刻。子弹穿入身体那一刻，那是无法比拟的最痛。可是你去问女性时，女性很少上战场或挨子弹的经验，但是她会告诉你一种撕心裂肺的痛，就是当她生产第一胎时，那种撕裂的感觉会让人简直痛不欲生。所以，可见男人的最痛，是短暂、一刹那的事，就让他毕生难忘；女性的痛是痛了好几个小时，乃至大半天。可是医疗报告上却说这两种痛是等值的，都位于10分，都属于最高程度的疼痛。我看到了这种报告时，突然会想要向女性下跪。男人有他的最痛，但半秒就过去了，而女人却在那儿挣扎好几个小时，你能说这两者是相等的？是什么样的心理学可以这样说？如果说是用线性关系来测量，两者确实都到了顶点，但痛一秒和痛好几个小时怎么能叫作"相等"呢？你这才能体会线性测量的指数有多荒唐。

我们再继续谈疼痛。请问各位：肚子痛是什么样的痛法？有胃酸过多的闷痛，或是胃痉挛的紧痛。那到底有多痛呢？你会说，这不能和中弹的感觉相比，但那种闷痛到底该换算成几分呢？3分，有可能，厉害一点的到5分。因为胃酸刺激得厉害时，就会开始烧灼你的胃壁，对于那股闷痛的感觉，当下你也只能够报告说："大概3分吧""大概5分吧"，可是并没有客观的准确性。于是，心理学家也只能问了几百人或几千人之后，大概抓一抓平均数，就是最多到5分的疼痛范围。

各位可能不晓得，内脏的疼痛还有更厉害的，我曾有过一次经历，当时是痛到不能说，现在事过境迁，才可以描述给你们听：我那时是胰脏炎，因为胆管阻塞，胆汁逆流到了胰脏。胰脏是一个不设防的器官，而胆汁是强盐酸，它就开始"消化"胰脏。有一天我开车开到一半时，疼痛突然袭了上来。虽然先前已经有过几次，慢慢地越来越严重，直到暴发那天，我非得停下车来不可，根本没办法再开车，换人开到医院的急诊室。坐下来连护士要问话的时候，我都没办法回答。事实上我就是伏着椅背一直发抖，痛到讲不出话来。然后他们马上来抽血检验，不久医师急忙地过来告诉我："你的胰脏炎指数飙高到一般人的一千倍以上。"换句话说，胰脏确实处在一个烧灼的状态，痛到我一直发抖，讲不出话来。两天后我开刀切除了胆囊。

看起来是一个小手术，可是我以前没体验过内脏里会有这样的痛，以为大概就是肠胃痛的程度，像肠胃炎发作时那样，赶快去上完厕所也就没事了。肠胃炎就医疗而言是好处理的，但当你自己在病痛中时，你会觉得惊慌，可能会立刻想去上厕所。这时候你的痛已经不只是痛了，而是所谓的"社会性疼痛"，也就是你可能会担心内急失态，一直担心自己出洋相，于是焦急和疼痛纠结在一起；也就是说，这必须动用我们刚才说过的两向度测量，才能够做出适切的表达。

疼痛对我们来说是一种清楚的感受，但其中也包含很难明说的痛。既然难以表达，我们就得再去摸索它的文化轨迹。譬如所谓的"心痛"，我们说看到某些事以后"觉得很心痛"，但心痛真是"痛"吗？你会用"痛"这个字。另外还有"心疼"——妈妈看到自己的孩子，自己的心肝宝贝，在街上跌倒了，她会说"疼在她的心肝"，但其实这些和疼痛的感觉一点也不相干。但我们的语言就叫"心痛""心疼"。我们会把孩子抱起来"疼疼、惜惜"，"疼疼"跟"疼痛"就是不一样的，但为何我们可以用同样的字眼来说？两者间到底什么地方是共通的呢？我们大概都讲不出来，只能说文化给了我们一个这样的字句去说"好疼、我好心疼"。这时候我是哪里疼呢？"心疼"本身说的不是心脏病，完全是无根无由的一种虚构的言说（fictional speaking），是一种隐喻（metaphor）。身上无处疼痛，可是你却会说成疼痛。

可见在我们成人的复杂情绪中，使用这种字眼有特别的表达意味，它借用"痛"来表达一个跟痛无关的状态。但疼你的人对于你做的某些事情让他"心疼"了，那是关系中的一种状态。那既不是实体，也不是你，也不是他，而是一种关系发生在你们之间。这就是关于疼痛最值得我们讨论的意义问题，也再度响应了"情感不在心里，而是散布在你身的周遭"这样的说法。

困窘：进退两难的情绪状态

接下来会更有意思。在关系中出现了"尴尬"或"困窘"时，中文里还会用一个图像字"囧"来表达，看起来就像是眼睛垮下来的表情。正式的"窘"字完全是个形声字，也就是一个部首加上发音；但是原来的这个"囧"字在古文里就存在。它的意思不是在画人的表情，而是说人困在一个状态里面不能出入，进退两难。我们的情绪里确实有这样的状态，可是后来我们在自己的汉语里，连"囧"这个字都罕用了。所以我们就不知从哪儿借用了一个外来语连声词叫作"尴尬"，就是英文的embarrassment。

什么是尴尬呢？人在什么样的状态下会觉得尴尬？不就是"哭笑不得"吗？——本来会让你难过，但你却不能哭；或你不想笑却只得笑，大家都知道那是苦笑。这种哭笑不得，人家一看就知道你在这样的处境当中。那么，这个处境要怎样形容？有一天你真的遇到这样的处境时，你一定很难受，会说"恨不得挖个洞钻下去"，可是又不可能真的那样做，只能用旁敲侧击的方式去描述。我说"旁敲侧击"是因为：如果你今天正在一个尴尬处境中，你能不能说身体的哪个地方有毛病？那不是一个明显又很难受的感觉吗？但到底是身体的哪里难受？没人能够指明。人在尴尬时，身体里没有一个确切的对应器官，最多有可能是在脑部，可从事脑科学研究的人还没办法把尴尬的情绪给扫描出来。因为研究者也许可以请你到实验室，在其中制造出一个人为的情境来让你感到尴尬——但我们的实验室造不出来。这就是一个非常奇怪的问题。我们会一再碰到这种情境，对这些情境一定能有所感，你会说那是你的"心"的一部分，可是用来描述的语言却不在心里。你只会说它"尴尬"，或就是苦笑而不能言语。所以，不管是旁敲侧击还是想尽办法捕捉它，此时建构论帮我们把情感议题打开了一片新世界，而这在过去的心理学里是根本无法讨论的。

我可以再给你们另一个字，用同样的方法再做点练习。我先找出几个英文的怪字，当它们能够"从括号中拿出来"讨论时，那真是很有意思。其中一个是拖延（procrastination），就是指蹉跎光阴，也就是说它停在一个地方不能前进。Procrastination 大致上有种"延宕"的意思，指一件事情没办法做下去，就优柔寡断地停在一个地方。这是不是一种情感状态？各位去想想看，究竟什么时候会让人陷入这个状态呢？这仍是个练习题，交给你们去仔细玩味一下。

忧：生死交关

谈到情感状态的时候，当代很多人都很关心抑郁（depression），也就是抑郁症的问题。"抑郁症"可以被鉴别出来，而抑郁症也可以去看病。这是很值得注意的事情，因为重度抑郁症常和自杀连在一起。上次也有位同学跟我一起搭车回家，后来在车上聊到有学生跳楼自杀的事情，这立刻引起了我强烈的震撼。我虽然没法完全认出这个学生，但印象中他曾经修过我的课。他在上个礼拜选在凌晨零时那一刻跳下去。可知那是非常有预谋的举动。据说已经预谋了一年多，他周边的人曾经听他说过这个企图，可是没有人能救得了他。听到的时候，那一刻会突然觉得："啊！怎么会这样……"

这个学生其实我并不很熟，我可能只是知道这个名字在选课名单上出现过，对不上他的脸孔，但只要一想到他曾经是我的学生，一想到这一点，就不敢再去想他到底是怎么跳下去的，但我还是会有一种想象的强迫症，就是去想那个学生到底怎么预谋和预演，甚至先前还把他的书一本一本地送给别人，那已经是在预备告别了。一年之后的结果是……这样想的时候，会想得全身发毛，非常难受。如果你的身边有人因为处在抑郁的状态中，特别是长期的重度抑郁，自杀几乎是他无法避免的选择。

只要这样一路想象下来，你会觉得非常可怕。这种情绪的了解是非常需要这种难受的想象的。你不必用测量，而需用感受来理解。同时我也要说，给你吃抗抑郁剂，那些真的只是一种表面的对治之道。人会进入那样的状态，他可能已经发生了身体上的变化，譬如说内分泌可能已经出现失调。可是，他的生活环境和这种改变是相互交叉、拧在一起的。当那个生活条件变成一种困局，让他走不出去，以致他只能用极端的身体反应来对付自己所在的困局。

　　因此，抑郁症其实是一种身心疾病，它是两面交加的，但医疗上却永远都只能就生理方面去给药，去抑制或增加某种分泌，而对于环境和所面临的困难就无解了。当医疗专业的人做不来时，那什么专业的人可以做到呢？各位应该马上会想到辅导、咨询、社工专业的人。可是我们也知道，当一位朋友有明显的求死意图时，你真的防得了吗？人家住在高楼，要跳的话，三秒就跳下去了，你能阻止得了吗？

　　就专业而言，老实说，要协助这种人实在是极端困难，甚至我只能说：要解决这种问题，有时候只能靠身旁的人，亲密到天天在身边的，甚至于不惜辞去工作来陪伴他的人。因为当一个人的求死之意已经太强烈，要能够把人命给抢回来，唯一的办法就是把那人给牵住，不要让他动手。这样的"助人之道"代价有多高？那代价就是连我们的专业也无法做到的程度，于是这样的工作就会变成性命交关的事情，必须要交给自己的亲人当中最亲的人去负责。除非助人专业能够推广到让大家都知道："有些时候，我们的存在有一种关系，是关乎另一个人的生死，所以要去负起这个责任。"但在古往今来的教育中不会告诉我们要这样承担另一人的生死。所以当我们说："再厉害的精神科医师或心理师也都救不了这种命"，那我们该当如何？只要你有比常识再多一点点的理解，知道这样的情绪会导致那样的后果，如此一来，能够救命的人就剩下你了。那是在亲密的关系中的一种生死交关的关系，同时也是唯一能把垂死的人给救活的途径。不要以为有一种特别的心理学或专业能救得了这种人。这是个很沉重的理解，我们不一定能完成这样的"科学"……好了，我们接下来就转过来谈谈"亲"与"爱"的问题。

亲与爱

我们今天写信时，大都可在开头的地方套上西方公式，"亲爱的××老师"，而我也一样可回道"亲爱的××（同学）"。我们在信上这样亲来亲去，其实平常哪能这样开口。如果我对一位叫"阿珍"的同学说"亲爱的阿珍"，这样难道不会觉得挺肉麻吗。我们事实上是模仿西方语言，但却只模仿了一半，只在写信、写卡片时可以，但真的要讲出口，未免会觉得蛮囧的。

但在中文里的"亲"和"爱"这两个字，本身就是非常源远流长的重要词汇。譬如，古代解释什么叫"亲"，也就是家人之间的关系，就叫作"有亲"——父子有亲，不是父子有爱。但我们在想象亲爱关系时，更容易想到的关系是夫妇。但在古文里，我们有一个很怪的说法叫"夫妇有别"。为什么不说"夫妇有亲""夫妇有爱""夫妇有情"，而要讲"夫妇有别"，这是什么道理？你们有没有想到这话是从谁开始讲的？怎会讲成这样？我们以为那是"五伦"的儒家传统，但真正的儒家却会说："五伦之首，首在夫妇。"这是对五伦的一个重要教训：五伦中的"第一伦"在哪里？是夫妇，而不是君臣。所以，把这套伦理关系说成"君臣、父子、夫妇……"这种排序的人，肯定是些帝王的奴才。君臣关系在人的一生中，恐怕至少到了30岁以后才会发生，不可能从人生的孩童时代就有这种关系的。亲亲之伦高居鳌头，然而在需要"亲"的关系时，却说成了"夫妇有别"。所以，我们的伦常概念和人的真情之间就有这样混乱的关系。古代的"夫妇有别"，其实是指姓氏有别、同姓不婚。它讲的是宗族关系，所以才强调有别。但夫妇之伦是五伦之首，这就已经转换到了另一向度：一个家的成立，其第一个条件就是要有夫妇，然后才会有子女，才会有亲子。所以夫妇才是承担五伦的轴心。

我们现在谈的这个问题，不知道你们有没有想过，或是从前老师有没有提过？这几乎已变成陈腔滥调，我们的误解非常深，以致想要改用西方人那一套，改称甜心（sweet heart、honey）——西方的夫妇之间常互称"甜心"——我们能这样叫吗？我们真实的生活传统是"唉""哈啰""老公"，就这样。只有写信的时候能讲男女亲爱，譬如"意映卿卿如晤"。"卿卿""我的卿卿"，那是在床边用的，如果在你妈妈面前，也不能这样讲。妈妈一听到你叫媳妇"卿卿"。她可能会很不高兴。《浮生六记》中的芸娘跟沈三白，他们俩关系很好，在家里走来走去时，还会伸手去摸一下、拉一下。婆婆看在眼里就说媳妇儿怎么可以白天跟我儿子在那里拉拉手，不可以这样。那是清朝时候的事情。所以，我们传统里有一种关于亲爱关系的扭曲发展，现代人看来一定觉得非常奇怪。

最奇怪的事要往前回推到孟子。你们听过他的传说吗？有一天孟子闯到闺房里，刚好他的妻子衣冠不整，可能是在换衣服，结果孟子大发雷霆，跑去跟他妈告状。还好，传说中的孟母是一个通情达理的人。她说："儿子，你要进房时，有没有先打个招呼？如果没有，那你现在得跟她道歉。"因为以前的住屋里没有门扉，不能敲门，但至少也要喊一声"我进来喽"，让人家好准备一下，可你却直接闯进去，看到娘子衣冠不整就去跟妈妈告状。孟母就把她儿子给骂了一顿。你们听到的孟母故事，都会觉得她实在是超先进的。像她那样子的女子真是不多，大部分的女人都被男性霸权扭曲了，就可能变成芸娘的婆婆那样子，对待自己的媳妇非常苛薄、冷酷。我们在讲所谓的亲和爱的时候，你以为今天已经听惯、看惯了这个词，可是在我们的传统之间，亲和爱到底是什么？你算是很了解吗？

"爱"这个字，在中文里后来的演变，不是个好字，你只要看它的写法就能了解：古文的样子"愛"，上面一只手，下面一只手，两只手在抓一个心。这种爱事实上是"必欲夺之"的一种爱，以我们对于爱的理解来说，那种爱属于一种占有欲，所以"爱"这个字最多可以和"仁爱"挂在一起，但就不会在我们的语言中用来表示"亲爱"。我们今天会说"我爱你"，那是从西方语言学来的，汉语原先不这样说话。传统上我们只会说"我喜欢你"或说"你好漂亮"。我们是用这种方式表达亲爱，而没有"我爱你"这种说法。父母亲跟孩子之间也都没有"爱你"的说法。但是，深刻感受的爱有一种特别的表达，叫作"疼"。你知道那种情怀就是极爱，我们先前谈"疼痛"时讲过了。

我们知道谈"亲、爱"关系时，"亲"这个字更重要，可是我们常常不特别理解。家人为什么叫作"亲人"？除了跟你住在同一家之外，他跟你的关系应该是很亲的。但怎么样叫作"亲"呢？（学员：亲人……亲密……亲热……）

假如我说的是一种身体关系呢？对于吻（kiss），我们不说"吻一下"而是说"亲一下"。我们的古汉语中，不管是用嘴、用脸的接触，甚至拥抱，也叫亲一下。"亲"就是指身体和身体之间的关系，所以我们有一个词叫"亲身""躬亲"。对于"亲人"，我们是用身体之间的界线来定义。那个人要是可以和你的身体有任何的互相碰触，没有禁忌，这种关系的人叫"亲人"。谁能这样子呢？大致上就是你的骨肉——父母兄弟姊妹——再多一点是爷爷奶奶。我们来想想：毕业典礼的时候，你老爸和老妈都来了，他们可以在众人面前替你整理领带。这个动作没有别人可以取代，连叔叔伯伯婶婶都不可以。你的父母兄弟姊妹以外的人都不可以，若这样做，就叫作冒犯。所以"亲"指的是身体关系的亲近。更有趣的是，他可以跟你吃同一块食物。一只炸鸡腿，你咬一口，妈妈咬一口，这种关系，你跟你的死党朋友之间可以这样吗？你咬一口后，你哥儿们也咬一口？好像不太容易，更不要说别人没吃完的便当——别人没吃完的东西，那就叫作垃圾，你不可能再吃它。可是你妈吃一半的东西你可以吃，你吃一半的东西弟弟也可以吃下去。对于"亲"，我们要转到这种关系才会有透彻的理解。

心理学对于"亲"本来是可以有定义的，但是讲不好就会变成胡说。像我们先前讲的"疼痛程度"，你会发现心理学可以合法地胡说。那如果我们要讲"亲"可以有多亲呢？从前面的共食关系看来，"亲"可以有非常具体的指标，譬如你对他人身体的碰触：可以碰、不可以碰的部位差异，就在定义你我之间有多亲了。碰触身体不同的部位已经显露了你们之间关系的意义和重量的不同。父亲可以帮你整衣冠，这是"可以碰"的指标；但父亲跟女儿之间就有特殊的碰触限制，摸摸脸、摸摸头可以，但如果把手放在大腿上，那就犯了"不可碰"的禁忌了。再说师生之间的关系，我相信我按你肩膀一下，你不会认为那是骚扰，可是拍别的地方，就不能担保了。所以人的身上不同部位其实就携带着不同的亲密关系的"函元"（"象元"的另一种说法）。心理学事实上是有办法将关系的重量做成清楚的换算图表，然后说出"人和人到底有多亲"。我看你对我的动作就可以看出我们之间的关系有多亲，我看你们吃东西的样子也看得出来你们之间的关系有多亲。这是心理学可能发展的另外一种样态，它可以用碰触和共食来告诉你所谓的亲爱关系是怎样，但这要是换成纸笔测验、文字量表做出来，就难免会严重走样了。

课堂补充（一）❶：字源学

我觉得有意义的是，回答各位的问题时，有些内容是需要修正的，因为最初的讲法可能有些不对。譬如，当我在解释 emotion 这个字眼时，一直强调不管是外语还是汉语本身，都要把字源学的原始出处搞清楚，这对于我们在解释时是很有帮助的。可是我在讲这个原则时，谈到 emotion，很清楚 motion 是来自拉丁语。但是 affect 我记不起来，我知道它不是拉丁语，当时我可能说它来自希腊语，但经过查询发现不对，我现在利用这个机会跟大家作做个更正。

各位可能也会找机会跟我私下谈：对于知识，我到底期待着什么？我的说法其实很简单：我们在这里讲课、听课，都把自己当成知识人，古典一点的讲法是"文人"或"读书人"。现在的知识人也还是要读书的，但我的意思不是要各位当书呆子，或读很多书，成为学究。我现在讲一些非常简单的字源学方法，让各位可以很快进入情况。

各位在学英文的时候，不知道有没有老师教过你们：要多认识英文的词汇，最好的方法是利用"字根记忆法"。从这些字根，你就可看出一个字根可以衍生出很多字来。各个字的意思有时不见得一下子可懂，但你把意思聚焦在字根上想，再根据前缀、字尾扩张开来，就可以捕捉到它的字义。你会发现这种学习方式对于扩充英文词汇有长远的效果。

像是 affect 这个字，在哪里可以查到它的字根呢？这是很简单的事，要用字典，但千万记得该使用的字典是那种厚厚的版本，譬如《韦氏大学英语辞典》（*Webster Collegiate Edition*）以上的。当然还有更多的大字典，字

---

❶ 这是在下一堂课对本讲所做的补充说明，故将此内容挪入本讲。——原编者注

汇的多寡和解释的深浅跟小字典不太一样。只要是这种程度的字典，它在每一个字底下都会写出它的字源。希腊字源、拉丁字源，甚至是欧洲各种古字源，譬如说我们刚才讲的 affect，另外有相似的字 effect，这两个字后面都有 -ffect 这个字根，但它不是希腊文，也不是拉丁文，而是古老的法文。其中有这样的一个字根，它的写法是 *afficere*，意思就是指"施力使之动"。所以前面若加个 e，成为 effect，意思是让它动起来，之后才能产生"效果"。后来这些字被吸收到英语以后，产生了动词和名词的 affect，造词法跟 emotion 的造词一样。

在英语当中，会根据字的来源来分派它不同的语意任务，所以我们上次特别解释说：在 emotion 和 affect 之间，实验心理学要表示情绪时，不选用 affect 这个字，而选用了 emotion 这个字，也把它定义为可通过物理测量而测出的情感性质，中文一般都译为"情绪"，affect 的含义则比较含混一点，可是我们今天用这个字来讲"情感"更好。因为情有所动、情发于中时，你会觉得动心或感动，所以 affect 让我们知道它的要点就在于情感的动态和动力——但这里说的"动"不是物理学。

课堂补充（二）：情感的"内外、公私"双向度

上次有人特别希望我多说明"公私""内外"这两组范畴和建构论的关系。我觉得我确实没讲清楚，所以要再补充说明。

我们可说这组范畴是个概念基础，因为当我们在谈这个问题时，知道它是在后结构主义下形成的一种新想法，绝对不只是打破了旧有的概念而已。它想说的是：我们过去对心智人生（mental life）或人类心灵世界的想法过

于单纯，于是它以反思提问来提出非常具有颠覆性的新想法。

我们必须把"内外／公私"两个轴叠在一起。如果你认为"私就是内心，公就是外在"，这样想比较简单，我暂时也不反对如此。"公共的"就表现在外面，让大家都看到；而隐藏在里面，也就是隐私，就没有人看得见了。可是在实际的关系中却出现了很悖论（paradoxical）的状态——有些时候你会发现，内心的东西竟然是公开的；或是非常隐私的东西竟然是从外面来的。这样去想，你就会发现，如果我们对于人的情感只用内外区分的话，总是不够的。

人在社会里的生活其实都很复杂，这不是说关系上很复杂，而是说有很多的面向、很多的层次。这几天我再翻查格根的著作，也总发现他讲的好像不太够。等一下我还要谈到一个特别的人物，因为翻到自己的笔记，我发现，果然在格根写这本书的 20 年前，早就有一些非常厉害的人物写下这些跟建构论有关的东西，我们会发现这值得再多谈谈。

先解释一下"内外／公私"交叉而成的范畴。假设一个人在发表感言时，当他说到某处，突然悲从中来，眼中泛出泪光，讲话有一点哽咽，大家都以为他快要哭了，但那个人在此时很可能会忍住。哽咽的意思就是不能哭出来，而是把情绪吞回去，眼泪虽然已经开始流了，但流出来之后还不好意思被人看见。于是你发现所谓的"情发于中"，明明已经哭出来、已经公开了，但是公开本身的法则又分为"不可以哭／可以哭"，于是我们就必须在"内／外"的法则之外加上这个"公／私"的法则。

从内在和公共的交集上会出现哽咽这样的行为——"欲哭而不宜，因此不该哭"。因为发表戏言的话还没讲完，只要一哭就打断了。这是关于"内外／公私"两个范畴交叉的好例子。即使是"情发于中"，但是有另一个公共的约束，你就受到了制衡。从前的心理学常常不管这样的事情，以为只要有内外区分就够了。可是如果把"公私"领域放进来，你会发现：心理学应该增加一些范畴才足以解释人的行为。譬如这里谈的"哽咽"，还有前面谈的"尴尬"。尴尬是常常发生在隐私和公开之间的一种状态，尴尬并不是指某一种行为只要一出现就会成为尴尬，它必须要看在什么场合。

我再举一个例子，就是"羞耻"。在家里一般的生活习惯，吃过晚餐、洗过澡后，老爸出来客厅看电视，可能会只穿一条内裤。老爸穿老款式内裤，看起来也可以像运动裤。各位可以想象：有些老爸穿着内裤走出来看电视时，旁边有老婆儿女，可是他不觉得羞耻，但突然有一个邻居来按了门铃，闯进来了看到老爸只穿着内裤在客厅，老爸一定会羞着跑进房间多穿一条裤子。也就是说，在家里穿着内裤，这件事情属于隐私，不会引起亲人之间的羞耻情绪。但是一旦有外人闯进来时，你会发现不对，你会很羞耻，或很尴尬地赶快去穿裤子。

这种情况告诉了我们：不论是"羞耻"还是"尴尬"这样的情绪，事实上要看在什么场合，以及跟什么人在一起才会发生，因此其中没有一种可叫作"纯粹的羞耻"或"纯粹的尴尬"。如果你不知道这些情绪的社会脉络（social context），也就是不能理解这种情境，就别谈要加以测量。同样的，我们在这里可以看到：除了内外，把公私范畴加上去以后，不但会产生新的范畴，也产生了解释的新向度。我们常常问："建构论到底在干什么？"那现在就可以了解了：建构的意思是在增加心理学的新向度。过去的心理学一直受到客观主义的限制，对于观察也只采用经验论的简单方法，因而无法打开对于心的理解。现在经过社会建构的洗礼之后，它就有机会让视野变宽——让观察的方式也变得不一样。

从这里引申出一个问题，要请各位再去想想："隐私和内在本来就是浑然合一"，这说法一定没问题吗？其实很值得疑问。也就是说，我在跟自己对话，譬如在写日记，或翻阅自己的日记时，翻到某一页，看到了非常感人的内容，我开始哭了起来。但那是我自己写的，而且我也没给别人看，也就是在私下表现出我内心的东西。可是这时候的我是在哭什么呢？其实我不只是在为自己哭，而是在哭一个悲伤的回忆。我不是受外在刺激引发了泪水，而是为"回忆"本身所含有的内在关系而哭。于是，你会发现，所谓的"私—内"之间，也会有不同层次之间的关系出现。所以去想想："公—外"之间是否也如此。这个例子就说明了上次有人提到的问题，但我觉得讲得不够透彻清楚，所以补充说明，让大家再体会。这个问题其实非常重要，特别就建构论如何能够扩大心理学的范畴而言，更是如此。

你、我与他者：关系与伦理的社会建构

今天准备谈的主题，概括地说，就是"关系论"。我本来列下的要点不少，但今天先谈一套精神分析中的关系论概念，譬如以下这一些字眼所引发的关系论问题：

"它"（ *the It* ），

他者（ *the Other* ），

内部客体（ *internal object* ），

客体小 a（ *object a* ），

转渡对象（ *transitional object* ），

自体客体（ *self object* ）

另一个重点是关于"你我""我们"这些关系称谓里的问题。最后再谈谈日常生活中看似很平常的"伦理""伦常"关系。

关系论与建构论

我跟格根教授见面时，问他："你最近写的东西已经不太使用建构主义（constructionism）这个字，而是大量使用联系（relation）、关系（relationship），似乎变成了关系论。这是不是开始有一点理论转向的意思？"他说："当年我写建构论时，也一直在谈关系。"我要说的是：我现在理解的格根，在他谈关系时，也还是用建构论，只不过把重点移到"关系本身是建构的一个最重要环节"，凡是两事物之间产生关系，关系对于该事物就有建构的生产力，甚至可以改写其定义。所以在理论意义上，格根可说是从建构论发展成关系论，然后将两者融贯为一。

我们现在要先谈谈《关系的存有》（*Relational Being*）这本书。格根承认他使用存有（being）这个字，是从现象学的海德格尔那里来的。弗洛伊德谈心灵装置（psychic apparatus）理论时，当然也带有现象学成分。弗洛伊德跟胡赛尔两个人曾坐在同一间教室里上课，那是维也纳大学哲学教授布伦塔诺（Brentano）开的课。这两位世纪大师曾经是同学。总之，当你谈格根时，一定得知道他的哲学背景是什么，以及和前代大师的关系是什么。先前我们强调过，海德格尔跟维特根斯坦在理论上有很密切的关系。但维特根斯坦和海德格尔是很不一样的人，虽然他们在 20 世纪都同属于大师级的哲学家，但彼此却互相不往来。❶

现在格根把他们收在一起，这会产生一个问题：那些原本在欧洲互不往来的哲学，到了美国却要混在一起，结果会如何呢？我们可以来做个检查。他描写这些哲学家时，有一段文字是这样写的："他们有一个毛病，就是喜欢发明一些怪字，而他们写文章的调调，会让很多人一看到就觉得很不熟悉。"所谓很多怪字，譬如说海德格尔喜欢把好多个字用连字符（hyphen）连起来。大家知道在世存有（*Being-in-the-world*），这四个字就是用连字符连起来，海德格尔原文（德文）写成 *In-der-Welt-sein*，但这不是德文的惯例。

---

❶ 海德格尔和维特根斯坦不曾有互相往来，但他们各自评论过对方，都很简短，譬如海德格尔这样说维特根斯坦："On the contrary, as in Wittgenstein, 'the real is what is the case' [*bei Wittgenstein heißt es:"Wirklich ist,was der Fall ist"*]（英译文：that which falls under a determination, lets itself be established, the determinable ）, actually an eerie [*gespenstischer*] statement."（"其实就是实际发生的事"……这实在是一句怪话。）至于维特根斯坦对海德格尔的评论，由于相当曲折，这里就暂时略过。

德文把字连起来时不需要用连字符，可直接连，所以字会变得很长，大概也就变得很怪、很不熟悉了吧？另外，还有德希达这个人，他会故意把写出来的字杠掉，譬如说"存有"，写出来之后就直接在印刷版上杠掉，如"存有"，意思是说，人家虽然都这样讲，但我认为这个字本身表达不当，于是出现杠掉的怪字。至于要产生什么新字来取代呢？在还没想出来之前就保留这一个杠掉的痕迹。他说这是德希达的绝招，但各位可以去查查看，这应该也是海德格尔发明的，德希达是向他学来的。所以你看格根，他也难免在这么基本的问题上弄错——这大致可见：格根对于这个"互不兼容"的问题只想浮光掠影地带过。

关系论中的精神分析话语

我要解释"关系论"，以及"关系的存有"，若说要把精神分析、现象学等问题搁在一边，不予理会，其实是不可能的。也就是说，我们知道那是问题的来源，但格根以"个人主义"的名义，把那些东西一概视为反关系论，这样的说法在理论上就又犯了一次"浮光掠影"的毛病，会产生以偏概全之误。

我们现在就来谈谈几个来自精神分析而且很有意思的"怪字"。移情对象（Transitional object）是英国独立分子❶温尼科特（Donald Winnicott）的发明，而自体客体（selfobject）则出自芝加哥的科胡特（Heinz Kohut）；他们不采取克莱恩（Melanie Klein）的想法，自己创造出了一些新词。这些都是属于精神分析的语言，现在我要合并起来谈关系论。

---

❶ "独立分子"的名称，见下文补述。

科胡特在芝加哥大学讲精神分析，20世纪70年代就写了很重要的著作，但他长期被美国人忽视，所以他的作品是在20世纪80年代后才被看见的。他在20世纪70年代之间出版了几部重要的书，可是那个时代的人在谈精神分析时，都被安娜·弗洛伊德（Anna Freud）和哈特曼（Heinz Hartmann）那一帮人给绑架了，以至于他们根本不知道有科胡特这号人物的存在。科胡特是个很有贡献的学者，他也发明了一些新语言，大致上跟同时代的英国学派有点关系，他自己独创出"自体客体"（self object）这样的术语，而他的精神分析被他称为"自体心理学"（self psychology）❶。他的用字，表面上看起来是有点怪——self是指自我，object是指自我的对象——我和我的对象怎么会融合为一呢？在精神分析里，这确实是一个独特的理论。创造了一个"自我和对象结合而成的东西"时，这个结合物到底要放在哪里？放到外在还是内在？这是一个很大的问题。关系论的精神分析（Relational Psychoanalysis）也持续在处理类似的问题。

克莱恩谈客体关系时，着重的是"内部客体"（internal object），因为外部的东西（客体）太容易解释了。东西（客体）都有名称、有外形、有功能等，大家都晓得。譬如，这是卫生纸，用来干什么呢？就是饭后擦擦嘴、流泪时揩揩眼泪，或用来擤鼻涕，这些事情不需要多加解释。但是，假若有个孩子拿了一张卫生纸，不是用来擦嘴、不用来擦眼泪，而是对它亲亲，这时我们就需要给予特别的解释，会用到"内部客体"这个概念，也就是指那个孩子把卫生纸视为某种"内部客体"，所以会用到特殊的投射作用，表现出来的行为就是对它亲亲，或跟那张卫生纸讲话等。

至于自体客体（selfobject），这个概念要跟移情对象（transitional

---

❶ 用"自体心理学"来翻译self psychology，是已出版的科胡特著作中译版所用的译名。这种译法其实还有待商榷，这里只是引用。

object）一起谈。自体客体指的是假若我们面对的明明是一个客体（object），可是后来却变成人自身的一部分，这个人的自我延伸了出去。除了我们所知的，人有心、有情绪、有肢体和五官以外，我们还需知道整个人可以延伸到某些外物上，产生类似于汉语所说的"物我合一"的状态。这个外物并不是任何事物（anything），而是一个会让人（从小孩子开始）很心爱的、想要把着不放的东西。那当然是特别有选择性的，譬如小孩子常会很喜欢某只玩具熊，坚持要它陪着睡觉；或特别喜欢某一条毛巾，当妈妈或保姆把它拿去洗衣机洗过后，你会发现那个小孩子气得不可理喻。他就是不要你洗掉上面的味道。无论大人说脏脏的、有奶臭或其他味道，对他来说那根本不是臭味，那就是属于他的味道，对他来说那就是他。当妈妈不在时，要利用它来感觉到亲近，那当然不是妈妈，但却是孩子无意识地创造出一个替代的妈妈。这个东西的创造不只是妈妈客体，自我也参与了其中。当彼此交叉而成为这个东西时，这东西的创造就会变成内心的外化。可是并非任何东西都会变成这样，只有某些特别经验之下产生的东西方可以这样。

当你把这样的东西辨认出来时，在心理学上当然是非常有贡献的。你会知道有什么东西可变成移情对象，还有自体客体。他们本来都是自我（self），后来把自己以及某一个东西变成兼具内外。那么，这样的东西要放置在哪里？后来关系论的精神分析当中有位作者叫托马斯·奥格登（Thomas Ogden），把它总称为"第三主体"。"主体"是"我"。但是当某个客体变成对我而言非常重要的东西时，它也似乎活了起来。我是主体，这个客体也变成了另一个主体，在我跟客体之间就会形成一个第三主体。这首先是指温尼科特的移情对象，后来也指科胡特的自体客体。这些说法在理论上还有些微妙的不同，但我们现在不必细论。

要点在于：他们把整个关系里一些看起来很抽象、很模糊的概念做出更能理解的转化。譬如把"我对你是不是有足够关怀？"这样的陈腔滥调转化为"我跟你之间到底是不是产生了投射认同（projective identification）？"我们常会觉得前一种说法是很空泛的话，那现在改成"在我们之间有某物可能会起到某一种特别的作用，把灵魂的某一部分召唤出来"。于是那个"某物"具有一种特别的力道，你要是能够把它指认出来，就能够对整个分析工作产生一些新的理解向度和掌握的方法。

主体／他者，以及弗洛伊德的 *The It*

我把这些放在一起谈的时候，还是要把这些发现归功于最早的弗洛伊德所谈的"它"（the It）跟他者（the other），以及后来拉康谈的他者（the other）跟客体小 a（object a）。回到弗洛伊德也可能会回到一个非常难以解决的哲学问题，就是他和他的学生写信时谈到的 the It。那个人是弗洛伊德的门生，名叫格罗德克（Georg Groddeck），曾经受他分析，而后跟他有一些书信往返。格罗德克本身也是个哲学爱好者，他跟弗洛伊德通信的时候，弗洛伊德的心理学原本已发展出一套元系统，即意识（conscious，CS）、无意识（unconscious，UCS），中间还加上一个前意识（preconscious，PCS），这个 CS—PCS—UCS 就是弗洛伊德的第一套元心理学。后来他正在创造第二套——就是把原有的意识／无意识概念予以角色化，好像让他们站到舞台上，但这套新的元体系并不只是第一套的平行翻译，而是改用"我"（自我）为主角，另行创造出一套心理动力结构。其中有一个角色叫作自我（Ego），另一个叫作超我（Super ego）。可是还有一个角色不知道要叫什么，弗洛伊德还在纳闷的时候，这位门生在书信中就写道：他看过尼采曾经反对笛卡尔的"我思故我在（*Cogito，ergo sum*）"。尼采常说思（think）这个动作是没有主体的。笛卡尔的原文是拉丁文"*Cogito，ergo sum*"，这句话就是"Think，therefore am"，里面根本没有 I，翻成英文，"I think，therefore I am"，却横生出两个"I"。

为什么可以这样说？在尼采看来，*Cogito* 就是 think 的意思，但thinking 一定叫"我思"吗？你们会不会觉得这个问题问得有点太玄了？大家都知道：要思就是我思，不然还有别人吗？你认为自己的思想，就只是自己在想吗？这是一个很重要的问题。有时我们会出现一种心血来潮的现象，自己仿佛被不知来由的力量发动了、占据了，英文就会说："It occurs to me..."（我突然想到……）突然间有一个念头跑出来。这些念头是怎么跑出来的？自己也不知道，但这就是心血来潮。这时候，主动者是谁？我们知道那不是我自己。而是"它"主动跑了进来（或跑出来）。所以那主体只能叫作"它"。

因此，尼采说：即使人在思考的时候，那个主体常只能称作"它"，也就是 It。当格罗德克这样说的时候，弗洛伊德看了这封信大为激赏，感谢他的提醒。于是，弗洛伊德在此之后就定案了，直接给这第三个角色取名叫the It。把它翻作"本我"是不对的，因为他想的是一个很奇怪的概念，没有根由、不知其名，只能把它叫作"它"。"它"不在现场，但很会搞鬼，你可以勉强把"它"想成在人格（personality）里面，可是"它"也常常不在。所以，"它"像是个游魂，会到处乱跑，特别是会跑到你的睡梦中。"它"是非常猛、非常有力的，其实梦里的主角，或导演，就是"它"。

所以这时有了"它"（It），就等于替自我（Ego）创造出一个非常重要的对方（客体）。它本来已经有的对方是超我（Superego），这是大家都知道的，被称为社会良心之类的，特别是属于禁制性的良心。你很想做什么事情，才想要，又突然不做了，那是因为超我对自我起了禁制作用。可是还有另外一个东西一直喊着"我要，我要，我就是要……"不管你怎么禁制，"它"就在那儿活蹦乱跳。这样的力量，弗洛伊德也知道，必须要给一个名称。先前只把它叫作 drive，泛称人的一种驱力。这个字也就只有精神分析使用，其他的心理学不用这个字，他们宁可用生物学的 instinct，也就是本能。可是弗洛伊德说：我明明不是在讲生物学，我是在讲人。灵魂起作用时，自然会发动成什么东西，这种发动，用生物学去解释是牛头不对马嘴的。人类是自己从想法中冒出想法来，已经和你的人猿祖先所依据的行事规则相差了千百倍。弗洛伊德使用的"驱力"是指人类有几种（宏观上）的动力，在那之上，在日常生活中，转化为针对各种对象的动力，才叫驱力。然后，在接近理论发展的后期，又产生了那个带有人格意谓的"它"。所以，你可以看出，弗洛伊德是一直不断在修正或补充他的理论。

他者的欲望

后来拉康在解释弗洛伊德的时候，也如法炮制——他深通弗洛伊德所了解的尼采。于是，他发明了一个很著名的理论，说那个 drive 其实也常常是我们所说的 desire，就是被称为"欲望"的东西。欲望一旦燃起了，就是人的生命里最强的一种动力。它会说它"要"什么，想尽办法、不择手段也要得到。只不过它需要绕道，因为不只是自我在道上指挥，还有超我也会以另外一种更直接的方式监视。而外面的世界又有很多障碍，一直在横阻着——

这是自我所面对的现实——可是欲望神通广大，会到处乱窜。你刻意去挡它是没用的，你比较一下，大家想象一下打架的时候会有两方人马的互相冲击，但欲望是很奇怪的东西，它不需要参与肉搏，甚至不需要打开一道门，直接就以非物理的方式，绕道飞到客体里面去。

欲望是个奇怪的东西，拉康说：欲望是建立在欲望之上。当一个人在欲望的状态中，常常是"欲望着欲望"，譬如说我的欲望已经建立好一个对象了，我先放在一旁（不叫"心里"，而是在客体里）。我这就可以就近跟我的对象开始发生关系？你相不相信？如果要回到弗洛伊德，拉康就这样诠释：你一直想说明人跟客体的关系，但客体是会把你引发的，对你而言，它变成了另一个小号的客体，所以有个诗意的名字叫作 *objet petite a* ——英文翻译成客体小 a（object a），其实就是"小写他者"的意思。因为法文里的他者叫作 *alter*，那个小写的代号 a 就是 *alter* 的简写。但英国学派常常用另外一种方式诠释：object 很多时候已经被收在里面了（叫作"内部客体"）。因此你跟客体发生关系时，常常是你跟你自己在发生关系。这些种种来自弗洛伊德的理论都再次说明：我们早已经不是生物状态的生物，而是一个人文状态的人。人自己累积了好多 ideational objects（意念客体），或其他种种"想要"的东西，我们或许只能称作欲望，或其他几种客体——移情对象、自体客体等。你和某人发生关系时，不是在跟欲望直接发生关系，而是跟欲望的客体发生关系。因此这才会使"关系"有各种各样的层次和变形。譬如你在所谓的性幻想时，会采取某一种"又向内又向外"的方式。希腊神话中的纳西索斯（Narcissus），他不知道自己是美少年，直到有一天在湖边看到水中倒影的自己是这么俊美。神话的结局是纳西索斯在水边看着自己，看到死为止，死后就变成了水仙花（narcissus）。水仙花的特色是常常长在水边，低头看着水，也就是在看自己的倒影，即所谓的顾影自怜。这是"自恋"这个字的来源。希腊神话中纳西索斯看到水中的美少年，就爱上他了。这种"欲望着欲望"的自恋，用生物学要怎么解释？

人和自己的关系

关于人和自己的关系，这里面有很多需要多番解释的道理：为什么人会对自己产生一种关系？而这种关系到后来会变得越来越强烈，这不仅是一种病。我们不能把顾影自怜、孤芳自赏说成自闭症。有些时候，有些艺术家，他在创造出某些作品时，和自己的作品产生出了某种神交——我爱我的作品、我爱我的创作、我爱我"身为创作者"的身份——而那个时刻并不是天天都会发生、会维持。我自己也偶尔会画画、会写诗，过些时候拿出来看看，自己会吓一跳："为什么我会写出、画出这样的东西？"各位自己要是有创作经验，偶尔拿出自己的作品来看，你可能会像我一样吓一跳，会想：我是怎么了？我为什么会，或我怎么能够，做出这样的作品来？

艺术家在"捻断数茎须"仍没有办法写作时，他会看着自己的作品发呆。他其实就是在产生一种自恋的动力。他所恋着的是什么？他在爱恋自己能够创作。我非常恋着自己能够创作的状态。可是我不可能看到那状态，因此我只好看着自己做过的作品来沉思，产生对作品的幻想。所以当一个艺术家开始画自画像时，可能会越画越有灵。各位听过几乎可说是全世界首屈一指的自画像画家吗？——荷兰画家伦勃朗（Rembrandt）。从年轻画到年老，他画的自画像约有五十几张。他为什么经常在画自己？你可能会觉得这非常夸张，可是艺术界的解释不会说是自恋。你们如果不信这种艺术观点的话，回头去把达芬奇的画拿出来看看，你会发现达芬奇的画也有好多都是在画他自己。他画的对象可以变来变去，但你会发现不管是施洗约翰、酒神巴卡斯，甚至是耶稣，就连后来画的蒙娜丽莎——你们可能都没想到——这都是达芬奇在画自己，把自己变成各个神话人物，还变成一个女人，然后用一种非常特别的眼神，超过当时女人的极限，而表现一种不可能的自信。她在画里往外看着你，这让当时的所有人都觉得不可思议。女人怎么可能会有这种表情？毫无畏惧地直视男人。在当时，只有画妓女的时候才会画成像这样，但那是很俗滥的勾引男人的媚眼，跟蒙娜丽莎微微一笑的眼神完全不是同一回事。

蒙娜丽莎是个名门闺秀，可是蒙娜丽莎却是用眼睛盯着你看。在那个时代，15世纪中叶，你查遍所有的作品纪录，会发现根本没有人这样画的。这个达芬奇是第一个把正经的女性画成"正正当当"地对着你微笑。其他的画家是怎么画的？你去查查看，都是画侧面。也就是说，这些画家在画国王的爱妃时，画家看着她，而她的眼睛则只能看着墙壁。两人对看会被视为一种很危险的勾当，绝对不许两个人在画的时候四目相对，因此画家就只能画模特的侧面。可是达芬奇在画什么？他根本就不用模特，所以他也不用跟模特之间有什么电光石火的眼神交会。他没有这个问题，他就在画他自己。

我们只要知道这样的秘密，就会晓得"关于跟你产生关系的对象，有很多时候是不可名状的"。于是我们回到关于 the It（它或本我）的问题，就是弗洛伊德要为这个重要的动力来源找到定位时，它应该可以像是一个角色，但这怪角色只能冠上一个怪名字，叫 the It，叫"那玩意儿"。后来我们翻成汉语时，必须要想出一个比较信达雅的名字。我跟申荷永教授谈过这问题。他提起：早年的时候，精神分析的中文翻译者有一位先生叫高觉敷，他翻译了弗洛伊德的《精神分析引论》，也曾经提议只用发音来翻译，就是用"伊底"可能更好。"伊底"的含意就是"不知伊于胡底"，也就是"有伊，然后不知其底"。"伊"和"底"加起来就构成一个有名称的东西，但那玩意儿到底是什么，我们也不晓得。这样的翻译才能对上弗洛伊德的意思。但如果把它翻作"本我"，就完全不对头，让弗洛伊德的心血白费了。我们讲了半天都还捉摸不定的东西，结果竟然变成了一个在你我眼前，或在观念上这么清楚的、本来已知的东西，叫"本我"，这样讲会让弗洛伊德的精神分析意义全失。

为什么要用"伊底"这样的怪字？因为"人和自己的关系"里头一定有重要难题，不用新语就会变得无话可说。心理学在进行理心的工作时，要是不提出这种难题，那么，我们对于人性的理解不就会一直停留在原地踏步的状态吗？后来也出现了 the Other（他者）这样的名称，这个字本来也不算很奇怪。现在你们如果去看看比较大部头的几种辞典，其中收罗了很多现代汉语的词汇，但常常没有办法跟上时代。近来三民书局也编了一部《大辞典》，共有三册。里面的词汇就收有一条是"他者"，后面附着有括号的（the Other）。所以，换句话说，"他者"在现代汉语当中已经成为一个普通字眼了。可是这个词第一次出现时，在汉语的使用习惯中，乍看之下还是很怪的。但如果你去问一个拉丁语系的人，他们老早就已经对这概念和名称熟得不得了。因为在拉丁语中，一讲到 Ego（自我），旁边就会有一个 Other Ego（*alter ego*）（他我），就是我这个人的旁边总是如影随形地跟着另外一个我。这是怎么回事呢？我们也没办法解释。只知在拉丁文的俗话里就有 Other Ego 的概念。此外，英语中也有一个词汇叫作 the double，意思是"替身"。你的替身就称为你的 double。

什么时候会有"替身"这样的玩意儿出现呢？在战国时代，很多时候出现的情形是这样：当一个主将死了，为了不让敌方知道，就会找一个很像他的人，穿着他的盔甲上战场。黑泽明的《影武者》就是用这个主题来拍的。在其他欧洲国家也有类似的传奇：西班牙中世纪传说中的一位英雄，叫作熙德（El Cid），是跟摩尔人斗争时的主将。后来他中箭身亡，西班牙人为了不让自己的士气垮掉，就找了人扮演他。他习惯披着长长的白色披风，半夜出来巡行，所以只要有人戴上头盔披着白色披风，在半夜出马，这样就会军心大振。西班牙人后来果然把摩尔人赶走了，但那时候熙德早已身亡，只是用个替身，用他的亡魂来支撑士气。所以由此可知，他们对于"替身"很有概念，他们也常使用这个策略。

我们所谓的"天人交战"，在西方人的概念里，就会说是"两个我之间的交战"。白天的我是个淑女，到了晚上我变成一个荡妇。那淑女和荡妇之间当然有很多争论，而事实上就是两个我之间的争论，这在西方著作里面比比皆是。看到这个字，不要以为是拉康或是谁突然创造了什么无人能知的玄妙概念。完全不是这样。他们的传统中老早就有了。因此一个他（other）就是一个跟你如影随形的另外一个你。你真的要去面对的时候，反而会找不到，有时候是你完全意想不到的。

在这样的状况下，拉康的创意是增加了一个 object a，就是"小写 A"的意思。换句话说，那些英国学者所提的客体，在拉康看来，已经不是客体本身，而是一个经过人工再创而形成的客体，但拉康说：在那个客体之外，在那跟你相对的东西之外，还有某一个更大的、不着边际的大写 Other（他者）跟主体相对。我们通常所见的这些身边之物，只能算是"小他者"，所以他又在此之外安置了一个更大的"他者"，不论用来指无意识，或指西方传统中超验的神。这样说只是一种方便的理解。因为我们不是在钻研精神分析，所以使用了这样的简读法，来展开以上这一堆不在我们的常识之中的关系论。我的目的只是要铺陈并得出一个综合理解，以方便我们借此来进行下一步。

关系中看似没来由的"对象"

拉回到我们的主题再说明一下。我们谈关系的时候，关系本身一定有个关系对象，但这对象就是一个复杂的议题，从这里你就可以看出来，以上只是一个非常概略的说明，在西方哲学里也早已产生了非常复杂的讨论。因此，用他们的术语——现在也变成汉语的术语——要作为"客体"的"对象"到底是什么东西？你不要认为那只是简单的字面问题。我们中文现在翻译作"客体"或"物体"，这些都不是很好的翻译。海德格尔为了要提出他的说法，就说"object/subject"这样的二分法已经没有必要了。他提到：德文还有一个字，跟 object 完全一样意思，是 *Gegenstand*。*Gegenstand* 这个 stand（站立），跟英文的 stand 意思一样，但 *Gegen* 是英文没有的字，意思是"跟你相对的""对立者"，我们可以把这个叫作"对象"。什么东西会对上你？其实你不一定要把这东西命名为"客体"，它跟你之间的关系其实是很难料想，或是很难归类的，跟中文的"主客关系"根本无关。它其实是随景随境而一直在发生之中。那个对象是一种统称，实际上它到底是不是你的"对象"，有时候我们要先了解一下，先决定会不会成为对象。它会盯你，你正好也盯它，但有时候就不会这么刚好对上。

"众里寻他千百度，蓦然回首，那人却在灯火阑珊处"，一句诗只说"刚好在那儿等着"。诗人有时候会写出很有意思的东西，怎么"众里寻他千百度"？然而我们不是更常说"天涯何处无芳草"吗？怎么看来看去突然就把一人看上眼了？但对那位求索者来说，他就只寻一个人，其他都不算是芳草，可偏偏就找不到，所以说是"众里寻他千百度"。所谓的"对象"，可以是很特别的，也就是说，你一定要找这个，你要定了，但却找不着。所以你不要以为很快就可以把"对象"这个东西锁定，或是很容易就可用任何一把"芳草"来取代。

　　对象有时候就是个很奇怪的癖好。全是在人的意念里产生出来的。我自己产生了一个想法，我就跟我自己的想法谈恋爱。我们会说"曾经沧海难为水"，那是什么意思呢？我是经过沧海的人，所以你们这些小池塘的水对我来说没有意义。当然一个人要这样守住他的癖好时，你就拿他没折了❶。你想说"天涯何处无芳草"，你替他找了一个蛮好的对象让他可以相中，结果他说："这些对我来说，除却巫山不是云，连想都不用想。"那你有什么办法？你认为那个"怪癖"本身能用生物学来形容吗？"癖"事实上是被意念（"念想"）发明出来的对象，意念产生新的意念，所以一路上都可说是自己的建构，或是在关系中产生了建构。

　　因此，我们在讨论"人的对象是什么？"时你会发现，要跟人产生关系时，对象的界定打从一开始就可能是非常奇特的。我们这就来谈谈但丁的《神曲》。这部作品中有两个非常重要的角色，一个在开头时引导他走进诗的天地，那是罗马诗人维吉尔（Virgil）的化身；到后来，要通过净界往天堂上升时，有一个天使般的人物引领他，她的名字叫作Beatrice。但丁邻居住着一个女孩，就叫作Beatrice。这个名字翻作"贝阿朵莉丝"或"贝雅特丽齐"，因为意大利文和英文的发音有差异。但丁一辈子只见过她两次，一次是在家附近邻居的窗户中，望见邻家有女初长成，觉得她好漂亮，因此见到以后非常心仪。一天到晚想着哪天可以再见到她，但事实上又没机会认识。另外一次是某天在街上，但丁发现贝阿朵莉丝跟她的女仆一起从对面走了过

---

❶　我们对于用字的问题，有时必须如此斤斤计较：常见的"没辙了"是个谬误的中文，原来应该是北京话"没折了"——（1）"折"是指点戏的戏单（如同"菜单"），"没折了"就是"没戏可点了"；（2）"折"是"奏折"，"没折了"就是上了朝廷没话讲。"没辙"是没什么？没路走吗？马车该走的路上，有车痕叫作"辙"读音"彻"，不读为"辄"。网络上有字典说"辙"可读成多音字"辄"，这是强作解，没这回事。

来，他早期的作品《新生》里头，有这么一段描述：贝阿朵莉丝从对面走过来时，他跟贝阿朵莉丝欠身作礼，但贝阿朵莉丝到底有没有回礼呢？这情况非常暧昧，据但丁说，贝阿朵莉丝好像也有微微点头回礼，但也有其他人说："按照当地人的习俗，贝阿朵莉丝既不认识但丁，所以她不会点头，也不会回礼，否则就表示你冒犯她时，她竟然会乖乖就范。"只有在"否则"之外的情况下，她才会点头回礼。因此，很有可能贝阿朵莉丝从头到尾就不认识他，也没有任何交情。但是无妨，这个女人对他来说已经非常重要了，重要到后来就变成了天使的化身，后半部的《神曲》就是为她而写的。贝阿朵莉丝成为如此重要的人，把他的灵感一路带向天堂去。所以，所谓的对象究竟是什么？是你爱得死去活来的人？或另外一个一生只有两面之缘的人？而且到底是不是真的见面，其实还挺可疑的。为什么但丁可以为了这样一个奇特的对象而写出一部旷世巨作？

所以，我们并不很容易真正理解人在关系中如何产生对象。在大多数情况下，我们都可能只是任意揣测，而我们会发现，人有时会受到那连自己都不知道的"我"影响。对于那不知道的我，你不能完全确定它是什么。有时候是受到我们所不知道的历史传承所影响，然后就借用你的眼睛去看，使你的"看见"造出了一个神仙般的女子。那个神仙不是她自己身上长的神仙，而是历史给你的，可能是希腊神话，或基督教神话里的意象，通过你投射到一个普通人身上。所以换句话说，不是你看，而是历史建构了你的眼睛。因此我们才会谈到这样的问题，也就是说：建构论是如何重视历史文化的建构动力。格根甚至说过：人的对象无非就是传统所给的意象。这句话，回头用来诠释人面桃花，也一样适用。

"你""我"和"我们"

后半段我在纲要中列出了两部分，我们不一定能讲完，但以下这一部分要谈谈：关于我们常用的人称代名词"我""你"到底是什么？还有多数的"我们"，在其中夹带着你、我，或代表模糊多数的群众，甚至是不知所指的"他者"。这些主体称谓都含有好几种层次的曲折意义。

汉语里面有一个特别用来说"我们"的字叫"咱"。但"咱"这个字在很多外文里不存在。这个用来代表"我们"的"咱"也不只是在讲"我们"，不是和"你们"对立的"我们"，而是必须同时包含着你我关系。各位可以回想一下这个字的用法。在大陆的普通话里还常听到这种讲法的，在闽南语里它倒也是常用的，我来举个例子：

有时候我们听到一些老人家，拿起电话来："喂，喂喂……"然后他就问："咱（闽南语，读音 làn）这是哪里？"其实他要问的是："您是哪里？"问的是对方，但他却说"咱"，这不是很奇怪吗？你会不会觉得语意很暧昧，甚至文法错误？可是这种语意不清正是我们的语言中非常有意思的表达法。在大陆现在可听到有些年轻人还有这样的用法：他知道朋友的妈病了，看他垂头丧气的，他过去打招呼问候说："咱妈怎么了？"——"咱妈"也就表示"你妈就是我妈"。我们利用这样的语言来结合"你和我"的关系，这和我们平常说的"我们"意思非常不同。一般说的"我们"其实就是和"你们""他们"对立的意思。一个会对你说"咱妈"的人，并不真是跟你有共同的妈妈，但他这样说，已经在表示他就是你的手足了。

一般是把拥有共同成员资格（membership）的人才叫作"我们"，这和"咱们"却不是一样的意思。只要在语言上给出一点线索，我们就可以在人的关系上辨别出乱中有序的规则。

但"我们"常是一个虚词，很多东西会入侵到这个位置来讲话。因此，人在讲话的时候常常因为"我"只是在"我们"这个场面里讲该讲的话而已，就是讲场面话。所以"我们"是个很容易被篡夺的发言位置，"我"有时在"我们"当中并没有发言权。以下就可看出两种不同的"我们"：①只有当现场有一个"你"，可以被我直直看着对话的人，当"你我"这种关系形成的时候，这才活化了我被别人袭夺或占领的那个空位，"我"这才被"你"给定义了。这是哲学家马丁·布伯（Martin Buber）刻意提出的主张。他说：我们之间的关系是用一组密切的"I-Thou"[中世纪的英文里 *Thou* 是你（you）的意思] 关系来形成的，所以 I-You 连在一起时，那个 I 就活了起来，这是一种活络的"我们"。可是，换个方式；②当那个 I 永远都跟 It 连在一起的时候，形成另一种"我们"，叫作"I-It"，意思是这个 I 永远都不是在讲人话，讲的就是非人的语言，都只是当时的某种外力作用之下，必须如何、应该如何之类的话。那种关系下，人都不是人，没办法讲真话。这 I-It 连在一起的时候，"我们"已经被一个非人的东西绑架了。最明显的案例就是公众人物在发言时经常都要照稿念，并且对于一些"敏感问题"的回答也只能不断重复同样的几句话。这种语言的发言者就是典型的"I-It"——这里的 It 是指那个 I 的公众身份。在电视上听到这种发言时，觉得他说的"我们"是指谁？那是在对谁讲的？——显然不是对你（You），而是对着一个假想的、无名的他者，或即是以预设的"我方/敌方"来作对抗性的发言。很显然，即使你根本没想要对抗，但那位发言人已经把这种对抗意识强加于你了。

日常人伦，以及 "属于现代人的特殊关系"

在以上的人称代词之外，进入种种日常伦常关系，我们都会使用一些"伦理"语词来作为关系发展的规则。这里面其实也有很多地方值得我们讨论。"伦理"一词的用法，一方面你可以说只是一般常识，可另一方面又会发现你不一定完全知道它指的是什么。

大家都晓得，社群网络形成了各种各样的关系网络，但回过头来讲，所有的关系都是在模仿原初的关系。譬如说亲属这种原初关系，最容易被模仿成我们一般人的关系。我们在街上碰到某一个人时，常用的称呼不就是"小姐、大哥、阿姨、叔叔"吗？全部都是"亲属称谓"。使用这种称谓在文化人类学上就说是形成"拟亲属关系"，我们也可理解这是在建构我们之间的亲近关系。

在街上碰到一个人的时候，你说的"大叔、大嫂"都不是你真正的叔叔或嫂嫂，你在叫一个人"阿姨"的时候，就已经确定她不是你的阿姨。真的阿姨，你会称为"二姨、三姨、小姨"，就是加上她在亲属中的排行，或加上她的名字。否则一般情况下，你在街上碰到一个大约比你年长一辈的女性就都叫作"阿姨"。总之这些就是"拟亲属关系"。我们一般人的关系就以拉上一点点亲属关系来展开，不然的话，我们会不知道要怎样建立关系。

所以，当关系是指发生在都会大众之中的关系，这已经跟我们原来说的乡民很不一样了。在一个纯朴的乡下，大家本来就都是同村甚至同姓的，当然可能有某种亲属关系。后来我们要把这种亲属关系再扩大出去就不容易了。台北市和新北市加起来的人口有 800 万，你在地铁或是公交车上放眼看去都是陌生人，很少有真正认识的。这就是所谓的"属于现代人的特殊关系",其中有亲属关系的概率已经少到可以忽视的程度。

当你身处在一个大型的都会里,如果你要发展人际关系,那到底要以什么来当根据?你再用亲属去称呼,会显得有点做作,大家都知道跟你之间不是那样的关系。那怎么办呢?后来就有人发明了一个叫作"第六伦"的说法,但那一种"伦"并不是一句口号就能发展出来的。我们在谈到这类事情的时候应当知道,早就有社会学家在谈论这个问题,花了很多精力去探讨"人和人的遭逢"在彼此之间可能会创造出什么样的关系。

这种关系本身可以是多元的,也就是说,你得清楚知道关系具有各种可能的发展套件。譬如说师生关系这种套件,很多人只要你上过他的一堂课,马上就可以叫他"老师";教插花的人叫"老师",健行时的带队人也叫"老师"。你的"师生关系"变成一个可以推广使用的原始套件。可是到后来你会进一步发现,你碰到的人,想要套任何关系都没办法,那明明就是陌生人。除此之外,我不知道我们之间可以发展出什么关系。

所以,我现在可以来谈谈处理这问题的一位重要人物,高夫曼(Erving Goffman)。他很早就写了很多书,讨论人跟人遭逢之后会发生什么事情。其中有一个要点,就是所谓现代人关系之间的特色。你跟不熟的人之间似乎应该保持一种冷漠的距离。可是高夫曼说不只是这样——现代人之间其实会保持一种叫"有礼貌的冷漠"关系。当我和陌生人一起进了电梯,我们完全不熟。那最靠近电梯按键的人,他可能会问一下"到几楼?"到4楼、到7楼,他都替你按好,他在做一种服务,可是他没有特定为谁,因为谁站在这个位置都要担起这个礼貌的任务,使得陌生人之间能维持着"有礼貌"的关系。这关系只在这处境中维持,你绝对不会在离开电梯后还回头跟里头的人打招呼说:"欸,真有缘分,能跟你搭上同一班电梯。"除非有特殊的情况,否则谁会这样呢？我搭完电梯后，回头就不认识你了，没有什么好惋惜的。在我们的传统伦理中，这根本不叫什么缘分。换句话说，陌生人还是陌生人，连缘分也没有，只是我们起码维持着一个有礼貌的关系而已。在地铁上也是一样。看到一位长辈来了，很多人都会说"您请坐"。这也不是特别针对你，而是对着你的苍苍白发所展现的礼貌。这礼貌规则是独立于我们先前所知的"伦理关系"之外。你若知道其中还有传统伦理的影子，这才能说确实可有"第六伦"的发展空间。

日常关系的"部署"

"关系"的问题事实上就是这么重要，但在我们自己的生活处境当中，要根据什么才能跟人建立关系，真是常会让人觉得满心困惑。刚才提到的关系叫作"礼貌"，但礼貌到底要怎么做呢？有时礼貌很容易，可是如果我们谈的特别是指各种场合中的礼仪（manners），那就会有各种特定的规则。站在电梯口，你知道你要为大家按上下楼的键；可是在别的地方碰到的事情时，你一定都懂得怎么做叫礼貌吗？

有一次我在波士顿搭地铁，车子突然间开动，我晃了一下没站稳，我的脚就狠狠地踩到旁边一位女士的脚板上。这位女士大约 40 岁，我一看到我踩到她的脚，第一个冒出的念头就是"糟了，她一定会痛"，第二个就是"我这样很失礼"，所以我连忙说"I am sorry, I am terribly sorry！"说了好几遍。但她回道："Never mind. You are not on purpose."（"没关系，你不是故意的啦。"）意思是说你跟别人之间可能会有一种特别得当的应对方式。要是别人侵犯了你，你会不会先说："我原谅你，无所谓，只是痛一下而已。"你会这样说吗？这要看情形的，不是随时都用得上这么高调的礼貌。像这样的情况，如果是在地铁上，你踩到隔壁的人的脚，你会怎么说？一般会说："对不起，不好意思……"

但另一层次的礼貌问题又接踵而来：你会看着她讲，还是自顾自地说"对不起"？你会看着她，等她回应吗？很可能不会。我知道我们的文化，姑且叫"民族习惯"吧，像这样对着人说"I'm sorry"，而另外一方也对着你说"It's okay"，互相对着讲话，这种招数，在我们的文化中，即同胞之间，都还挺难学会的。当你去搭飞机，机上都有空乘小姐，在你一进机舱时，她会站在门口说 Good morning。你们仔细观察一下，很少有人都会对于这样的打招呼响应一声 Good morning，之后才入座。很多人是人家跟你打招呼，你就当没看见地走过去了。好了，这次换搭班机，当空乘小姐尽她的责任跟你打招呼说声"早"，但若你也回她说"早啊"，她反而会吓一跳。因为所有的人瞥一眼就过去了，但这个人居然也会说"早啊"，这是怎么回事？我们这个文化的人际关系脉络就是有这么值得三思的特色。你们觉得这些礼仪都不用讨论，就会自己走上轨道，形成"第六伦"吗？

因此，我才会说：我们必须要为我们这个社会的关系负起新的责任。有时因为我们没经历过很多比较，没有受过很多挑战，以致不晓得其中得当的应付之道是什么。高夫曼以观察入微的方式，告诉你人和人之间的关系有多微妙。有些时候我们不能只是犹豫多疑，或不知所措，而是说：人和人之间应经常维持着一种"眼观四路，耳听八方"的观望状态。所谓的"自我"，在关系里面，事实上就是具有这种警觉本事的载体。虽然我们只是对着一个人，但上下周遭的所有关系也都构成了某种"需要加以布局或部署"的情况。因此，我们在人际关系里显然很像是个军事家，需要运用很多策略，先把很多人际关系中所需的东西部署好，之后我才有办法去和别人做适当的接触。

这样的说法在他的著作里一再提到：人一定都会学到，就像孙子兵法里头的三十六计一样，环顾四周，并且发现你要应付的世界有多复杂、有多少层次，要进要退，要多一点友善还是该戒备之类的。读完他的这些东西后，各位就会知道，谈什么新伦常的时候，该先学会的基础能力还真多！

对此，他还谈到一个很复杂而别致的关系层次，我根据我们的生活背景把这例子稍稍做一点演义：这情境是我在跟一个人吵架，是跟住隔壁的邻居，我们在吵什么呢？——"你们家的树都已经长到我们隔壁来，你都不去剪一下……""有啊，我有剪啊"！"要剪也不好好剪……"两个人就这样在那儿吵来吵去。这时候，有另外一个邻居，她只是走过来说："张太太，我跟你借个酱油好不好？"她常常在我们家后门厨房那里进进出出，很熟的。我正在跟人家吵得张牙舞爪，可是看到这个熟人就会转过头来，和和气气地说："没关系，你自己去拿喔……"我的那个脸马上就换成一张很柔和友善的脸——但回过头来，又立刻恢复张牙舞爪，继续吵下去。当高夫曼发现人会这样的时候，你说人的关系是什么？那不就是"见人说人话，见鬼说鬼话"吗？而且几乎人鬼同时并现，你的人脸和鬼脸可以瞬间切换变化，而且毫无困难。几乎人人都有办法做到这样。所以人和人之间的关系，不要以为只是几个简单指导原则就应付得来。他说的是：你要真有办法透彻知道这些千变万化的细节，你才真的有办法很得当地做人。高夫曼给了我们这样的警告，我希望我给大家的参考书单（请见附录"延伸阅读"），你们都还能够自己再去多看一点，因为要学会这些三十六计，实在不容易。但没学到这些之前，想谈"第六伦"就难免只是个空洞的口号。

藏在伦理中的美好风景

对于传统的五伦，我们都以为那些说法大家老早滚瓜烂熟，可是事实上，它有许多不同的版本：三纲五常，或六常，还有四维八德等，有很多种不同的讲法，这些讲法各自有它的道理，但未必都是同一个来源。譬如说儒家强调用仁爱来对待人，所以后来把人的所有关系都规划成一个"仁学"的体系。这是我们自己很期待的伦理本色。但在谈"礼义廉耻"的时候，那可不是儒家而是法家的体系。你们真的都搞懂了这些不同的伦理体系了吗？历史未必都以符合我们期待的方式发展。秦汉帝国兴起之后，先秦儒家的东西被扭曲得很严重，虽说是"独尊儒术"，但其实都把"布衣版"的儒家改写成了"帝王将相版"，就是强调君臣关系，强调尊卑秩序。所有的皇帝都坚持"君臣关系"是五伦里的第一伦。但先秦儒家从来没这样讲过，在孔孟荀的传统中，从来没有人讲过这种话。因为他们知道那是没道理的——人怎么可能一生下来就开始有君臣关系？你要到几岁才会碰上君臣关系？但你居然在年纪小小的时候就开始用"忠君知义"来启蒙，这到底是要干嘛？这不但是强人所难，而且正是不知所云。

我要说的是：有了帝国以后，才发展出这种伦常关系。事实上在孔子的时代，他是反对这样的。大家都以为先知道了五伦后，再来建立第六伦。从"第六伦"提出之后，我们的社会里可曾出现什么深刻的谈法？你们去查，不保证能查得到，更可能的情况是：你会查到一些论文，谈的是第六伦为何难以推展。但我特别想要谈的是：在我们日常生活的人际关系里，在不受帝王控制的小传统里，我们实际上藏有一些属于仁德的"本钱"，可以照顾别人，可以形成一些互相信任而且互助的关系。我们有这种本钱，是和大传统相对的小传统，今天可以在帝王将相消失之后，名正言顺地推展出来。但要是不把它的内容说清，那它就会像一笔呆账一样，既不会自行销账，也不会再生利息。

　　每一个社会原本都是个"thinking society"，能思考才能学习。这同样也是社会建构论的基本命题的道理，讲一个我观察到的有趣现象。清晨在风景区或在公园去运动，散步也好、骑脚踏车也好，人跟人当然会在那里碰面。在这里，大家几乎有默契地向对面走过来的人挥手说："早啊。你好啊。"现在这是极为常见的。有一些走过来的人没看见我跟他挥个手说"早安"，他会带着歉意补挥一下手，表示在这个地方，早上彼此挥手道好已经是个惯例，不这样做会不好意思。即使我根本不认识你，你也不认识我，我们就在这个地方一起享有清幽的环境，在健身走步时，彼此用友善的态度来对待每一个迎面而来的人。想想看，这一团和气的样子，如果能够扩散到整个社会中，会是什么光景？但当然不能这样一厢情愿——譬如一大早到街上看到人家在买早点，你若走过去跟他说"早安"，他还会担心你来者不善呢！好像这是在风景区和公园里特有的一种人际关系，你可以说那算是一笔社会的本钱，我们有这样一种关系的可能性。

　　我要谈的"风景"，大致上是以这作为核心来展开。这风景里有很多东西，不要说你都看得见。如果你不觉得自己处在问题当中，那你就会像"只缘身在此山中，不知庐山真面目"——不知道"风景"当中藏有什么奥妙，社会建构常常就是个元的概念，自己人比较是"习焉而不察"——不一定能看得出来。

"我—你"，与社会伦理的建构

学员提问

我想要请问老师，在关系中谈自我，到底是以（纲要中的）第几项为主？

有一些概念比较容易解释，所谓的关系（relation），意思是说，它的要点不在于我，而在于你我共构这关系。所以这时候的我，比较像是布伯说的"我—你"。你我分享同一段关系的时候，关系本身会变为主词/主体。虽然听起来还是在讲我，可事实上是在讲"咱们"。格根的书里讲到了西方人的个人主义过分强调"人好像是一块被自己皮肤包起来的东西"，常常打不开，因此对于别人特别有警戒、有敌意。但他的讲法，我一直觉得很奇怪，因为我在美国的经验不是这样。

在美国的小镇街上，大清早有位老太太走过来，她走近我的时候，跟我说 good morning（早上好）——这不是在风景区，就是在小镇街上。所以格根有时候讲得有点过头了，他所描述的西方社会，应该特别是指大都会里常见的情形，人和人之间很冷漠无情。可是我在美国小镇里的经验就不是这样。小镇里的人多半互相认识，就连刚刚搬过来不久的，他们也认识了。他们早上见面都会互相打招呼说 good morning（早上好）。这就表示关系中的对方看起来是被尊重的，所以他们并不只强调"自我"——我的感觉怎样、我的立场怎样——那个"我"现在不重要，重要的是你，以客为尊。所以这时候布伯特别讲的"我—你"可以唤起"我"作为一个主体。我们就必须连起来去形成"关系的自我",而格根所谓"关系的存有"（relational being）就是指这样的主体性。格根好像在振聋发聩、做警世之声，但更可能是以他所熟悉的美国小镇作为他的"本钱"，而不是盗用了东方资本才能发出狮子吼。

我们常会引述佛家的说法，强调要"破我执"，你会发现孔子也讲类似的话："毋意，毋必，毋固，毋我。"说的是人执持自己的意见时，会以为自己的想法、习性最重要。因此孔子的教育就是教人不要常把重心放在自己身上，多注意一下别人。这里说的别人不是指"看不见的别人"——这有时就是很可怕的"他者"。我们在一段关系里，是要把这个能够面对着自我的"你"给活化起来，于是我们与每个人相对时，事实上是对着"你"，才会产生人的盎然生气和一团和气。有时其中的奥妙竟然像刚才我说的那个吵架和借酱油的状况一样：对一个很熟的"你"，和对一个吵架的"它"，之间的关系那么不同。看来，我们应该说：我们有发展各式各样关系的本钱，就看我们把它投资到哪里。

可是如果那个"你"被我们的大众媒体，譬如车上的广播系统，滥用了以后，就变成了不知道是什么东西。甚至听起来很客气的说法："各位旅客，您早，我是列车长某某，如果有需要的话请联络我们，我们随时会为您服务。"虽然这是在说"你早、你好"，可是，这就是看不到的"你"啊！"你"会跟我服务，是你给我的承诺，但你经过我身旁的时候看都不看一眼。我都还来不及跟你打个招呼说："车长小姐，我有事情。"可是她走得像跑一样快，不说服务，一转身就连理都不理你。所以我说"你"这东西被这个社会污染后，会变成"他者"。要点是说，真正称得上的"你"，果然是在我的生活中变成了我的对象，所以我就必须要对着"你"，而且甚至在关系发生时，要求"你"负责。Response 是反应，而 -able 是"有能力"，合起来就是有反应能力。我称一个人为"你"就已经表示我要承担，以及要你一起承担我们之间的关系。是我愿意跟你面对面，跟你从打招呼开始就产生两人的关系。这就谈到了"关系的自我"，不是一个自我中心的自我。

我们还要强调这样的"我"。毕竟以西方的关系传统来说，"我"这个字是个重要的关键词，叫作"主词"。少掉了这个字，在西方关系中就会失魂落魄。在我们的传统中，"我"反而比较轻松，因为不管是受到儒释道哪一家的影响，后来很少人会在对话过程里自称"我"。譬如"小弟今天到这里来……"他没有提到"我"。他如果说"我"的话，别人听了可能会掉头离开——你们若听出"小弟"和"小弟我"的不同，就可体会后者这个家伙带有骄气。他怎么可以说"我"呢？"小弟今天来这里，有事跟大家请教……"各位听听，是要这样说话的。如果换成"我有事情要跟大家说……"或"兄弟我来做个交代……"这种口气不就暗示要训话了吗？人家不就会掉头走开了吗？

因此，我们的传统一定要先把自己贬低，写信时就写"在下"，所谓的"我"就不见了。敝人、敝校、敝公司，是用一种自贬的方式自称，而相对也形成了一个敬称对方的关系。于是，这时候我们没有所谓的自我中心。因为我们大家也非常害怕那个叫作"自我"的词。我们今天要骂人时，可以说："你这个人'很自我'。"在我们的汉语里，说一个人"很自我"，其实已经把他骂得很透彻了。

30年前，使用的语言也常常都很不客气。那时社会里人和人之间的冷漠和暴戾之气真的蛮严重的。到了最近，譬如我们在地铁、火车上会让座，然后进车厢时会依序排队，没有抢座位等，这些东西是有意义的，它一定是社会建构的一种动力。简单来说，社会的本钱就是可以学习，可以积累。我们可以感觉得到，用抢的只会变成一团乱。你不用抢，轮到你的时候你就坐，没轮到就不要坐。一抢就伤了和气，但这样发展到最后，竟然已经变成连让座时都是抢着让。对此，你只好说，这风景真美。

对这个有趣的现象，我讲个实例。在高铁上，有一位 30 来岁的女性业务员，打电话谈生意时，看到一位大约 60 岁的伯母，就跳起来说："你坐，你坐吧！"结果这位伯母不肯坐，还一直说："免啦免啦免啦。一下子就到了，免坐啦。"那位小姐也一直说："你坐啦你坐啦你坐啦。"两个人在那儿争执了老半天，就为了让座和不坐。到了下一站，这位小姐下车了，这位伯母才去坐那个位置。十几分钟的时间，挺好玩的。我们现在连让座的和被让座的，都在那争到底该不该坐。要拿捏得当的行为，还真是有点过头。所以现在我知道一点平衡之道：有人一让，我就得坐，因为我不想把我的银发染成别的颜色。

"我—你"关系中的人伦探讨

学员提问

我今天想问两个问题：一个是老师刚才提到让座这个部分，我想了一想，在"我们"这样的关系里，去探讨伦理的用意是什么？在关系里面为什么要探讨伦理？第二个问题是，刚才老师提到"我—你、我—它"，我们做这个区分的用意是什么？有特别想凸显什么东西吗？

"伦理"一般用起来跟"道德"的意思一样，但那是在学院里才有的用法。我们在中文里讲的"五伦"，伦的意思就是关系，所以称为人伦关系，也可以称为伦理。

所以你现在问"我—你，我—它，是什么？"跟问"伦理是什么？"其实是同样的问题。"人伦关系"就是我们在一起时，应该如何互相对待的道理，这样的道理就叫伦理。譬如师生之间，有一种关系是校园伦理。校园伦理就是讲师生或同学之间应该如何对待的道理。但如果我们讲伦理学，就比较像是道德哲学，里面还牵涉到别的问题，譬如说刚刚我们讨论的，"我"到底适不适合作为人存在的核心、发动者、第一元等。我们在伦理学里谈到的，不一定是跟别人，跟自己之间的问题也是伦理学。所以，听起来我们汉语里讲伦理，是指人伦关系的。但很不幸的是：我们翻译的伦理学（ethics）其实是道德哲学。道德哲学一定会牵涉公共的规范和个人修身，这些一概包含在伦理学里。有时这些词意到底有没有差别，会让人觉得不好判断。

一样的道理，譬如你问说，谈"你—我"时到底为什么叫伦理？我们过去的伦理，是采用已经被界定好的角色和角色间的关系，然后发展出五伦、伦常。角色关系被固定，规范就会成为固定规则。但是现在如果所有的角色都打上问号，这时候，互相之间的关系不是建立在"角色"上，而建立在于"你我相互对待"的方式上。现在我们把它总体化，最重要的伦理，即第一原则就是"我该如何对待你"。这时候回到伦理学，就会把人和人相互对待的最高法则称为"金律"（Golden Rule），说的是：你要别人怎样对待你，你就这样对待别人。（Do unto others what you want others do to you.）这意思和"己所不欲，勿施于人"很接近。但比较吹毛求疵的说法是：孔子当初的说法里用的是"不／勿"这种双重否定，所以就得叫作"银律"（Silver Rule）。因为金律是用两个肯定的方式。"要做"和"不做"的意思的确有差别。后来孔子不也讲过一个概念叫"推己及人"吗？果然也和西方的金律没有两样了。于是，"己和人"关系的最高原则，在东西方确实都可用这么一条金律来概括。

为什么要谈"我—你"？很明显的，这种"你"是所有伦常的基本，可以移入任何的角色关系中。尤其是过去的封建时代，有很多角色关系是被不公平内建的。到了近两百年来，整套封建体制几乎已经被推翻殆尽。因此，我们在近两百年来的伦理学就要从另一个最基本的关系"我你"来重新展开。如果你把你所面对的人不看成人，你就会用"你是什么东西"的态度来对待，那就会变成了异化（alienation）的关系——你是"东西"，是个"他者"。可是我说你是人的时候，通常就会因为"你是人"，所以我们之间有一种人和人的关系以及称谓、人情一起产生出来。

刚刚谈到伦理，我想知道，你讲的伦理是儒家的伦理，古时期提倡的伦理就是人和人之间关系，这是比较属于对等的一个概念，还是说，这个"理"并不是讲礼貌的"礼"，我想要厘清这一点。

礼节、礼貌的"礼"，跟伦理、道理的"理"确实是不一样的东西。你可以说，到后来解释伦常关系常用同音字，譬如"礼者理也"，是说礼貌的礼跟道理的理是同样意思，但事实上不是这么回事。

古代的"礼"是指礼仪，尤其是来自祭祀仪式。人和人之间有一个仪式性的关系，譬如君臣之礼，你作为一个臣，在君前面，一定是低头、鞠躬、跪拜好几次，等他说"平身"才能开始讲话。要是没有依照礼仪，你就会被侍卫抬出去了，更严重的失礼会导致满门抄斩。很可怕的仪式概念。如果你不记得或不知道这回事，去看看韩剧，你会发现，尤其是在传统乡下，韩国人一直到今天跟自己的老爸讲话的时候，都要先跟老爸鞠躬一下，才开始说话。尤其是过传统节日，从都市回到乡间老家，见了自己的父母都要先跪拜行礼。这显然是"礼失求诸野"的现象。

古代的礼就是行为间要守住一种礼仪，才叫有礼。不行的话就是失礼，人人得而诛之。我们到今天要道歉的时候还会说"失礼"。失礼就是我已经破坏了我们之间的关系，所以闽南语叫"歹势"，是指我们之间的关系构成了一种局势，把局势弄坏就要叫"歹势"，也就是失礼的意思。所以"歹势"就是一定有某方要补偿。这样，我们也就知道这跟所谓的礼仪、礼节不同，这样的礼是一种特定的关系规则。这种规则在封建时代制定得很严格，到了现在大都已经模糊了。

我们谈过校园伦理，其中也有很多礼仪规范，但现在的学生，在学校怎么称呼我的？有人叫"老宋"，尤其是研究生。为什么呢？因为我们那一辈互相之间会称"老丁""老夏""老刘"，结果学生就这么学起来。其实现在你们这一辈人，互相之间大概不太会这样叫了吧？别系同学来旁听，会觉得这里的同学好"敢"喔。

这种礼，还有仪，是一种被定好的规则。连用词和姿态都规定好了。今天我们讲伦理的理，都是从那边推衍出来的理。也就是说"推己及人"，这样的理就足以用来对待所有的人。反过来又说"己所不欲，勿施于人"，是消极地说：我可以不必特地做些什么，但至少我不会侵犯到你；我知道我做了你会不高兴，于是不做了。但积极地说，就是："你怎么啦？需要帮忙吗？"——这两种关系合起来，就构成了我们伦常关系中的两条基本原则：

金律与银律，一金一银就可以行遍天下。

学员提问

老师，您刚才说到自己的日记，而您对于日记有了情感，情感投资在里面时，那和你所说的"我跟自己产生了毫无感受的关系"不一样吗？

像这所谓的"我跟我自己的关系"，当然是"我—你"关系的一种变形，其实没有一种关系真的就只是我跟我的关系。大家以为"我"是人生中最早出现的代名词，所以应该先有一个"我"，然后再和后来发展的"我自己"发生关系。可是我这里要提醒一下：我们在人生当中代名词出现的顺序上，"你"是先于"我"的。小孩刚出生时不会讲"我"。小孩在学会说"我"以前先学会的是"你"。全世界的人类都是如此。

一个孩子最早的对象是"你"，这个对象最可能是妈妈，他知道这个对象，也知道对象和他的关系，但他不会用"我"来称呼这个"对象的对象"。"我"这个代名词，他很晚才学会。妈妈每次在叫他的时候都叫"宝宝、宝宝"，他自称的时候也会说"宝宝饿饿"。"宝宝"是你对我的称呼，那我也就模仿你讲"宝宝饿"，而不会讲"我饿"。"我"这个字很晚才学会，所以"我"这个字并没有什么原初性，尤其是叫作"我和我的关系"时，那才真是吊诡。我这样讲可能会有点太拐弯抹角，但我必须提一提丹麦的哲学家克尔凯郭尔（Søren Kierkegaard）。

克尔凯郭尔写过一本书《死病》，原著的书名是 *The Sickness unto Death*。Sickness 指疾病，所以也可把书名译作《致死的疾病》。书的主题是谈绝望（despair）。什么叫绝望？克尔凯郭尔的定义：当人和自己之间没办法建立关系的时候，也就是我和自己之间完全失去关联时，我会活在一个了无意义（meaningless）的状态中，就叫"绝望"，就已经跟死亡相去不远了。这整本书都在讲"我和自己的关系"。

　　"我和我自己的关系"听起来很拗口。但重要的是我和自己先要发生关系，才会有后续的"关系"诞生出来。这本书一路谈下来，你的神经要拉很长，不然会读不下去。后来我觉得：当克尔凯郭尔想解决这个复杂的现象学命题时，意思等同于："当我人处在空虚之中的时候，要和自己发生关系，该怎么办？"另外，当你和假想的关系发生关系后，后者这个关系当作是一个陆桥，踩上去了以后，必须先去感觉，里面到底是不是真的有"我"踏踏实实地在那里踩着。所以才会说，我和我的关系上面应先有一个关系之前的关系（前关系），这是现象学常用的一种术语，也是一种特别的工夫。他们把这"前关系"视为我和自我发生关系的一个必要条件。

　　这样的讲法确实相当拗口。你只好说这是现象学，要有耐心的话，就去看这本书。但你想要晓得一个问题，就是我在翻自己的日记时，到底是不是在跟自己相对？这表面上应说是，但明明不是。因为日记是你的作品，前几天写下来的，今天再看它的时候，你和当时的自己之间不是已经有距离了吗？换句话说，你和自己之间，事实上是要重新恢复关系，才读得懂自己在写什么。不是说只要是你写的必然就是你。不信的话，你翻一下自己更久以前（10年前）写的日记，更会觉得自己怎会讲出这些鬼话？你自己变了很多，当然不晓得当时的自己为什么讲出这种话。所以你和自己之间，没有自然相等的关系。你再不信的话，就到所有的回忆状态中去回想自己，那时候，你会发现：要通往自己，回忆是很不可靠的一条桥梁。回忆里面有很多遗忘，或没有记起的东西。要跟自己之间发生关系，需要经过很多努力——再说一遍：你和自己之间"没有自然相等的关系"。

补述：关于"关系论的精神分析"

我知道在美国的精神分析，20 世纪 90 年代之后，也就是近 20 年间，看起来好像有新的派别产生，但是它还没有流行开来。譬如各位目前还没看到任何一本是在近 20 年内称为"关系论精神分析"（relational psychoanalysis）的作品。对于这一点，当我和一些对精神分析有兴趣的学界朋友谈过后，他们多半也会很惊讶地说："怎么没注意到？"我们以为谈法国，拉康就是最先进了；如果谈英国，就一定会谈"客体关系理论"。可是客体关系理论也已经不止是第二代，因为弗洛伊德到了英国以后，接班的人是安娜·弗洛伊德，还有克莱恩。克莱恩那批人后来就成了英国精神分析学派里的执牛耳者。克莱恩就是客体关系学派的创始者。

但问题并不这么简单，因为客体关系学派本身的支派很多，其中也有非常杰出的人，他们宣称自己根本不是客体关系论，没受克莱恩的影响。于是有人说他们叫作"中间派"，指他们在安娜·弗洛伊德跟克莱恩的论战中没站在两派中的任何一派。但他们自己说：我们不是"中间派"，我们是独立分子。后来大家慢慢知道这些所谓的"独立分子"很多是受到拉康的启示——回到弗洛伊德本身，不必经过另一个二手诠释。他们的独立发展也产生了一些比较特别的新思维和新术语。

譬如其中有一位比较著名的是拜昂（Wilfred Bion），事实上拜昂的作品非常难读。所以当出版社主编问我说："我们来翻译拜昂的书好不好？"我告诉他："千万不要做这样的尝试。即使英语为母语的人看到拜昂的作品都非常头痛，现在突然之间把它翻译成中文，读者一定无法接受。"我只是举这个例子来讲。

反过来说，安娜·弗洛伊德迁到美国后，她的手下开始接手国际精神分析协会（International Psycho-Analytical Association，IPA）。她的手下本来是来帮忙的，竟然也顺理成章地接手国际精神分析协会的理事长职位。哈特曼（Heinz Hartmann）担任协会理事长20年。这20年发生了什么事？拉康被逐出国际精神分析协会的大门，就是哈特曼开除了他的会籍。拉康特别发表了一篇所谓"被逐出教门"的宣言。意思就是决裂，法国人自己搞。而法语的精神分析从此独树一帜。

我要说的是，后来20世纪90年代的人都把整个发展过程看在眼里。英语区也好、法语区也好，大概都各有长短。但是大家看到的拉康大概只有长处，没有不足，简直是一个神仙。他没有写书，光是讲课讲了20年，后来我们看到的东西都是他的讲稿。各位可以记得拉康是这样的一个人。他拥有在演讲现场即席产出一些绝妙诠释的能力，后来他的讲稿就被一卷一卷地出版了，目前已出版了23卷。在他之后，那些英国的第三代人物也一个个崛起。美国人看在眼里，一定会觉得有点不是滋味。

美国的精神分析被哈特曼支配了很久，而哈特曼在精神分析学术史上的评价不高。因为他的理论非常狭隘，把精神分析变成了一种很容易讨好人的学问。原先的精神分析里有很多东西是会让人害怕的，但在他们手中都消失了。后来的人认为不应该如此，所以他们开始自寻出路，各自跑到英国、法国留学，后来就各自独立成家。从20世纪90年代起直到现在，他们当中有几个人出版的书都已经有七、八本之多，里头有很多杰作。大致上他们把古典精神分析的东西，加上了现象学的思维及符号学❶的方式，将学问综合在一起，构成了一种新的精神分析。对此，他们目前自称为"关系论的精神分析"（relational psychoanalysis）。

各位如果用这个关键词去网络搜寻，会找到几本文集，但是你会发现文集里的每一个作者都已蔚然成家。这一部分，我曾经特别跟格根讨论，但他说："很抱歉，从开始进入建构论以后，我是有意跟精神分析疏远的。"格根只认识其中的一小撮。譬如我跟他提到有人办了一份精神分析的刊物《精神分析对话》（*Dialogues in Psychoanalysis*），其中有一些人跟格根是熟悉的，但除此以外还有许多人他都没有接触。他在自己的书上谈到弗洛伊德时，也都是一闪而过，没有深谈。

关于精神分析，我在 20 多年前就开始开课，从弗洛依德开始带着研究生一起读。换句话说，已经读得不少了。后来我在进行翻译工作时，发现很多地方其实大家都没注意到，都以为在英国就是客体关系，在法国就是拉康，其实在法国也不只是拉康。至于美国，大家都以为是安娜·弗洛伊德和"自我心理学"（ego-psychology），在她以后还听说有 Neo-Freudians，就是所谓"新弗洛伊德学派"。但其实那根本不构成一个学派，也就只是三四个人物，短短一波就过去了。有些人变成书店排行榜上有名的人物，譬如埃里希·弗洛姆（Erich Fromm），他的书翻译成中文的还真不少，有十几本。但是他没有真正成为一家一派。因为这是学理上的公认，他的精神分析还是跟弗洛伊

---

❶ "符号学"就是"semiotics"最常见的译名。由于译名对原意误导太甚，我曾经撰文检讨（见 Soong, Wen-Li, [2011]. "Modelling Presence and Absence in a Few Chinese Semantic Primes." Paper presented at Conference on *The Historical Secondary Modelling Systems Approach 0f the Kääriku Summer Schools*. University of Tartu, Estonia.）该文中提议另外的译名，但为了省掉冗长的说明，目前都使用"杠掉的"方式，写成"符号学"。意思是：此名虽已成俗，但我不承认它的正当性。

德很像，只是加上了一些存在主义和马克思主义。跟他一样做法的人，在欧洲也有不少，所以弗洛姆只是在美国很红，在欧洲就是不同的光景了。然后，还有一个卡伦·霍芮 ❶（Karen Horney），这几个人被编成了所谓"新弗洛伊德学派"。意思是说，他们的共同点是很注重社会关系的问题，而不是只谈自我。这样的讲法也对，但我们最后看到关系论的精神分析的兴起，而他们也不太会去引用卡伦·霍芮或是弗洛姆的作品。

我稍微讲一点这些学术社群的状况，不知道你们的头绪会不会被搅乱？因为大部分的大学教科书里头都还是写着"新弗洛伊德学派"，但其实那只是几个人有点松散的相似性，根本没有这个"学派"要有个近似于此的一个组织的话，那就是纽约的威廉·艾伦森·怀特研究所（William Alanson White Institute），由弗洛姆和克拉拉·汤普森（Clara Thompson）合创，但其成员中没有包含卡伦·霍芮。事实上我们的教科书一直有信息落差。我讲的这些，就是在补这个漏洞。

---

❶ Horney 的德文读法是"霍芮"。

第七讲

战与织：当女性作为历史的主角

不只是"男女关系"

前面我们谈过了关系之后，我相信大家都会期待"男女关系"的问题。不过我要稍微说明一下：当代的文化研究中，事实上女性主义是非常重要的，它不光是在弘扬女权，不是只追求现在常谈的"两性平等"。大家都认为，因为以前是不平等的，所以现在就要争取平等。我觉得这样的谈法是不够的。把男女视为对立的两方，任何一方都会永远陷落在一个观点成见、一个有输有赢的局面之中，没完没了。

面对这种问题，史上著名的科学家弗朗西斯·培根（Francis Bacon）曾经说过一种矫正法则——我现在举个例子来说明他的意思：假如这里有一根树枝，它已经长歪了，你想要把它扶正的话，也就是说：假如这里是"正"的基准位置，在扶正时，就会扶到这正位，但你一放掉，它有个惯性，会弹回过去的位置。所以，你每次要扶正的时候，就应该把它扶到"超过正"的位置，然后让它依靠惯性法则弹回来，才会弹到"正"的位置。这听起来像不像是诡辩？一方面，讲道理常常不得不使用诡辩，就像古希腊哲学发展的初期阶段，几乎所有的哲人都会发明一些诡辩法，用来"矫枉过正"。如果你是学工程或物理，懂得力学的道理，你就会觉得他讲的正是力学的道理，因为他把所谓的惯性都计算在内。因此他说要扳平，是要扳到过头的位置。初听起来像是诡辩，但其实不是，我们应说这是一种"辩证法"。

如果我们在"男女"这样一个文化问题上，不用这样的一种辩证法来开始，你就很容易掉进二分法的陷阱中——我们过去认为男女之间就是不平等，于是你今天说到的"平等"，就是要在法律上使用各种各样的手法，来把它"扳"到看起来像是平等的状态，但是你用的那个法律，只要扳的力道一离开，它又会回到文化的惯性上去。这一点，我们就该学习弗朗西斯·培根的辩证法。不管是女性主义也好，文化史也好，在谈任何"问题化"（problematization）的时候，都有必要用这种思维方式来开启我们的新问题。

母权

19世纪时，有一个重要的学者，叫作巴霍芬（Johann Jakob Bachofen），他的重要著作是《母权》（*Mother Right*）——研究母权统治（metriarchy）、母系社会（matrilineal society）等现象。那当然是指史前时代，要用考古的方法去寻找。他的著作刚出现时一度很受重视，但后来当然也流入边缘。到了20世纪，女性主义重新发现了巴霍芬，并发现他在马克思和恩格斯的社会主义中也占具重要地位。恩格斯写过《家庭、私有制和国家的起源》（*The Origin of the Family，Private Property，and the State*）一书。他既然是从摩根的上古社会史开始谈起，那他绝对看过巴霍芬的作品，并且在他们想象中的社会主义，有很多地方是接近母权制度的理想。

文明史当然都不是这样说的。但在更早的母权时代，母权的意思就是母亲掌权，可是在她的领导之下并没有"统治"的事实。那种社会体制就是在关系当中产生一种人人平权且没有阶级的制度。这是目前所有的母权社会研究者都同意的一点。大概从两万年以前一直到五千年前，可以找到很多考古的证据，证明人类曾有过这样的"生活方式"。这本书不用母权制（Metriarchy）为名，而是用母权（Mother Right）为名，强调母亲的"权利"

而不是"权力"（power），也就是她有自主的行动权，然后家人以她作为行动的"楷模"（model），学习她。所谓的领导同时也是楷模，这样一来，整个社会在运作时不需要使用到"权力"。特别是母权不需要使用任何暴力就可以达成治理的目的。它的治理原则就是关于"爱和不爱"的原则。在一个母权社会当中，爱就是大妈带着底下所有的子子孙孙一起干活。她对大家都爱，于是大家就能一起合作。那时候的生活条件比较单纯，还在旧石器时代，人类在一起生活之后形成一个个聚落，大小大约就是两三百人左右，差不多等于一个四代同堂的家族大小。在这样的村落中由一个大妈担任族长。这样的遗迹比较明确的发现是在小亚细亚半岛的山里头，譬如土耳其的安纳托利亚，在山谷中间产生的聚落。然而不是只有土耳其这样，在黄河平原上找古老的居住环境的话，会找到一些聚落散布在平坦的地方，聚落建筑大概是形成环状或方形，中间有个广场。数数这遗迹里大概有多少人口？差不多和全球其他地方一样，大约也是两三百人，因为再大一点的话就很难管理。

总之，我们不是在谈乌托邦，而是在谈人类当中有这样的可能性，但我们都遗忘了，或是不相信曾有发生，于是到了今天我们在谈男女关系的时候，会以为"男性强权，女性弱势"就是人类亘古以来的社会法则，这关系总是很不平等，所以你今天才要去参与斗争，试图抢回一点权力来。可是抢一点回来还是没用的。到了后来，你再怎么抢，环顾周遭，你就会发现：现代哪一个社会中的男女会是平权的？你只能说，男女的经济能力可能达到差不多接近的程度。这是在少数经济非常发达国家和地区里的数据，而且还不是全国性的。在大部分国家和地区中，女性还是处在劣势的状态。

所以我们不用再去谈怎样争取权力的问题，而应该改变想法，重新设问：女性做主，究竟有没有可能？以我们今天的社会来说，这可能性显然比封建时代要高多了，因为我们现在是法治的、是民主的，而现在的城市都已经没有古代的"国"那种围墙。"国"为什么要围起来？男权统治的社会，最明显的特征就是打仗，一天到晚都处在战争状态中。城市的围墙显然就是防御工事，没有一种围墙只是用来装饰的。但今天为什么就不需要了呢？如果今天还有围墙的话，大概就只留在观光区，留下一点角落让你缅怀而已，它的功能已经完全消失。

母权的道理在今日的想象

我想说的是，在这个新时代，我们可以开始想象：假如女性可以做主的话，这个世界的光景和生活方式大概会是什么样子？这就是我一开始要谈到巴霍芬的原因，他认为在两万年到五千年前，很多地方都有母权社会的影子。巴霍芬讲的那一句话，我在这里引述：

母亲先于儿子；

The mother is earlier than the son.

女性有优先权；

The feminine has priority.

所谓男性的创作，都是建立在女性优先之下的现象。

While masculine creativity only appears afterwards as a secondary phenomenon.

底下最后一句说：女人先到，而男人只是"跟着变成"。（Woman comes first, but man "becomes."）——这句话跟今天女性主义的讲法刚好是颠倒的。

我们在第二讲提到西蒙·波伏瓦，她认为女性是"第二性"，就是说女人并非生来就是女人，而是被后天的文化调教变成女人的样子。可是巴霍芬要说的是：在母权社会里，女人才是"先到者"。母亲先于儿子，这是天经地义的事情。一开始有人伦关系的时候，本来就是母子，不管是男孩还是女孩，反正就是母亲在前，孩子在后。这就是人伦关系的第一原则。后来延伸下去，就变成社会由母亲在领导，而父亲呢，他是不在的，或是根本不认识。古语流传下来说："知其母不知其父"。我们的"姓"是"女"字部；从古代的文献中也可以看出这样的描述确有其事。

在巴霍芬的描述之外，这样的社会有它存在的一些道理，以我们今天来看，会觉得有点莫名其妙。今天男权当家的时候，我们会觉得这是自然的，但反过来说，在人的天性（human nature）里，并没有这种必然性。如果你愿意这样想的话，那你就进入了巴霍芬想要谈的那个问题。然后我也要想办法在后面使一点力，帮他拗过来，事实上这种可能性是真的。你也可以用逻辑去演算，可以算出其中的道理。

怎么有道理呢？我先来请我的点子——我在讲"男男女女"的时候，我是故意这样写的："男男女女"，而不是"男女"或"两性"。我就是说"男男女女"，然后才能让它衍生出"男女""女男"等一大串关系。性别若只是生理上的区别，看起来就很清楚地叫作"男／女"而已。关于性别之中所隐含的关系，其实最早可推到弗洛伊德的心理学，不是后现代才有的新玩意。我们不必先想到"混乱"，不是这样的，它一定会有一些乱中有序的基本规则。譬如说，关系里什么该优先？到底该从哪里算起？你一定会感觉到：要用历史的证据来讲，会很困难。但我们可用化繁为简的方式来聚焦一下。

权威的象征

所以我们要问：一个文化用什么东西代表或象征权威？这时候才能看出男女关系的症结所在。有时候只用一些权威去代表是不合理的，权力本身的存在型态是自相矛盾的：当权者以为权力可以压服别人的时候，没想到只要倒戈一下，要把权力干掉也是非常容易的事。这样看起来，非常合理的权力结构，本身就是自相矛盾的。所以说，在一个母权社会里，根本不需要用这样矛盾的方式去建立什么权威。我们是不是可以这样说：在一个母权社会里，一个母亲当家了，后来慢慢衍生了许多子女，她自然成为子女们的领导者？这种典型的母权社会，今天其实还可看到一些活化石存在。

在云南、贵州边境一个叫作泸沽湖的地方，有人去那里做了田野调查，我也看过一些影像报导。主要是说那边的村子里，一个生活单位还是一个"家户"（household），一个村子就是一大户人家住在一起，而一个家里面当家的就是最年长的那位女性，通常是姥姥，而家里接手的第二代的都是妈妈或阿姨。那么，舅舅呢？他们是住在同屋里的男性。但真正当家的竟然还是那个姥姥，舅舅们通常就是在旁边辅佐、当帮手、当干事。在走婚的社会里，连忌妒的这种情绪都没有，所以他们可以很简单地处理"男女关系"；或是回头来说，他们有处理"性别建构"的特殊方法。

女性当家的"公"理

在甲骨文上，把父亲写成"父"，你可能不太了解它的意思。很清楚的，那是一只手拿着一支杆子。所以拿着杆子的这个人就叫作"父"。

父，甲骨文 。在"又"（ ）字上加一竖指事符号 ，代表手上持握的棍棒、石斧之类的工具。

（学员：是攻击。）是来帮忙的意思。"父"也是"斧"的字根，所以很清楚说明：他就是拿着棍棒在伺候。有事的时候，他得出来帮忙。所以他不是主角而是个帮手。父的意思原来是这样，后来被抬高了，就变成了最高的"祖"。那是后来的事情，但至少在最初的甲骨文里面，连我们的字留下的痕迹都说：那时候的"父"只是一个帮手。这字的读音后来会跟"辅"（也就是"甫"）的读音相同，完全不是偶然的。

我要讲的是，像这样的社会里，女性可以当家，这是非常有道理的社会组织，怎么说呢？你们今天会说，凡是一个叫作"社会"的地方，没事的时候就没事，但碰到有事时就要解决。进行调解的时候，要根据什么？我们会说要根据"公理"。好，再来看一个字：公理的"公"怎么写法？我们今天看到的公是写成这样，可是在甲骨文里的造型完全不同。上面那两撇大致上还留着，但底下不是一个"厶"，而是一个"口"。好，这其实是个颇有争议的问题。上次我介绍你们看了白川静的甲骨文研究，他对于甲骨文里面出现的"口"字提出了一个他认为非常中肯的看法："口"乃是一个重要的容器，里面装着重要的祭品。有人发生纠纷的时候，就有人来主持公理，这个人叫作"公"——他是这样说的。所以，首先要知道"公"的手上带着装有重要祭品的重要容器，这是白川静的解释。

换句话说，照后面这种解释，"公"原来就是指一个大妈在调解纠纷。白川静说"用容器装着祭品"作调解和分配，这样的解释太迂曲。如果那是指一位德高望重的女性会把事情摆平，可以让破裂的事情得到持平的解决，由此得到的一种道理，就叫"公理"。但那跟我们现在法律上说的公平、公正不一样。公正、公平是算计以后得到的输赢，所以这个西方概念的象征一直是一个用来秤斤秤两的天平。我们所说的母权时代，在作判断时基本上是要通过调解，调解的结果就是只要人人服气了就好，没有真正的公平这回事。你拿人家的东西，你就要还他；可是如果他拿你的东西时，也有他的道理，譬如你先前欺负过他，他用这种方式来报复。所以他拿你的东西，不单纯只是你的财物损失，还涉及你先前欺负过他的事，人家稍微打听一下就知道的；要他把东西还给你，确实没错，但是你要先跟他道歉。你跟他道歉，他把东西还你，这样的话讲完了以后，大家都服气了，不是只用计算。

在我们所谈的那个古代社会里，没有审判的仪式，公理也很简单。人有时候之所以会犯错，是出于冲动，然后起了冲突，但谁对谁错的问题非常容易理解，所以马上就可以进行调解。调解人不是要讲一大堆话，重要的是她要有那个大妈的身份。所以，延伸到古代的整个生活状况，有一些带有口字部首的字，你当它只是一个容器，那实在是过分保守的解释。夏代的"王"都叫作"后"后羿、后稷等，不是吗？

后，甲骨文 𠂤 = 𠃌（卡，令牌，或手）+ 口（口，号令、命令，或女性身份的象征），表示最高的掌权者。

后其实就是王。"后"这个字，很明显有手，就是有能力。那底下为什么这样写？我要说的是：白川静不合理的地方是，第一，很重要的容器为什么不是拿在手上，应该要拿起来看或高高举起来，反正就是亮出来以后大家都要敬礼，那应该是要放在手上的。所以，放在底下是什么意思呢？造字学也不能够这样违反人体工学的原则。放在底下肯定就另有一个道理，那不是指容器，而是指身体的下方，代表着人的性别。所以"后"就是后来大家都知道的"女王"，到后来才变为"帝后""王后"。"帝"字是很晚才发明的，最早的时候全都叫作"后"。甲骨文直接告诉你，王就是母后。这是非常简单的道理，很多地方都可以得到证明。巴霍芬当年很辛苦地到了爱琴海的小岛上，乃致穿越小亚细亚半岛，去搜集一些资料。事实上在中国，有些时候不需要做实物考古，而是从文字学上就可以找到答案。这样的母权不但在治理国家时使用，在社会中也是。我们现在举这两个字，一个是"公"，一个是"后"；"后"多数用在国家或酋邦的领导人，而"公"则是小社会当中可以调解纠纷的人物。在这个母权系统中，从上到下，大大小小的事情都是女性在做主的。

"欲"：需求与经济学

我们从这里延伸开来，再想一想：在人的社会里，在所有的经济活动里，你会发现有一个很急切的道理，就是经济活动中"需求／供应"两者间的平衡。什么是需求呢？就是你所要的东西。对你而言，什么东西是你首先的需求？你们通常以为是食物，但其实不是。人首先需要的东西就是人。每一个男人／女人都要有亲爱的伴侣。我们常以为"供需平衡"是在讲"货品"，但我们都忘了，其实人的需求中第一序位是"人"，接下来才是东西。因为在亲密的需求当中包含了繁衍后代，而繁衍的动力来自欲望。这样的事情难道在古代社会里的人不晓得吗？不但有此理解，而且很明显。在字的表现上常常是赤裸裸的。好，我们现在就来看一个更特别的字：

欲，金文 𲈉 = 谷（谷，高深空阔的消整）+ 𰯮（欠，叹气、不满），表示永不满足的贪求。

这个字的主体是在"谷"，看起来像是山谷的谷，其实在古音里读作

yù。你们从哪里可以发现呢？譬如沐"浴"，还有富"裕"，不是都一样读作yù吗？至于这个"欠"，像是打呵欠一样，一个人做出欠身、呵气的动作，那是辅助的意思，就是说：有一个主体，他现在已经开始有动作，开始呼求，说出"我要什么"，这就是"欲"。这个欲的主体，也就是山谷的"谷"字，到底又是指什么？问题又来了。你知道山谷在地形上也是凹陷的地方，这个"欲"就是"谷"里发出的需求，就是所谓"需求"的原型了（见章后注释1）。

"母"一直都是构成我们人和人之间一种基本关系的核心。我们在讲男女的时候，一直在想男人、女人之间的关系，其实更重要的是母亲和孩子的关系。这样的关系，才是真正最重要的那一"伦"的关系。先有母亲，后来才生了孩子。她即使过世了以后，只要摆着一个娘在这里，一家就会很平安——他们相信这样。兄弟妯娌互相拆墙的时候，摆了一个妈妈的样子，大家就会和气了。就像老子说的"谷神"，这"谷神"虽然一直在那里流传，但传久了，后人会遗忘，不知道它在传什么。

我一路讲下来，到这里你们应该会了解：母权社会用这样的方式来建立一个社会的公理，但那公理真的不是我们今天的公理——今天的公理就是法律。任何在民法上不能解决的，就要推到刑法。

古代社会为了维持"安"的状态有它的道理。这道理不需牵涉任何武力的问题。只是说："你对不对得起你娘？""对不对得起你姥姥的在天之灵？"她在天上看着你，你们在吵架的时候她会不高兴。任何犯罪的人听到以后最好赶快磕头道歉，把你的罪给补偿过来。这样的天理论述之中没有任何理由需要用到枪械武力。所以，从这样的一个母权社会里发现：整个社稷（社会）里，大家都活在这样的道理中，那时候武力确实是次要的东西，摆在一边备用而已。我上次解释说：为什么汉字里面的"自我"会变成那样的怪字？那个"我"就是用一个备战的状态写下来的——父权时代来临，逼出了这个字。

转型时代的关系形态

社会在朝向父权转型的时候，武力的使用就会越来越多，之后就变成一条不归路。慢慢地使用武器来夺权，然后变成真正的统治者。后来对着那些妈妈们，都叫她们闭嘴不要讲话，久了以后统治者就转变成了爸爸。夺权后，正确之道已经不是走向女人那边，而是男人要她过来这边。这样叫作"嫁"，叫作"归"。只让女人到男人"我"这里来还不保险，最好是一到"我"这里，"我"就把门关起来，不准出去。以前女人在管男人的时候并没有这样的，不用把人关在那里，白天的时候你自己回去就好。可是男人管女人就一定要把她关在屋里，这不只是爱情的拥有，而是保证你将来只能生我的孩子。唯一的保证之道就是把你关起来。从头到尾你能有的生育机会就只限于跟我而已。这就会生出我们现在更熟悉的"男女关系"，女人变成男人的所有物、附属品。这种社会形态事实上已经造成了巨大变化，而在性别关系上产生的权力变化也让生活方式产生了系统性的改变。

早期有一个过渡转型时代，还没有规则说一定要把女人关在家里，甚至还会制造出一些节庆，让男男女女可以自由出行："仲春之月，令会男女，于是时也，奔者不禁。"（《礼记》）女人即使嫁人以后，她去外面干活时，人家会看到你很漂亮——在《陌上桑》中，你知道是在讲什么吗？有一个很漂亮的少妇叫做秦罗敷，她出来采桑时，田边一些经过的老老少少会把东西搁在一旁，停下来看她。罗敷被看的时候还感觉蛮光彩的，只会对他们嫣然一笑，然后继续采桑。所以你得知道，那时至少也有这样的男女关系。当然看了以后很可能就会觉得心动，想说晚上到我家好不好？果然有一个骑马过来的人，就说："谁家女人这么漂亮，我看还是跟我在一起比较好。"这时候秦罗敷马上就停下来喝斥他说："使君有妇，我有夫"——你怎么可以对我讲这种话呢？但这个美女在工作的时候，旁边确实有一群男人在那边看她，大家都知道看美女是合理、合法、合情的。会不会互相勾搭呢？有的不会，有的会，这在转型期里是一大变数。一直到周代的时候，要建立嫡长子制。"嫡长子"就是帝王生的第一个孩子。但我们晓得这制度事实上还是很难保证孩子是不是他的，因为王后在归嫁之前是不是曾经"奔"过，没人知道。

传说里周代的第一个大妈叫作姜嫄❶，她生了一个孩子叫"弃"，没说什么原因，就把孩子给丢弃了。这种事情最可能的情形就像马利亚的未婚怀孕一样，最后必须动用一本《圣经》的神话来保证她的童贞。姜嫄有"履大人迹而怀孕"的神话，但掩盖不掉的是孩子来源不详（不祥），必须遗弃。可是这孩子竟然有很多的兽类来保护他，喂他吃奶，结果"弃"这个孩子奇迹般地活了下来。妈妈看了以后才觉得他确实是天神所赐，把他带回来养。后来这个弃就成了第一代的后稷。后稷就是周人最早的一个部族领袖，历史上留着他们母子的名字。弃这个人之所以叫作后稷（谷物之王），就是因为他"教民稼穑、树艺五谷"，但农作物的道理是由他的妈妈传授给这个孩子的。换句话说，谁才是真正的建国始祖？其实应该还是姜嫄吧。姜嫄把种植五谷的技术教给他的孩子，所以这个称号"后稷"应该是给妈妈的，后人不知，就给硬掰成男性的第一代君主。这个道理一再地反映了母权到父权之间的"转型期"很难挨。他们仍然一直把"王"叫作"后"，后来才慢慢改掉的。

---

❶ 有关姜嫄的传说，在《诗经》《史记》和《列女传》里各有不同版本的记载。

女性推进的技术发展

　　另外还有一些更有趣的事情，就是有很多重要的技术，包括陶器，就是新石器时代用火把土烧硬做成容器的科技发展，当代的很多考古学家都在问这个基本问题：动手去做陶器的，到底是男人还是女人？我们刚才说，男人到田里工作，不然就是去巡逻、打仗，他没有机会观察到火可以把土烧硬，然后就可做成陶器，但女人就有机会做这样的事情，并且她自然会想到：本来我就会用土捏成容器，只是用久了就发现不够牢固，而偶然发现被火烧过的土会变硬。然后她就凭这发现来制陶了。制陶最重要就是能把土变成容器，但是，做容器——男人和女人，谁比较会想到呢？这种问题你会觉得很怪——容器，有容乃大的这种器物，容什么呢？考古学家若同时也是诠释学家，他就会联想到这器物跟身体的关联：每个女人的肚子，它可以膨胀到这么大，它可以孕育生命，还可以把孩子生出来。女人的身体本身就是一个容器。男人有这个容器吗？男人当然有肚子，跟女人一样吃东西也会拉出来，但是东西不能停留在里面。你要是肚子胀气，或拉不出来，会很难过的，男人只知道这件事情，但不知道有一个生命可以在你肚子里长大，最后生出来。大部分女人都会经历这个过程，因此女人都知道自己的身体就是一个容器，而且所容的就是最重要的东西——下一代生命。所以女人很容易想到用土捏成容器，后来还可烧成陶器，这就是在母权时代，也是新石器时代转型期的发明。但我们在考古学上不太情愿承认这个功劳是母亲的。有一派考古学到现在仍然在硬拗，说那时代出现了很多"男根"的象征，所以那时候部落里的母亲不见得有资格做出这样的东西。好，你若要否定这个，我就再给文明史加一道考题：编织术、纺织法。

　　我们刚刚说采桑，其实就是为了养蚕。蚕吐丝后就缲丝，把它做成编织品。更早的时候是编绳子。用麻或树皮，种植以后把它打碎，变成纤维，编起来变成绳子，更可以织起来变成一片布，织出衣服。这种事情到底是谁在做的？我们一样要问的是：究竟是男人还是女人会去做这事情？结果全世界的考古学家异口同声地说：“这些事情都是女人做的。”编织术是由女人发明的，在整个人类发展史上，这一笔贡献一定要记住。编织出现之后，带动整个文化发生了很大的变化。我们原来烧制的陶器，上面都没有花纹，后来勉强刻一刻总算有了点纹样。到了后来，上面的花纹变得更为复杂，这是研究彩陶文化的人都知道的。陶器烧好了之后，才在上面画上很复杂的纹路吗？这在制作过程上会很困难。有什么办法可以让陶器烧好的同时，花纹就跟着出现呢？懂的人就会告诉你说：在陶器捏好拿去烧之前，用草绳裹住陶器的土胚外面，让它风干了以后才拿去烧。烧的时候是连着绳套一起烧的，烧完以后，那图纹不就像上了釉一样烙印在陶器上了吗？编织物上可以有多复杂的图样，陶器上就可以有多复杂的图样。因此可以看得出来：陶器和编织物之间有这么密切的关系，我们是不是又可以间接地证明陶器其实是掌握在那些会编织的女人手上？换句话说，是同样的一群人在工作。

从历史拓展出的想象力

后来我们发现有个重要的帝王叫“尧”，文字学和考古学也一直追问“尧”这个字到底是怎么回事？从古以来一直流传这个像是某君王的名字，后来大家发现，在甲骨文里，它应该是这样的写法：

尧，甲骨文像一个人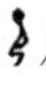肩扛着陶器。籀文像两个人头顶着陶

器的土坯 ⊥ 。篆文 ⊥ 像一个人 ⌒ 头上顶着好几个陶器土坯 ⊥ 。

换句话说，上面的部分不是土，而是两个陶瓶，所以尧的国名叫作"陶唐"，也说明了此国的特色在于制陶。至于"唐"，这不是唐太宗的唐，这个唐是一个在屋里的"君"，我只要再暗示一下：这个字下方的"口"字，我们已经谈过很多了。我先撇开，回来谈尧。尧这个人是一个制陶大师，请问他到底是男人还是女人？我们现在讲"尧舜禹汤"的时候，你们都不会把他们想成女人。

在漫长的文明史当中，男性、女性之间的关系到底是怎样？男性、女性之间的一夫一妻关系也可能是"相敬如宾"的，到后来一对夫妻之间说要维持一种"平等关系"，老实说那只是一种人为的道理。当一夫一妻制定下来的时候，它根本是表面上如此，在实际上大多是一夫多妻的。那时候女人就是嫁到男人家里来，叫作"妇"，是家里的女主人。后来家里的女人多了，第一女主人叫作"夫人"，下面这些小老婆叫作"二娘""三娘"。从一夫多妻开始就没有平等这回事。现代利用法律制定一夫一妻制，它是非常人为的，说这样子可以平衡人口，或是平衡人权。每个男人都找到一个女人，每个女人都找到一个男人，这样就达成了观念上的"平衡"了。

谈到这里，我们到底在辩证什么？以我们所处的时代来谈男女关系，我们一方面看腻、听腻了这种种关系的模样，但我们很难理解的是：我们仍然陷溺在男权/父权的包夹之中，我们沉溺在缺乏想象力的黑盒子里。因此，我们逆向回溯到母权社会和人类婚姻史，扩大我们对于男男女女关系的观点。如果不从这里讲起，光看现代，一方面好像很有秩序，另一方面又觉得光怪陆离。但我们在人类的过去经验里，重新学会看待我们今天觉得搞不懂的事情。这样，我们才算会用"男男女女"来思考男女关系了。

欲望与人类婚姻史

学员提问

　　我一直很好奇的是，人的占有欲跟婚姻制度，甚至跟我们的性，还有我们的情感，我知道这四者都可以单独分开，这有它的荒谬性，可是我一直不太了解到底要怎么去解释这种荒谬性？或是它的不合逻辑之处。

　　荒谬不荒谬？这个问题就是：自古以来就有一定的法则，但同时也在混乱中交叉在一起。你去看婚姻史的著作，从 19 世纪起就有很棒的人类婚姻史著作，在图书馆可以查到很早期的作品，譬如《人类婚姻史》《婚姻进化史》这样的著作，解释人类的婚姻史，从复婚一直演变到单婚，《婚姻进化史》作者是缪勒－莱尔（Franz Carl Müller-Lyer），你可以去找商务印书馆"汉译名著丛书"之中很早以前出版的一本翻译书。他说的是婚姻史从古到今的演变，到了近代以后几乎都表现成一夫一妻制。但这几乎不可能是婚姻的实情。男人在获得权力以后，他的欲望流动，可以说是谁也管不住的，欲望不会止于这里：人类的欲望有些时候并不是你现在看到的那样，由法律一言而定，而是有一点像在预测台风，永远都预测不准。但只要它是一种力、一种动能的现象，就算用卫星定位来扫描，还是预测不准的。人类的欲望大致上就有类似的性质。用法治去管欲望，有些人愿意去配合，发展出忠贞，就是互相之间的承诺，然后把它当成一个最高的美德。但这种美德本身不是金科玉律，不是绝对的，也就是说，这个世界看似在这个金科玉律之下，但还有很多像电影那样的故事情节——那最忠贞的夫妻，不知不觉就出轨了。

这种现象，最近有一对社会学家贝克夫妇（Ulrich Beck & Elisabeth Beck-Gernsheim）写了《爱情中的正常混乱》（*The Normal Chaos of Love*），说当代的混乱关系已经变成一种常态了。也就是说，你要用过去简单的基督教原则或儒家的伦常原则去讲现代这种婚姻，是没办法老实讲的。一旦女性获得了经济自主权之后，她不会甘心屈服于男性，她也要有她的自主性，所以这时候"忠贞"的问题就变成"互相较劲"的问题了——就是谁比较行，谁就找到他要的人。于是，现在已经不是那种古典的时代。女权越来越强势之后，新范式就是她的解放。但你回到上古时代去想，原来那时候的女人也是如此，对吧？连研究倭黑猩猩的动物学家也发现这样的人（猿）共同性。所以，你要讲欲望有没有一些法则问题？有时法则是方便我们日常生活的一种简单管制，或简单理解，但是在这理解和管制下，这种简单的混乱又可说是很常见的。

自古以来的多元形态

学员提问

双方关系是不是只要协谈好、协议好，不管是什么形式，其实跟这个社会价值是可以不必兼容的？

譬如一对老夫老妻，鹣鲽情深，我们都知道他们结婚了60年，双方都九十几岁，还牵着手在公园里走。很多人看到了都非常羡慕。没错，他们确实会受到人家的尊崇、称赞，但是能做到的人毕竟已经是少数。我要说的是，你把他们当作楷模来崇拜，是可以的。但如果要所有人都做到，那是不可能的。现代社会崇拜的偶像不是都做成了玩偶让人收藏吗？说实话，你用统计数字一看就会发现：现在离婚率很高，一个男人结了两、三次婚，一个女人也是。这样的比例已经高到让那些维持一世夫妻的人变成了少数。你可以说，当代是一个很多元的社会，可以有很多的变化，但是这变化不一定都叫"乱中有序"的。应该说，我们很难预测。譬如你刚才讲到情绪上的占有欲，这也不知道是不是人类天性的一部分。理解它不是为了给它秩序，而是了解自古以来这样的现象一直都存在。所以就不要大惊小怪，放宽心一点去看待这些事情。

那你要如何对待你自己的伴侣呢？那也是看着办的。看着办就是我跟你之间有一个互相的盟约，也就是可以说"我是你的女人"。可是有一天我觉得不太对，就是问你说："你是不是在外面有女人？"你说："怎么会？"你回答的时候没有看着她说："不可能，没这样的事。"然后她说："我闻到了你的衣服、袖子、内衣，有一点点味道。你说我很多疑对不对？那你证明给我看啊——你眼睛看着我，看着我回答。看我！"当她这样逼问的时候，你会发现这个男人真的是逃不了，最后只能说："你的鼻子还真灵……"在这种混乱的关系当中，她也是用一种很灵敏的侦查方式来探测的。所以现代年轻人就想：都不要结婚，不就好了？高兴的时候待在那儿，不高兴的话就走。这是他们目前发展出来最好的方式，好莱坞也在量产这类故事，不高兴的时候把东西收一收就走了。可是看看这房子，到底是你的还是我的，我要走的话我一定要有足够条件才走得了。累归累，累完了以后你还要找到一个平衡点。你不能说累就被打败。不能说算了，没这回事。你也要算计好，有某种胜算的时候，你才能够出手去摊牌。你跟那个男人说："你是不是在偷腥？"然后说得很清楚"你就是"。那个男人说："对。那你要怎样？"你说："你给我出去。"男人说："不行，这房子事实上是我的。"你说："好，是你的没问题，但我们要算清楚——你的股票全部归到我的名下。"反正我就是要有办法。

我们这样说好了：你不服气吗？现在我们不要去管法律的问题，而是来讲道理——你知道理亏的人是你，我们要争的，叫作天道公理。这在几千年来都很清楚。是你出轨而我在家里洗衣服，搞了半天就是你对不起我。所以最后分财产的时候，就是理亏的那一方要想办法补偿损失的一方。是他们自己这样算出来的道理。所以你就要在有胜算的时候才开战，懂吗？没有胜算的时候不要动手啊。可是我要说的是：很多现代的女人都已经胜券在握了。

学员提问

我听过一个最新发现，在猴子的世界，有一种猴子就是所有的女性都住在一起，然后所有的孩子就归所有的妈妈一起管，而所有的男性就共同去打仗、去找食物，回来就共同去养所有的女性跟小孩。不晓得人类社会有没有类似的发展现象？

这我可以谈谈，因为我知道你讲的是哪一种猿猴。到了 20 世纪 90 年代末，有一群新的猿类被发现。它们虽然跟黑猩猩长得很像，但个子比较小一点，大家原来叫它们"倭黑猩猩"，后来发现不对，目前在动物学里就把它们叫作"巴诺布猿"（Bonobos）。这种猿猴的社会确实比较像是母权制，但是不完全如此。它们的雌猿、雄猿会混在一起，但有一位日本的动物学家观察到，那一群猿猴里的老大，看起来就是雌猿。它的身旁有两只雄猿在互相争抢东西。这只雌猿还背着一个小孩，它一看到那两只雄猿在打架，就把旁边的树枝抓起来，走过来威吓一下，那两只雄猿就马上分开，不能再打下去。换句话说，它已经把那两只雄猿给制伏了。我不知道它们会不会讲话，但一定会做一些动作，就把事情摆平了。那只母猿被人长期观察，也有人给它取名叫作春子（Haruko）。美国国家地理频道就有这样的影片。黑猩猩的社会还是很典型的雄性统治，就是以最大的雄猿为整个黑猩猩群队里的老大。可是在巴诺布猿的群体里则是雌猿当老大；而且，有趣的是，她有很多"小妾"黏在她身边，就像她的"婢女"一样伺候她，而伺候者当然会得到很多好处。那些雄猿猎到的食物就是先供养她这只大妈。分食物的时候，旁边几只雌猿就会立刻分到许多好处，接下来才分给那些有功劳的，就这样分下去。它们也有一套统治术，也有一套社会规范。跟巴诺布猿相比，黑猩猩的暴力倾向要强得多，有许多暴力攻击，或是互相之间争夺权威位置的行为。巴诺布猿比较和平，内斗和向外斗争都比较少，但它们比较弱，如果被黑猩猩包围的话，大概就会被吃掉了。这种巴诺布猿被发现时，大家都争着想要对它们进行积极保育。如果从血缘基因来看的话，它们是距离人类更近的。黑猩猩与人类在基因上已经有 98% 的接近性，但巴诺布猿比黑猩猩还要更接近人类，譬如它们的直立行为比较多。在研究人性的时候，我们以为参照黑猩猩大概就可以看出人的本性。后来发现黑猩猩实在太暴力了。它们如果没东西吃的时候，看到有个母猿抱着一只小猩猩，会冲过去把小猩猩抢过来撕裂分食。这些残暴的画面都被拍了下来。但是在巴诺布猿的群体里从来没观察到这样的事情。所以，我推荐这本研究巴诺布猿的书，《第三种猩猩》（*The Third Chimpanzee*）——这是在两种猩猩之外，把人类视为"第三种猩猩"，来探讨人类的未来。很值得一读。

生小孩永远都是个重要的考虑。生小孩牵涉到一个生命接下来要谁养？这不能够跟纯粹的性爱搞在一起。现代人避孕的技术这么发达，怎么会随便让人怀孕呢？怀孕通常都在计划之内，那种不小心搞出来的事情现在少见了——特别在短暂、偶然的性关系中。今天事实上没有人会笨到这种程度，随便就怀孕生子。现在的人反而是想要生孩子却生不出来，这才是麻烦。想要通过共同养育孩子来形成一个家庭的气氛，这样的家庭其实已经不单纯只是爱情的延续。只要开始养育孩子，孩子就会变成家的核心，以及重担。夫妻从爱人关系变成父母关系，这是很大的变化。年轻人如果没有学到这一点的话，可能需要去上一些心灵课程，告诉你爱情变成婚姻之后，要生一个孩子、养一个孩子，不要只说这叫作"爱情的坟墓"——那应该是一种"爱情工业"吧。一个家庭就是一个新工业的发展，要当作一个企业投资。投资在孩子身上，我们大家都算过：一个孩子光是养育，从小学一直到大学算一下差不多至少一百五十万，大家都知道这是一项投资。而且养了孩子之后，有时真的不是用投资回报来计算的。有些人说养儿防老，但也有很多人养孩子只是要让家像一个家。父母和孩子一起生活是一种情感上的需求，至于会带来一些什么后果，其实这对夫妻也不能预料。所以现代连中学的课程里都应该对此要多着墨一点，多谈一点婚姻生活里关于家计和养育的事情。

从女性作为主角的方式重新看

我们今天谈这些事情，其实是把这男男女女的问题从女性的角度来重看整个历史，这多多少少可平衡我们过去过于强调的单一男性视角。单一男性视角产生的各种关系现象和制度，好像再怎么不合理你也只能去接受，是不是？所以我就设法对它做个辩证的逆转——把历史扳回来看看，就是从女性作为主角的方式去重新看，也可以看出许多另类的历史。或是你从权力的角度去看，经济的角度去看，其中会有各种各样的道理。你把这些都想过一遍以后，如果你自己本钱够的话，可以跟现在这个混乱的社会产生谈判的关系。你的脑子够灵活的话，你知道的可能性就会有很多。当我讲到关于亲情的部分时，回想起一件关于生活传统的小事情，非常打动我。

从小以来，我的母亲都在家里担任管家。每当孩子犯错的时候，妈妈是要用打来责罚孩子的。我妈用来打孩子的那个东西，在客家语、闽南语里还都有特别的名称，叫作"竹筱"或"筱楚"，就是一束细细的竹子。基本上打在孩子身上只是会痛，却不会伤到你，所以那其实已经是一个设计良好的管家工具。这样打孩子表示那是一种母爱，该打但不要打伤。母亲告诉我的时候，我很惊讶。她读过中学，有上过类似的课程。老师说：你要当妈妈，打孩子的时候记得要用"筱楚"先打打自己的脚。啪啪啪打三下，再来打孩子。老师告诉她，这是"打在儿身，痛在娘心"。打孩子的时候自己斟酌一下力道，不要把孩子给打伤了。亲情里就包含着这种非常细腻的教育方式，也可以传承下来。

我们现在还可能有这么细腻的教学吗？母亲要怎么对待孩子？还有婆媳之间要怎么相处？这些关系本来就是问题重重的——因为不是你女儿，又要装成女儿的样子，你该怎么办？这也应该是家庭教育的一部分。一定要结婚的话，就一定会产生这样的问题，所以，后来采取什么方式呢？——躲避婆婆。现在的女人只要有能力选择，买房子的时候就会选择靠近她妈妈的家，而不要靠近婆家。这个现象，房屋中介清楚得不得了。这是人性的表露，所以你必须要把它放进我们所谈的道理和原则里面计算。女儿跟妈妈亲，可是不跟婆婆亲，这是一种社会现实，不要大惊小怪，这都是一样的。我们平常装在脑子里的原则就是太僵硬，所以要通过我们这样的建构论来作逆向思考，把这些非常基本的人性原则算在里面。

现在有涉及孝道的研究，有人研究很久之后，发现那些研究全都崩盘了。考虑要买什么房子、买在哪里的时候，稍微有表达权利的女人几乎有 90% 会说："我不要跟婆婆住一起。"那孝道研究说有接近 50% 的人愿意同父母一起居住，那样的研究结果太经不起考验。你以为可以预测她的行为，可是那是男人才会给出的答案。儿子当然回答说："我和我妈住一块儿，让我老婆委屈一下，来伺候婆婆。"可那是女人没机会讲话时才会发生的事情。房产中介也不问你孝顺或不孝顺，只问你要不要跟婆婆住在一起，就发现 90% 的女人不会接受。这也是我们一直以来的盲点：不单是有关性的问题，还有伦理问题，很多都不是我们以前的法则可以讲通的。所以现在大家心里有数，你必须要让自己具备很多开阔的可能性，包括出了所有的乱子，你都能够晓得在心，也包括让自己有胆量去试试看。

今天就谈到这里。我们的问题是：对于男男女女，我觉得以前我们实在不怎么清楚，以至于一直活在很片面的神话当中。女性可以成为主人，这现象自古就有。你了解这现象，应该可以增加我们对未来的适应——对女性、对男性，以及任何的性别都是如此。

注释

1 我如果径自说"谷"就是女性，有很多的文字学家不太愿意这样解释。很多考据学家故意闪躲，可是等他们看到《老子》的时候，就再也不能避开。因为老子就明明白白地说："谷神不死……是谓玄牝。"母牛、母羊叫作"牝"。"匕"代表雌性，"玄"就是黑色。"牝"基本上就是指女性。

第八讲

忠与恕，好人与人……这还只是心理学吗？

思想史上的精英们所谈的天人之道，常常不足以描述一般庶民的生活经验。其实我们都知道，在人之间有所谓"君子和小人"的分类。事实上我们都不能避开这些语词的用法。但思想家们一谈到"小人"，就一定只带有贬义，甚至是谴责的用词。在文章里出现时，他们不可能替小人讲句好话。但我有十足的理由，要修正这种说法，就是把"小人"视为我们整个生活里的一种心灵状态、关系状态，甚至道德状态。它确实是可以这样理解的——我们很多人都有这种共同经验——在很多地方，我们都是小人物，或就是小人。但你不会因此而说我们可以不顾公义，想把这状态当作自己的另外一面，可以在此安身立命。我们不是要把理想搞垮，只是我们该知道：有时候人人皆无可避免。

　　这样讲的意思是说：在一个传统典型里，语词的意义常给锁死了。因此我们不能接受那样僵死的语意。应该说，我们需要把它转化成我们可以理解的语词，让我们可以用刚才讲的那种种"状态"来理解它的意思——这个常用词本来可以指什么，以及后来如何被滥用而僵化成人人都要避免却明知不可避免的"状态"。

　　人的胸怀可以有多大？你会发现，我们过去谈小人物或是其他人性败坏、沉沦的时候，我们都自以为拥有一套泾渭分明的方式可供我们谈论，其实那不是生活状态里的实情。所以我现在才要说，我们有机会回到汉语的语言传统来寻找意义，但我们不一定要采取一种被传统定死的方式或字眼去谈。今天列出来几个题目，就是要用几个汉语库存中的语词，来回顾我们从开始以来所谈的问题：儒学的一个高峰期，就是从司马光到张载，究竟曾经发展出多少有系统的"人学"道理？

关于这个"库存"，有些人一看就会说：那不就是思想史吗？我认为未必如此。汉语是我们共享的公器，不是思想家的私藏，我们要用这种态度来重新认识我们自己的语言。

我先试图从张载的《正蒙》里挑出《动物篇》和《大心篇》两篇，想看大家是否能够看出一些苗头。但在这讲堂的现场，我马上觉得不太对：大家可能会有点畏惧和这些文字直接照面。我想，各位如果回去自己慢慢读，反而会比较轻松些——只是，换个角度来重新阅读，你会发现：张载所写的东西，有不少内容其实跟心理学（理心术）有很深的关联，且非常有意义。司马光是在宋代初期的人，但到了张载时，宋代的理学已发展到了一个高峰。我们先前谈到司马光时，我想大家大概还有一点印象，我曾经两次想告诉大家：在我们早期所谈的"心灵"，牵涉"心性"，或更深一点的"性命"之类的概念，司马光便已建立出这样一套语言体系，里面所有的范畴都可以说是这种学问所该用的范畴。汉语里确实曾经建立过这样一套语意范畴，但可惜思想家们并没有继续往下做系统的发展。流传到了张载时，张载在这些范畴之上发展出比较多的文章，虽然以现在的眼光来看，仍只是点到为止。张载跟司马光实际上没有什么特别的师友关系，只是在学风上产生了前后承接。我认为，假如有机会去看看张载的东西，他的讲法跟我们原先想要接触的问题有关，也就是我们在纲要上的第二点："天地、鬼神、心性、体身"。

天地、鬼神、心性、体身

这有点像我们先前提到的"总体系理论"，是指当代有些不同学门的研究者想要把多重的学问综合起来，建立一个总体理论。从物理、化学到生态学，构成了一整套的总体系——虽然我们提到的宋代思想家未必能够有这样的问题意识。在这个"总体系"之中，很多的生命和生态，平常看起来只像是生物学的概念，但其实它已把所有的生物、无生物都包含在内，构成了一个环境总体。人一定是活在一个生态体系中——光说人"在社会中""在历史中"，那都已是片面的说法。我们活在人文世界，但同时也是在一个生态世界之中，合在一起看就会发现，原来在宋代想要建立的思想体系中，大致上已隐含了总体系的概念。当我们讲"天地之心""天人合一"时，如果不要光把它看成古代玄学，其中就含有一个生态的概念："人是活在天地之间"。

张载大致上提到了天地、鬼神、心性、体身——最后这个词也可以倒过来写，就是身体。"心理学"讲半天都是在说有一个"心"，也认为那是人的核心。可是我们也说过，"心"的概念有一个非常大的陷阱或毛病，就是"心乃是人的内心"。我们认为心就单指自己的心，都是藏在个人的内在，结果变成了一个不可理解的东西。张载甚至说："人本无心，因物为心。"因此，如果我们想要理解它，就只好用各类的旁敲侧击（也就是"因物"），譬如改用各种建构变项，进行各类实验或测验，用估计的方式来"因物为心"。这些实验或测验的用途，是为了知道那称为"心"的"物"究竟是什么。但这样的因循求心之道，出了什么问题？

"由象识心，循象丧心"——这是张载的说法。如果以社会建构论的角度来看这种因循探究，那就得说：用旁敲侧击的方式就可以理解心，这是个神话——"知象者心，存象之心，亦象而已，谓之心，可乎？"——还不如干脆说：人的"心"本来就不是"内心"，而是"象"的反映。我们可以把这种心的意义扩大，"大其心则能体天下之物"，扩大之后的"存象之心""体物之心"，就是"我"，也就是一个"能体天下之物"的"人"。心理学其实可以不叫"心理学"，不叫 psychology，直接叫作"人学"或"personology"；

因为心理学（psychology）已经把自己定义为一种无法捉摸的东西。说成人学（personology），听起来更接近心理学的原意，再扩大之后，就叫人类科学（human science），研究的对象其实就是 human，是人。

把人说成 person 也可以，但 human 是指人类，humanity 指人类共有的人性。而 person 则指单一的人，以同样的造词法变成 personality，但翻译作"人格"却不太对了。譬如说我到现场来跟你见面，英文说成："I'm here in person"——我亲自到场。这时候表示我带着自己的全身而来，此时的 person 是指人本身，躬亲到来。我远道而来的时候不是光带着嘴巴来跟你谈，是整个人面对你，所以这样的一个人，是 person 这个字很重要的意思。同时，这个 person 其实伴随着身体。因此，心理学可以扩大，就是不要只讲心，而应该是讲人。这个人已经包含着"身"。

接下来的"体"这个字，把它和"身"拆开来细想一下，可以发现它和"身"的意思不太一样。我说"我身"时，一方面当然是讲身体，可是你有没有看过章回小说里，如果有位老太太出现，她会自称为"老身"，所以"身"其实也是指我。但在汉语里只有女人可以自称作"老身"，男人就不能这样自称。背后有个道理，因为"身"在甲骨文里面是一个大肚子的女人。这个字从侧面看，略掉多出来的部分，就是指一个大腹便便的女人。因此这个字原先的确是专为女性打造的。可是后来就混在一起了，我们说身体的"体"，当然不是在讲女人的身体，而是某种"尸"字形所指的体。

我们常鹦鹉学舌说"中学为体，西学为用"，但在那儿的"体"却不是在讲人类的身体。只是，若能用"体"这个字来取代"心"，它会变得更有效。让我们的心理学试试扩大它的想象方式，强调当我们在思考的时候，不只用脑袋思考，而是整个身体都在思考。我在建立人际关系时也不光是用眼睛或嘴巴，而是用整个身体在产生关系。所以"身"和"体"才能变成心理学的新单位。这个"身体"的意思，是指我们被皮肤包着，还有五官在上面。但你会发现：皮肤并不只是把你包起来——皮肤让全身的表面遍布着感受器，你的皮肤会感受到气温、触动，还会传遍身体。整个身体被包着，但同时又是开放的，是这样一个遍体感受器。

心灵散布在你周遭

你若能开始这样想，那就不必再去想"心是什么？"，以致越想越神秘。我们一开始就讲过："心"是古代的人认识错误，把心脏当作是脑，后来稍微修正了一点。今天我要重新修正一次，因为人的脑也并不是一个人真正的主宰。我们以前提过格根的说法："脑并不是在主宰着你，而是你在主宰着你的脑。"当时在场有人问："那'你'是谁啊？"记得吗？我觉得这个现象很简单，如果你在用脑，就是你的全身正在用你身体的局部——"脑"。因为你的身体其他部分基本上是不会思考的，你身体的器官、肌肉、骨骼应该都不会思考，但它们为什么可以对脑下命令呢？

不要怀疑这个说法。身体对脑下命令时不是在讲话，是把全身神经里所有的感受，甚至于自己肢体动作的记忆，都回收成信号，送进脑里。当这些体感进入脑时，脑就已经在听身体的命令，开始做某种事情。所以是你的身体在使用你的脑。这样讲会比现在的脑科学要宽阔得多——果然"整个身就是你"。把从前那个叫心的东西，换成了"身"，才是更准确的，不要把心直接等同于脑。

我们这么讲的时候，当然是使用社会建构论的概念，但这里特别有一句话，对我们而言是一个新的命题——"心灵散布在你的周遭"。心灵不是在你的里面，而是散布在你的周遭。而"你"就是你的"身体"，周遭的万事万物构成了一个好像是个"场"（磁场）的环境，我的身体、我的感受，包括视觉、听觉、冷热感、触感，我所身处的各种各样的方式情态，形成了一个遍布感受的"场"。

于是，我的"场"在中文里也可以翻译为"心"。"心"事实上就是跟你的周遭混在一起之后所构成的东西。这时我们就可以把"心"叫作"自我"。用这种方式重新翻译，在社会建构论就会把它叫作"社会心"，也就是说：心不是藏在你里面，它已经变成了一个社会场在运作了。

这里传达了一个重要概念：我们回头去谈，采用了汉语体系来重新建立一个理论，但最后面对心理学要谈的东西时，都应改用"人学"的方式去重新思考，并且把"心理学"改叫"理心术"，为了包含"整个人，包含了他所在的磁场"。事实上那个磁场也在运作，所以心理学不再把"心"视为一个固定在那儿，不是一个可以把它停格、拍摄、描写的东西。不是这样的，它其实一直在那个场中运动着。这运动就包含了磁场中所有的运动。我整个人是一个操作者，动个不停。总之，它可以把"身心"合起来，构成我们之前说的"人学"，这时候人已经变成用"社会心"，或是变成散布在磁场中的人，在那儿运作。

与人为徒

从这个地方谈起，一方面我们是在回顾，另一方面也提出几个我觉得有趣的主题来继续发展。这都是在回顾我们的传统，但过去我们对传统的理解及运用的方式可能一方面落入过分滥用的口号，另一方面却又不知所云。譬如我们会以朱熹当作经典的模板，当作科举考试的固定门槛。很明显地，升学主义从唐代之后就开始了，大家都很清楚入学就是为了要走上仕途，所以我们知道他们在读书的时候已经偏离了圣人之心，但他们自己都不晓得。"读圣贤书，所为何事？"对于科举制度中的大多数读书人，都是个巨大的讽刺。

现在倒过来，看到庄子之类的人在嘲笑那些汲汲营营想当官的人。大家该注意到，日本汉学家白川静写孔子的时候，就写到了颜渊，他说在《论语》里，颜渊其实也没有几次出场——总共被提及 25 次，说话或被说，都很短。但另外一些书里出现的颜渊，话说得比较多，在哪呢？在《庄子》，还有《荀子》等其他地方。庄子很喜欢谈颜渊，我们常会怀疑他的真假。白川静经过考据以后这样说：颜渊因为才华出众，孔子特别欣赏他，虽然他年轻，可是以当时的风气来说，任何一个有才华表现的人，马上会有徒弟跟上去拜他为师。司马迁谈到：孔子之后"儒分八派"，其中就有一派是"颜氏之学"。所以颜渊虽然年轻，也肯定有自己的一些徒弟。章太炎就认为庄子是出于颜氏之学。颜渊是个奇才，在《论语》里，子贡自称自己"闻一知二"，但颜渊则能够"闻一知十"，所以孔子就对子贡说："吾与汝不如也"。所以他确实可能有他所传的一个学派，只是这一派被孔门的弟子排斥，所以这些人后来流传了一些跟颜渊有关的东西，就被收在儒门对面的《庄子》书里了。

圣人之徒："颜渊"谈"三徒"与道家之"坐忘、无心"

《庄子》里颜渊的故事不完全是杜撰，各位现在看一段就知道。颜渊跟孔子对话，孔子问："经过这么多学习以后，你能否总括地告诉我，你学会了些什么？"颜渊说：我学会三条很重要的原则，就是学会了"与天为徒""与古为徒""与人为徒"。徒，不是当徒弟，而是跟随它，与它相邻。这第一原则"与天为徒"是说我与天之间是互相作伴的。第二原则"与古为徒"，我想大家都很清楚，因为孔门就是把古圣先贤当作典范楷模，尧舜禹汤到周公之类的都叫古，所以颜渊这样说，是指古人就是所有人的典范，这在孔门不令人意外。然后颜渊说了第三个原则是"与人为徒"，意思是要去了解身边的人和人事，能做到和人人都一样。

孔门讲的道和术，颜渊果然就把它落实到生活中，"其心三月不违仁"——这是我们在《论语》上看到的颜渊，但他的仁不只是这样；这个"闻一知十"的人可以把"仁"的道理发挥到什么程度，我们无法得知，但这个"居陋巷、一箪食、一瓢饮"的人，很显然就是跟下层阶级的人住在一起。他的"仁"能体会别人，就可能源于他所说的"与人为徒"，也是他从孔门学来的一个很特别的境界，其他那些"学而优则仕"的同门师兄弟们都只能停留在"士（仕）"的世界里，无法做到与平民同甘共苦的境界。

我们来比比看，各位听过曾子说："吾日三省吾身：为人谋而不忠乎？与朋友交而不信乎？传不习乎？"——到头来是不是变成了一种自我中心论？所以曾子所做的三省（也就是"学而时习之"），究竟是不是学到了"仁学"？实在不无疑问。曾子这个人，孔子说他有点儿鲁钝，他所思所想的还不是孔门的正道。因此在众弟子里，虽然孔子过世以后他变成了一个重要的传人，但真是很不幸，如果这传人是颜渊的话就好多了。

历史就是这样的安排，我们没办法选择，也不能跟它抗辩。因为颜渊早死，所以后来曾子以及其他几位后进在传孔子的道，很多地方都是失准的，把孔子的意思给扭曲了。颜渊说了："与天为徒、与古为徒、与人为徒"，其中的"与人为徒"，是指我身边的所有人都叫人，不只有士君子。颜渊能讲出这样的话，表示他已学到很全面的"人学"。然后，庄子在此作了一个姿态，表示："孔子说颜渊这样已经很好，总结了自己学到的，但你这样讲是不够的……"这时候庄子可能只是借孔子的口说话：你讲的东西确实有可能已经是集大成，但你少了一样，你应该要进一步学习"心斋"——这是个怪词，以致颜渊会有点心虚地问："心斋"到底是什么？要怎么做？孔子给了回答，但又借颜渊的口进一步说：他在心斋之中还学会了"坐忘"，就是能把所学到的东西全部忘光，这时候他可能达到了最高境界。这极可能是庄子的演义。孔门一直是很入世的，尤其到了弟子传道的时候，更是一发而不可收拾。可是当我们有意要说：入世的最后结果不是要去当官，宁可把以前学的全部忘光，这样叫"心斋""坐忘"，在此："心"果然走上一个很正当的安身立命之道。果真如此的话，那已经是颜渊本人对孔门的叛教了。

《庄子》之中的颜渊是历史公案，不见得全然可信，但我只是要说：当颜渊能够提出"三徒"这样的道理时，庄子认为他没有说假话，他的知识连孔子都认为已是"人间世"里的全面性了解。但后来进一步提的"心斋"和"坐忘"是道家的更上一层之论。后来的道家跟儒家对抗的时候，要作出一种姿态：那些汲汲营营奔向仕途的人，对道家来说很没有价值，因而提出"坐忘、无所用心"的概念。无论如何，我们有圣人之徒，表现了对最好的道理的学习和追求，而且常常是学而时习之。白川静还甚至说：整部《论语》大部分是普通弟子记下来的，但其中最精彩的几段应是颜渊的纪录。在陈蔡之间流亡的 13 年期间，跟在孔子身边的弟子其实并不多，就是子路、子贡、颜渊、曾点曾参父子，还有子游、子羔，以及半路上加入的公良孺这七八个人而已。那个年代是孔子思想大转变的时候，在这重要的时期，他所讲的一些话就是由他身边的几个人记下的。而最精彩的几段很可能出自颜渊的手笔。

"如心"，母亲的心

各位如果在重读时发现颜渊说的"与天为徒、与古为徒、与人为徒"已经和我们刚才在讲的"总体系"差不多了，或至少完成了基本布局。于是因此可知：成为圣人之徒就可以这样子，学习不是不可能的。然后接下来才会谈到进一步的概念探究："忠""恕"等。我们其实也花时间谈过，这进一步的"尽己"，就是要让自我做到最彻底，要"精益求精"而连到最高境界。但有时这对一个人来说似乎要求太高——时时刻刻都在"尽己"的话，会把人搞得精疲力竭。在孔门中，也有一些脉络的说明——"尽己"是要根据"时宜"做判断，然后采取一个中间之道（中行），这叫作"时中"，即在时宜当中做判断。所以不是要每天都把自己搞得很累，譬如天天都像曾子说的"吾日三省吾身"那样。孔子的"时中"，就是一种在实际脉络中做衡量斟酌的意思。

"恕"讲的是"推己及人"，但后人的诠释常只讲了一半。我们先前已经谈过："恕"字写出来是"如心"，也就是"如你的心"。可是在古字里："恕"字还可写成"汝心"，那就是你心，以你的心来度量事情。"你变成我，我变成你"，简单讲："我如你心"，于是你我之间的关系就成为布伯所说的"我—你"，成为你的我，你现在一举一动其实就是在替我行动了，而我也是如你的心而行动。因此一定懂得互相尊重、珍惜。"恕"在战国时代又曾经被写成"女心"。"汝"这个字直接写成"女"，这一点并不奇怪。我们可以合理地怀疑："恕"字最早的写法会不会就是"女心"？——"女"这个字，除了指女人之外，也可以指"你"，也就是"汝"（从音韵学上更可能做此推理）。"汝心＝女心"之论如果成立，那就非常重要了——前面我们谈女性主义和母权社会时，母亲是居于领导人的地位，是非常重要的生活核心。不管是在古代或后来的世代，每一个孩子长大的过程，无论如何，幼年时真正在教养他的人就是母亲；父亲则常常不会太贴近孩子，特别是幼儿。我们看孔子的身世，应特别注意：他三岁丧父，父亲是个有名的大力士叔梁纥，应当是身任王侯卫士，他的地位可想而知。不过他在年纪很大的时候才娶了孔子的母亲颜征在，当时的颜氏可能还是少女。这些都有历史记载：颜征在这位女士是有名有姓的人。我们就要对这位女性多下点工夫来了解。

现在要解释的是孔子和母亲的关系：孔子幼年时便"好陈俎豆之事"，也就是在家里摆设俎豆，好像在玩家家酒似的。可是，别的小孩玩家家酒都是拿些替代物（如我们今天所知：以柚子皮当作猪肉）来玩煮东西的游戏。小时候的孔丘为什么会用"俎豆"？那其实是一些礼器，也就是仪式上用的道具。他家里怎会有这种玩具呢？难道特别为他打造一套礼器让他当玩具吗？这是完全不可思议的事情。在2500年前，谁会为孩子做这样的事？所以颜征在应只是拿她自己职业上所用的道具给孩子玩。虽然有根有据的只是断简残篇，但事实上已足够让你理解：孔子玩的正是妈妈在工作上使用的那些道具。于是孔丘就从小"好陈俎豆"，也就是开始能知"礼"了。❶礼仪原来就是她妈妈的职业。而这个女人在工作之余，教她孩子从礼开始玩起、开始学起。这里面当然有很多只是仪式，可同时也有不少道理——孔妈应是个蛮聪明的女人，会教导孔子一些礼仪中的道理。虽然幼时不一定完全听懂，但孔子所体会的，也反映出他后来所说的种种德行，就是"仁""礼"或"忠

---

❶ 这里没来得及谈的，必须补充一下：学"礼"之外，更不可缺的是学"乐"。

恕"之道。特别值得注意的是：找遍古代典籍（譬如《书经》），里头并没有"仁"字。把"仁"当作一个学说的要点，并且用力推动的人，正是孔子。

"妈妈主义"的思想家

孔子对于"仁"以及相关的概念有很重大的贡献，他认为：这是我们所有的"人伦关系"之中的第一条"金律"。那你会不会怀疑：根据我们刚才对于忠恕的讲法，以及孔子自幼与母亲的关系，则恕就是如心，就是汝心，也就是指娘的心？娘的心就是颜征在告诉小孔丘所说的话，并且她一定也暗示了娘的心就是尽己之心——为娘的对待幼儿，不尽己还能怎样？

孔子后来讲这些道理的时候，跟他同时代最高级的士大夫们比一比——他们讲的又是什么？不外就是侍奉君主的道理——你去查查看，跟他同时代或早他几代的几位最有名的士君子（譬如说管仲、子产、左丘明），他们都在干什么呢？当"家宰"或辅佐国君（诸侯）的人，讲的都是些治国平天下的道理，孔子讲的话，相形之下就显得完全不合时宜。他是在干什么呢？不想"学而优则仕"吗？他固然也去当了官，但竟然会努力讲"仁"的道理，意思就是要体恤所有人民。这讲法跟当时所谓主流价值（封建统治或奴隶社会）显然不合，所以才会这么倒霉，当了几年家宰以及代理国相，没多久就被驱逐出境，在外头像丧家之犬一样流浪十几年。所以，孔子是不合时宜的，但是他懂得的道理——他的"时宜"——其实是从母系社会里一路流传下来的那种永不失时的道理，也就是说：女人养育孩子的时候，她必须要懂得她的孩子："女心"＝"母心"，就是懂得孩子，你不用讲话我也知道你在想什么。这种道理后来被孔子全面发挥，叫作"仁"，也成为我们传统德行的新根本。

现在有些女性主义者的回顾，想要替孔子的理论找到来源，他们会觉得颜征在这位女士实在很了不起。孔子幼年丧父，她就一直带着小仲尼学习。孔子 15 岁左右才出去求学，中间有很长一段时间是由母亲在教育他。所以当胡适说孔子推行的仁政是"爸爸政策"而孟子是"妈妈政策"时❶，我才会在眉批上评道：孔子其实才是个"妈妈主义"的思想家。他会把女性的德加以发扬，而且当时女性社会地位不低，所以能学到很好的知识。孔子就把这些知识稍微转变，变得可以跟政治主流相互接壤，而创造了"仁学"（虽然这是当代儒学的用语），也可以用来治国平天下。意思就是说：即使身为诸侯、君王，还是要去体恤所有的人，不光只是以自我为中心，或由统治阶级为中心而为所欲为。但当时霸主的典型除了"好色""好勇"之外，就是目中无人，要霸主多体恤人民，很多国君听了会觉得不堪负担，要真正体恤民心，对于君王来说，实在太难了。所以孔子的那种"以仁为本""道一以贯之"的博学多能，反让他无法被人重用。

　　孔丘年轻的时候已经因为"知礼"而闻名，他最初当了季氏的家宰。在鲁国大夫中最有权势的是三桓，而季氏又是三桓中的领头。家宰的工作本来以宗庙事务为主。后来孔丘出任司寇、中都宰，又摄行相事（代理国相），也做了不少管理国家以及与大国外交的事情，所以孔子很有能力，举国皆知。但是当壮年时期的孔子坚定地推出以仁德治国的理念，去说服诸侯，他所讲的话和他晚年时专心想的道理，应该是很不一样的。季氏的当家者季札马上发现他是"危险人物"，就动用他的权力和阴谋，迫使鲁公把他解职并逐出鲁国，当时的孔丘 55 岁左右，他从当家宰到代理国相的时间也才四五年而已。他在流浪（即所谓"周游列国"）的时候，更认真去想，发现诸侯之间的现况是遵循着行不通的道理，这样搞下去就只是冤冤相报，战争会一直不

❶　参见胡适《中国哲学史大纲》。

断地反复循环，所以他要创造出一种停止战争的治国方式。我们现在回头去讲一些春秋时代的古事，其实只是要替我们的论述打个底。

无圣、无德，无所适从的时代

经过这么长久以来，我们其实也晓得了，仁德治国的理念在整个有文字的历史当中，常常只是一种例外。这些道理，到了宋代的朱熹肯定知道："千五百年之间……只是架漏牵补过了时日。其间虽或不无小康，而尧、舜、三王、周公、孔子所传之道，未尝一日得行于天地之间也。"后来的思想史家余英时仿着朱熹再往下接说："2300年间，只是架漏牵补过了时日。尧、舜、三王、周公、孔子所传之道，未尝一日得行于天地之间也。"所以我们进入一个很麻烦的情况：现在已经是个无圣、无德的时代。"圣人之道"这种东西对我们而言非常虚幻。所以我们的问题早已变成：在一个无圣无德的社会里，人到底要怎么办才好？我们真正该遵循的规则是什么——我们自然会不断地这样自问。

我不是故意要把问题扯得很高很远，而是说：我们在现代社会生活中指的"社会心"，究竟是什么意思？你必须注意一下，我说的"你"并不是指你自己。然而别人的心，你并不是视而不见。我们彼此之间除了用心之外，更重要的是把对方视为"你"——然后都向着对方，"以身相处、以体相会"。我们可以使用这样的隐喻：身体会发出磁场，我们的磁场交会在一起，于是我就可以"体会"别人了。我们常用的"体会""体察""体谅""体恤""体达"等词汇，就是在用一种看起来像是身和身之间磁场交换的方式，来互相获得了解。我知道你现在难过了、沮丧了……但我不只是"知道"，而是可以更进一步地"以身体之"。我们有这种语言，而且大家都懂，这是一种很起码的待人之道。于是，这时候我们所谈的社会建构论并没有唱高调，它以另一种方式来说明我们共同建构的"社会心"是什么样子，因此而维持着人和人之间是"可以相互理解"的观点。不是每一个人都有尔虞我诈的心机。我们曾有一种明哲保身式的看法，认为人人都很"有心（机）"，然后就会把奇技淫巧藏在里面，城府很深，到了外面其实都是在讲场面话。不要认为人都是如此，为什么？因为所谓的城府、心机，难道别人就看不出来吗？别人会说的谎和你差不多，所以我们在互相对待的时候，即使做不到像"圣"一样的程度，但说到体会别人，其实我们早已都是专家，不必故意强调它的困难——这是在回顾高夫曼的说法。

我曾想要跟别人进一步去谈"当代道德"该怎么研究。我也谈过，我们可以用一个现代人都可以接受的文化常识、共识（common sense）去说"这人是个好人""这人是个小人"等。我们使用的这种词汇，在某些时候是有效的。怎么说呢？我说这个人是小人，因为他在好多次交易时都偷斤减两。既然他做了这种欺诈的事情，多次累积起来以后，我就可说这个人不诚（不实），因为别人可以做到比他相对诚实。如果在交易的时候，每次都偷工减料，我们就可说这人叫"小人"。这个词，我们在 2500 年前就用过，不过，最初是拿来和"君子"相对而言的，其中有很浓的阶层差异意味。但现在，我们把这个词汇拿回来，说"这真是小人"，这已经没有阶层意味，而是人人皆懂的一种人品评价——做生意（交易关系）的时候碰到这种人，你要小心一点。在其他的关系状况中也都可类推。

我们现在谈的这种种，其实都没有任何理解困难。我来讲个非常简单的例子：到新竹观光时，各位一定都知道要到城隍庙那地方，可以吃些肉丸、贡丸、炒米粉等小吃。但在庙旁边有一家名字很土的刨冰店，叫"阿忠冰"。

你去吃吃看——他给的是真材实料。当然也会随着物价调涨，但除此之外，他给的料依然很扎实。我们都很清楚，尤其到观光区点一客红豆冰，看起来冰很多，但冰溶了之后，就发现只有几颗红豆飘在那儿，看了非常难受的。在这些休息站、中继点，因为顾客没有选择，只好吃你的冰。相对而言，人家可以有另一种做生意方式，就是拿出真材实料，价钱也不会特别贵，而顾客永远懂得如何比较。

人和人之间有相对的规则，可以品评什么叫好人，什么叫小人。在生活中可以用来作为一种判断的标准，虽然不是很准确，但若说没有"好人和小人"之别，你能相信吗？我们在生活中确实有这样的一种可以判断人的方式，所以，当我们把这种准则放进来，在社会建构论中谈心灵的问题时，讲了半天还是在说"人在如何建构人"以及"你要怎么做人"。"你要怎么做人？"这是个非常简单的老问题，但不要太快用一种语言传统，说人要成为圣贤——后来让每一个人都记不得的讲话能有什么意思。考八股文的传统就是考完就忘了，而那些读过的圣贤书也没教他如何管理这些事情，于是就会做出许多不义而无耻的事情，就是以便宜行事的方式，诉诸偷鸡摸狗的常识而已。

我们应该都知道，社会建构论里讲的人都是普通人，但格根的意思是：人和人之间也会通过建构出现很多法则；我们互相试来试去后，发现有种法则几乎是百试不爽的，那就是"你希望别人怎样对待你，你就怎样对待别人"。通常只要你能够维持这方式来做人，人家就会说你是"好人"；但你不这样做，就不见得是好人（只能说是"中人"），再过分一点就叫"小人"了。当然，有时做好人可能会怕吃亏，因为别人不见得都在做好人，当个普通人（即"中人"）比较容易——你听了会不会担心？这是很现实的，但我认为这种讲法像在打马虎眼。我们不落窠臼，但也要谈现实。

我在美国的时候，学到一种社区互助之道，或叫作"守望相助"吧——有一种人际关系是自然培养出来的，你看看这样的关系是多么不费思量。在下雪天时，车子可能会被雪堆卡住，车子要开的时候，车轮会一直打滑，出不来。于是，路边经过的人看到有车出不来，大致上都不需要招呼，自然就会过去帮忙推车。那车子只要顺势用钟摆原理推几下，就可以顺利开出雪堆。车主当然都会打开车窗道谢一下。这就是一种人和人在社区中的互助。帮忙的人不一定认得你，但人和人之间，就连只是路过的人，都会来帮你一下。我学到之后，觉得这种还真不错。

　　不幸的是，回来之后，有一次我在球馆打完球，发现因为下雨，停车场有辆车子陷入泥坑，车轮在那儿打滑打滚，走不动。我就过去帮忙推一推，推动了，车子就开出去了，但泥巴稀哩呼噜溅得我满身，那辆车的车主却头也不回地开走了。我想到以前别人帮你推车，临走前你会把车窗摇下来说声谢谢，可是现在，我帮人家推车子，人家赏了我一身泥巴，我就觉得，这种关系实在很难叫作什么"人际关系"。

　　那么，更现实的人际关系基础在哪里？

"常识"与"社会心"

　　我以为做（好）人是一件很简单的事，可是受到了考验以后，我开始怀疑，那是 1985 年左右的事。到了今天，你会发现：你用这样的方式（就是刚才谈过的那种"帮忙推车之道"）去对待别人，大部分的人是会答谢的。今天有很多人素质不错，这个素质其实是久而久之在人与人之间形成的（建构起来的）一种共识——这样一种待人的方式，我们都觉得很好。大家起码是好人，而不是以小人为标准。❶ 所以，现在在公共场所让座给人时，广播会说要让给孕妇、老人、小孩等，但大家的共识中最简单的一句话应该是"让座给需要的人"。这句话本来是抽象的，没有特别点名。但既然现在大家都听得懂，并且同意"让座给需要的人"，所以这真的可说是"素质很高"。现在大家都知道这是一个常识，也就是说，这讲法已经是有效的共识。

这又回到了另外一个问题："你要不要你自己的道德素质？"——其实不是"你自己的"素质，在整个社会历史脉络之下，必须要有一个常识，大家互相同意这样做是最好的。这时候社会建构论就会把"心的问题"推广——自己有修养不一定有意义，但大家都有修养就很有意义。我们不要只把 common sense 翻译成普通常识。Common sense 有一个重要的意义，用拉丁文写，叫 *sensus communis*；18 世纪意大利哲学家维柯（Giovanni Battista Vico）的《新科学》（*Scienza Nuova*）一书里讨论过这个概念。❷ *Communis* 意指社区或社群（community）。*Sensus communis* 指社群本身有一个意识可让大家共享。Common sense 不只是普通常识，而是指一种共有的意识，也就是共识的状态。

人在整个社群生活中是会学习的，只是在社会建构论里，人有时会把理论发挥到甚至超过"你的心或我的心"，这就构成了所谓的"社会心"。我们同在一起时，"心"就变成了我们一起共享、同意的状态。这种理论强调人

---

❶ 插一段小故事，是在课堂之后发生的：我去一个卖场，回来时发现自己身上背着的包包不见了。后来由于包包里有我的手机，打电话过去，回话的人说："这里是（卖场）服务台。"我回去向服务台要回了我的包包，打开来看刚刚领出来的两万元钞票，一张也没少。这种事情已有很多人经历过。虽然无法找到统计数据，但这使得我们相信我们的"社会心"是"良心"，并且确实有很多"好人"。

❷ 参阅 Schaeffer, J. D.（1990）Sensus Communis：Vico, Rhetoric, and the Limits of Relativism. Durham：Duke University Press.

的主体性其实就是人与人的"交互主体性"（intersubjectivity）。我们的社会，只有你的个人思考，几乎等于没有思考。当人在共同思考时，你跟别人之间就会通过"汇流"（confluence）而进入一种"同心"的状态。所以整个社会建构论所建构出来的"心"就慢慢变成"不只是在讲一个人的心"。 ❶

后来我们可以看出，同心的状态跟古老经典上说的话很接近。当时的社会也允许他们讲出这种话，只是这种语言不像是在讲大话。特别在更古老的时代，譬如我们上次谈母系社会里的小国寡民生活，当时人和人之间的互相照应，到后来被写成《中庸》里的《礼运大同篇》。大家读《礼运大同篇》时会觉得，那只不过是孔子弟子心目中理想国的描述。"不独亲其亲，不独子其子。使老有所终，壮有所用，幼有所长，鳏寡孤独废疾者皆有所养"，这实在太了不起。但回顾过去母系社会时的每个社会、每个组织，为什么可以说"不独亲其亲，不独子其子"？我曾说过，就像一个大妈带着阿姨们养着一群孩子，这些孩子全部都是"我们的孩子"，没有特别强调"我的孩子"，大家一起同甘共苦，孩子就是大家一起养。所以"不独亲其亲，不独子其子"是理所当然，不需要用任何特别创制的社会福利制度。现在听起来像是一个大同社会、理想国、乌托邦，可是在 5000 年前的母系社会里，这只是一种常识。今天我们回顾时，只能说，我们现在很幸运能处在一个近乎和平的状态，所以要建立一个富而好礼的大同社会，并不是什么困难事。

活化社会关系中的"人学"

此时我们谈社会建构的论述方式，强调的要点一言以蔽之，就是过去心

---

❶ "汇流"（confluence）在格根《关系的存有》里，是个基本概念。

理学都不知不觉只强调个人主义，这样的学问会一直败坏人心——它甚至不会区分"好人或小人"，当然更不知大同社会为何物。当它把所有人都变成一个个独立而互不相关的个体之时，人和人之间的关心就变成多余的，心理学也因此变成了"无心的心理学"。各位想想心理测验，它就是测验每一个人能力多少，或性格是什么类型，它没办法测量一个人到底是不是关心别人。"关心"要怎么测量呢？这在测验题上要怎么编题？只是写成"我会关心别人"的句子，然后要你填上"同意、很同意、非常同意"等，然后你就能相信它的结果吗？这问题有没有用，以术语来说，叫作测量"缺乏效度"；也就是说，像那样诉诸字面意思的测验，效度很低，完全等于漫不经心的"说说"而已。你会发现，其实没有一种心理测验能真正做出这样的测量。虽然心理测验可以改变设计的方式，譬如人跟他的社群中的某些人接近不接近——有这样的测验，可以把你跟谁最接近的关系图画出来。它能画出这个教室里谁和谁是死党，这一群、那一群，但没办法测量出这群死党和另外一群会怎样打交道，甚至有没有关照的关系。到目前为止，这种关心别人，以及到底关心到什么程度等，在心理测验中是完全看不出来的。它擅长处理的是，谁有什么特质、有多高的能力水平等，但这都是在去脉络化之下的操作定义结果，仍然无法解决效度缺乏的问题。

过去的心理学方法论，基本上是基于"个人主义方法论"的。所谓的"认知"都只是在说"我"的认知，也就是特定个体对特定项目的认知。它并没有说我对别人了解多少，社会心理学想通过测量来得知，但是在这点并不成功。比较有名的社会心理学对于测量人心败坏的程度倒是蛮专长的，例如人到底多么会附和他人的意见——对于"从众性"（conformity），有非常著名的社会心理学实验。大多数别人所讲的，即使是错的，即使有一个后来者在里面听到了觉得很怀疑，但他也几乎都不敢坚持己见，最后会选择附和他人。这被社会心理学家证明了：一般人都会这样附和他人。这个实验是所罗门·阿希（Solomon Ash）所做的。另外，在权威的命令下，人们也很容易不管别人的痛苦死活，可参见斯坦利·米尔格拉姆（Stanley Milgram）的研究。一再运用社会心理学来证明人心败坏，这是很容易的；至于会不会去关心别人，却很难测量。

后来出现一些概念，用来描述对社会正向的意识，譬如亲社会，是指人会愿意去维持人和人之间的（慈善）关系。有类似这样的研究，但基本上都不是很有说服力，还是停留在字面上，至于是否真正关心别人，其中牵涉到"关心的能力"，那就是很难测量的问题所在。如果改用观察法，反而比测验更容易看出来。有人在路上跌倒，后面有人上去搀扶，这就是关心。而且这关心不会特别去计较利害，是一种自愿的扶助。这种不计利害的自愿扶助之事，现在还是经常发生的——不管在哪里，我常在车上碰到有人让座给我。还有，车子一摇晃的时候，因为我平衡感有一点弱化了，常会站不稳，光看到我这半老的外表，真的马上会有年轻人过来搀扶。我相信我们之间已经建立了这种亲社会的状态，我们之间确实正在"互相养成"素质的过程中。可以说，这种养成就是所谓的建构。社会建构不光只是空谈，而是在说：行动中就可以互相培养出一种社会心，而大家都在建构的同时也共享这个"心"。这时候我们就会把心理学扩大，不是一直谈个人、自我。最重要的一点还是在于谈到"人"时，有一种对于"人"活着的定义，而我们所说的人都是复数，是指"我们"，甚至是"咱们"：整个社会建构论的重点是要把活在社会关系中的"人学"活化起来。

社会规则的建构：超越"无体辩证法"

从建构论回顾，包括谈格根的著作，以及欧美社会研究中谈的建构论时，确实有人怀疑过"建构本身很可能会变成一个空心的建构"。我刚刚特别谈到一个名词，就是社会辩证法已变成了"无敌辩证"，而社会建构论也因此变成"无心辩证"的问题。也就是说，所讲的东西只是"规则"，后来就形成了"社会关系"，但没有特别去谈所谓的规则究竟以什么实体为根据。在社会辩证法和社会建构论里都可能会碰到这样的问题。

各位记不记得我曾经讲过，社会辩证法基本上是："一个社会里面所有的人，在形成规则之前，大家都需要有基本的产出。"譬如说你的需求、你要什么或你能给什么。接着大家都知道自己要什么，或能做什么。然后这些产出的东西很快会凝聚成一个自行运转的、自体成形的规则。但这个规则很可能不是你，也不是他，而是这个体系帮你打造的。体系是什么呢？其中难题就在于我们没有"只有人而没有体系"的社会。就像各位今天坐在这里，你们算是坐在一个讲堂里，也是坐在一个体系内。我们并不是单独的个人就形成了一个群体，而是进到了一个讲堂后，让这个讲堂体系在制约你，所以这个体系非常可能正在替你进行一种"你到底想要（知道）什么"的状态——我在问"你们在想什么"的时候，有些人已经知道了——讲堂里的人要什么东西、想什么问题呢？看你们有多少人交了学费，就知道有多少人是自愿来上课，这个体系很快就能凭计算而创造出一个群体，处在一个"能要什么"的知识生产体系中。

于是，这个体系化以后的规则，我们都知道它其实更像是个被硬化、被固定的规则。看起来很明显，我们有一个共识可以指称，但这个共识并不是真正由"你"所产出的东西，而是因为它已经凝聚成形了。然后，接下来的事情更可怕：一个被体系化后再回馈给你的东西，使你误以为那就是你的初衷。原来你要的东西竟然是被这样子变形建构出来的。所以社会辩证法其实就说明了这种曲折的关系。但它要说的是："人心会自行运作——这只是神话。"一定会有个体系帮你接手，以后用客体化的形式替你运作，之后它还要回馈给你，告诉你说：这就是你想要的。

大家听懂了社会辩证法以后，也就是说，它告诉你这是"社会的实体"，但我们现在要改称它为"社会实情"。我们可以在某种程度上去挑战它："这真是社会实情吗？实情一定是这样吗？"我上次曾经讲过，你在风景区里面健行或慢跑，碰到人的时候，你就跟他挥个手问好。这在风景区里其实也可以说有个潜在的体系，大家到这里本来就是要来休闲的，大家都来这里做早操，大家都有一定的行为方式。在一定的场合里，这样的行为方式也就构成了体系。只是这个体系松松散散，没有领导也没有管理人，所以基本上这个风景区就只有使用者之间的互相试探，彼此间就形成了打招呼的规则。

你可以把这叫作"体系规则"，但用在这个里就有点勉强，因为没有谁能管谁，这体系真是松散到不成体系了。问题是：大家都互相知道，我跟你挥个手、说声早，就感觉很舒服。我没有付出太多代价，但我得到的感觉很好。社会辩证法有时候太强调"社会规则怎么产生的"，结果这样的产生本身就会从"无敌辩证"一转而成为"无体的辩证"——我为了批判之故，必须这样说它。人和人之间碰面时，是在"体会你是否友善"。于是我才试探地说："你早。"他也回说："你早。"——果然他给我的回答让我很满意。我们互相认可了，这个规则就行得通，"我们"转变为"咱们"。所以在这里用社会辩证来说，是过分粗略了。这时候的规则本身是用"体"的方式体会出来的，而不是"体系"去帮你制定出来的。所以，要注意社会辩证法在社会建构论中使用时，它有时候会落入这种"无体辩证"的状态。我们只要把"体"召唤回来，就会发现：人有时会被这些学说给蒙蔽，这些学说急着去说规则，但它没有谈到规则产出时真正的"人"。人有些时候虽然不是很有创造力，或随时都有能力挣脱体系而掌握自己的行事权，但这样讲辩证法也太过分——把人的本体忘光了——至少忘了人的本体就是会发声讲话的主体，而讲话本身就无时无刻不在进行偶发性很高的、偏离规则的创造。

再谈"关系"

回头谈体系，它有硬有软、有松有紧，有多种变形。其中特别是在体系很松散的地方，人竟然会愿意理会别人。这时候才特别要说"人还是有希望的"——还有很多没被塑造成形的希望。我们要特别指出：格根的书里谈的社会建构论，都是起源于 20 世纪 90 年代以前。可是后来他自己慢慢发现，这个讲法可能是过分地讲究某种理论形态；虽然他一直说这已是人文学科的新传统，可是暗地里他开始在转变，认为重要的是有一个建构的本体基础，叫"关系"。"关系"比社会建构还要来得原初，意思就是指人和人之间的互动能力。所以我上课时特别强调：我们需要在中文里面产生一个新的词汇来讲"关系"。

我们现在常讲的"人际关系"不是都讲着所谓的"关系"吗？而且我们经常读到的这种人际关系、沟通关系，很多时候都是假的。公关的关系，很多时候是在"做关系"，做关系事实上是人为的表演，就是要做出来让你满意，那其实是属于商品的一部分，并不是在关心人。

我们人和人之间还有另外一种关系，我们必须创造一种新词，为"关"字加上一个人字边，然后用重音去读"系"，就是感觉要"联系"起来。这个新词虽然没法用计算机打出来，但你必定了解这种特意造词的必要。

我特意强调，我们所谓"关系、关系……"日子久了以后，变成"有关系就没关系"。所谓走后门、套关系，我都一再强调那关系是很假的东西。可是反过来讲，人和人互相联络时，有一种相互关照的关系形态，在我们过去的心理学都还没有真正说到这一点。心理学所说的东西经常是比较假的、比较表面的部分。"本土心理学"（那已是上一代的谈法了）很习惯说"中国人的关系主义（取向）"，各位难道不会想知道他们在讲什么吗？我特别对这种谈法提出挑战说："你们是拿关系里的哪部分来当作样板，说明这个社会中有'关系取向'？"后来发现他们所说的关系样板竟是"请托关系"（黄光国，2005）。我认为有很多关系都可以取用，为什么非要用"请托"？这就可以用来说明整个华人的关系取向吗？请托是什么关系呢？那不就是在要求利益交换吗？回头想想刚才谈到的"你跌在地上，我扶你起来"，这里面有没有请托关系？当然没有。我也没请你，你也没托我，可是我会扶你起来，扶完后你会跟我说声谢谢，我会跟你说声没关系，然后就走了。这样的关系他们都视而不见，却可以花很多时间谈"关系取向"，说的关系都像是在讲"人情""面子"，讲的都是人和人之间很虚伪的关系。给面子、请托，再来套关系，这样的关系——关说或请托——不就是在讲利益交换？不都是在讲暗盘交易的关系？可是我们谈的人和人之间的关系，为什么非要这样谈不可？你花了好多精神想要建立华人心理的特色，但却拿我们最恶质的东西来当作样板，建立这样的学说，实在不知居心何在？——这"居心"不是指某一个人的学说，而是某一个学术社群里产生了不好的常识——我在车厢里没站稳时，有个年轻人过来扶我，难道我请托过他吗？扶我一把会为他带来什么好处？完全没有。怎么不说这就是我们的"关系"在起作用？而偏偏这样的关系并不是华人特有的——任何一个上轨道的社会，人人都可能会这样。

我在第 6 讲谈过在美国地铁里的遭遇：车子发动时没站稳，踩到旁边一位女士的脚。我跟她道歉，她就说："Never mind. You are not on purpose."（"没关系。你不是故意的。"）我冒犯到她，即使她已经被伤到了，她还在替我着想。她起码知道我不是故意的，因此她不会责怪我。这就是说：人和人之间都可能有这种相互体谅的关系，所以"关系取向"从来就不是华人特有的。用"关系取向"解释为华人特色，实在太没有社会学概念。一个社会里的人会互相和谐相处，基本上是已经有一种"富而好礼"的生活水平。因为水平再低一点的话会有困难，互相之间会争夺利益，所以不太容易替别人着想。但到了某一个水平之后，大家都会觉得那种互相善待的方式很和谐、很好。这种方式、这种关系本身就是建构所得。社会要经过一段时间的摸索后，慢慢建立起互相同意的一种规则，才会推动这种建构。

心灵、科学

过去的心理学一直有一种倾向，就是把个人主义的概念和方法过度渲染，而在其中建立的规则，其实都不适用于人和人之间的关系，不太能称作"心理学"。心理学其实已经被个人主义的方法论给带歪了。这是方法论本身的问题，而不只是在谈美国人或西方人的个人主义。我们在讲堂里用这样的方式来重新检讨，希望能跳脱那种体制化和僵化的学问，之后就要把我们所谈的学问改称为"心灵"之学，其中的方法是"理心术"，以此来对它作重新建构。

我特别要说"心理"这个关键词，就是要强调自己是一门"科学"。因此心理学就要像物理学一样，要迎合"常态科学"的"科学标准"。可是我认为心理学最终目的是要促进人和人之间的相互理解，那么，只要强调它是一门"人学"就很好了，不要一直去强调"心"和"理"。如果要说有理的话，我会说那是"道理"，而不光是"理论"的那种"理"。譬如说"好人或小人"的区分之理，或说"天理公道自在人心"，这样听来是比较古典传统的讲法——这样讲其实担保不了它的意义。我们从建构论重新出发，我会说：天理其实是人制造的，但制造的时候需要一个文化历史过程。譬如说人和人之间，在长久的相互建构过程中，才会产生这个"理"，而不是"天理"。

心理学过去所发展出来的东西是过度个人中心、自我中心。今天我们把它称作"心"或"心灵"的时候，会让它变得非常有趣。说它是"心理"，意思是说可以被一定的方式测量、评估；但说是"心灵"的话，你就会觉得它飘来飘去，难以捉摸。"灵"这个字好像引来了"灵魂"的概念。但问题是，很多人会用"磁场"来理解人的互相交会，它比较像是"灵交"，人是用灵魂相互飘来飘去而交往的。这样讲很有神秘主义意味，但你不用担心，你只是对这用语还不习惯而已，很难听出它只是个隐喻。我不用"灵交"，而换成"体会"。听到"体会"的时候，你就会觉得比"灵交"要落实多了。但这意思是完全一样的。

面对社会的黑暗幽冥

我要换个方式来反问各位：现在的心理学敢不敢去跟黑帮打交道呢？社会心理学有没有人在研究黑社会的？不但有，这类的研究还多得很。芝加哥学派做田野调查的时候，还真的直接进到黑帮里，去跟他们混。本来大家以为学院中人都不可接触这种叫作"地下"的东西，从那时开始学院里面发展出了新的态度，敢直接到黑帮的总部里去，替帮派做点服务，同时观察他们做的那些鬼事情。这类的研究者确实很敢做，所以你们看电影《教父》拍得这么好，其实是用很多知道内情的人提供的故事写成剧本，才能够对他们使用的所有恶劣手段都了如指掌。弗朗西斯·科波拉（Francis Ford Coppola）拍这部片，不但得了奥斯卡金像奖，同时也获得了很多黑手党人的支持——他们说：关于我们有多狠毒和多善良，这部片都把我们拍出来了。所以现在该说的是：你怕鬼的时候，最可怕的东西其实不是这些鬼，最可怕的东西是人在搞鬼。

所以问题在于：你是不是真的有勇气去发展一种学问，来面对社会里黑暗幽冥的东西。如果你敢的话，鬼神相对而言就没有那么可怕。心理学一谈到跟鬼神有关的东西，马上就以科学的名义来掩护它的落跑。但那只不过是心理学不习惯把人的关系做更为扩大的联想。如果能够在这方向上推论，到后来就会发现，鬼神也是人际关系的一种建构方式。所以心理学对此只能说有没有这种见识，而不是什么科学不科学的问题。今天换个方式，可以叫作"对总体生态的注重"，其实几乎是一样的意思，所以只是我们的语言建构而已。

我们可以说：心理学解释的习惯，从启蒙时代一直到今天，还在继续执行那种所谓的"科学规则"。各位觉得心理学该不该继续理会这种规则？我们今天在这里，其实是在创造某种新规则。我们说的"心"比较是"心灵的"，而不是"心理的"。一直到今天，人要想谈"心"，其实用"心灵"这个词比"心理"要好得多。我们今天是在回顾这样基本的学问底蕴，而这八讲的回顾，加上中间穿插的一些前瞻，在此得告一段落了。

我很好奇，社会建构后来也发展出不少分支，如果回到今天老师提到的概念，在心理咨询一对一的工作中，那会是什么样貌？可能会有不同的样貌吗？

我知道你们在场大概有不少人是跟这种一对一的专业工作有关，我知道这样的问题当然也牵涉到，譬如根格编的那本书《翻转与重建》，里头谈的心理治疗如何通过社会建构而形成。我先告诉各位一件事情："一对一，别人不可进入这种关系"，这本身就是一种非常人为而刻意（artificial）的关系建构，在我们日常的关系脉络中不太容易发生。我给各位提供一个参考点：大家都应该知道，心理治疗这样的工作，原先在西方社会里是来自教会的祷告和忏悔仪式。当信徒去跟神父作一对一的告解时，讲的都是秘密。这东西流传到教会之外，就形成了今天的心理治疗。心理治疗的前身就是从宗教体系来的。

我在心理学本土化的研究❶中也注意到这件事情——假如你不是信徒，那你的源头又是打哪儿来呢？今天我们想去学习心理治疗的体系时，它的副作用很快就来了——就是"你在跟人家讲私密的事情"——私密是什么意思？在我们的文化脉络中，那像是把你拉到一旁去窃窃私语，也就是在私下讲人家坏话。当我告诉你"不要跟人家讲"时，多半因为那是在讲别人的坏话。但告解不是在讲人的坏话，而是在讲自己。我们的社会脉络完全不同，

---

❶ "心理学本土化研究"不可等同为"本土心理学"。这样说难免让人觉得是在咬文嚼字，但事实上，那确实是两个不同的学术阵营，前者后来发展为"人文临床研究"，参考一下他们的出版物就可一目了然。

以致我们把心理治疗移植过来的时候，大家都对它疑神疑鬼。我们所猜忌的是：你们在讲什么悄悄话？是在讲别人的坏话吗？我们对这体系很不理解，所以才会对它产生无缘无由的排斥。

从事这种工作最大的困难是：要让别人愿意进来跟你谈，这一关最难过。一旦他相信你，就会一直跟你谈下去，可是这一行里很多人都知道："进来找你"这件事本身就很有问题了。这种体系到现在对我们而言还是人为且刻意的。所以我们想让大家都觉得这种体系非常自然，这还需要蛮长的时间。到现在为止，这种专业的概念和形象，连根都还没长好。

学员提问

我想进一步问，要去心理咨询前，因为还没有做好心理建设，所以感到害怕。那个"害怕"指的是害怕治疗师吧？怕他会把我的秘密讲出去？还是说害怕被他人认为我有病、被歧视？

你提到有病的部分，是指精神病，一旦精神科医师接手的话，就表示到了患病的程度。精神科医师其实比我们更头痛，凡是要去找他的人，还没进门就已经被贴上有病的标签。至于心理治疗，稍微比较柔软一点，大家对它的排斥性没那么强。而且在我们社会里，这多半是从学校开始推动的，所以很多学生从小学就知道"心理教室"里的辅导老师，有些时候还蛮好的。但我们的心理教室慢慢发展为教导处。当教导主任有问题时，心理教室要替他摆平，这就是为虎作伥。不设法做出理想的心理治疗——"用体会的方式去协助别人"。很多时候它根本没有走到那一步。所以你要谈心理治疗的问题，我现在可以比较清楚地说，使用社会建构论的方式去看，我们的社会还处在建构过程中。那样的关系究竟能获得多少信任？很多中小学里，常会发现：心理教室的工作者，在学校行政的权力位置上是低阶的，以致他在学校里只能听令于上级。

然后，更大的麻烦在于我们的社会人心之中，"可以很坦白诚实地把自己的事讲给别人听"的概念。你想想看：人的关系中到底有多少让你可以相信人是诚实的？"诚实"这个概念，我们从外文翻译过来，原先的汉语里并没有这样的词——诚是诚、实是实，是两回事。后来把 honest 的概念翻译为"诚实"。你们从小学的时候就读过华盛顿把樱桃树砍倒后，自己去向父亲表示忏悔，而父亲原谅他，并且告诉他：诚实是最高的美德。你们从小就读过这样的故事，但那是发生在美国人身上的。你们自己若真的把树砍倒，马上跑去跟父亲说是我干的，然后就得准备挨打了，不是吗？但是华盛顿他爸不会打他，他们的环境里有些家庭没有打小孩的习惯（不是所有的家庭都这样），所以他们可以很容易就去告白。可是对我们而言呢，诚实表示"招认罪状"，于是后果你得自己承担，所以我们觉得诚实是很难的功课。要考虑诚实，其实需要反复地取得保障，得到互相信赖的关系之后，坦白诚实才有可能。用这样的关系去看心理咨询，究竟信赖关系是怎么建立的？有时候像是空壳子摆在那里。当你告诉别人："进来告诉我的事情，我不会告诉别人……"讲这种话，其实别人并没有真正信赖。这种信赖关系即使是跟家人都不太容易建立，所以我们在这里都还是白讲的。

心理治疗最早是从精神分析开始的。弗洛伊德的方式是："你到我面前可以用自由联想来讲任何话。"他发明这样的方法，是想告诉大家不要有负担，即使胡言乱语都可以听懂。但值得注意的是，他这样告诉他的学生："你要告诉案主，要很诚实地把心中想到的画面一五一十地说出来"——这样讲话有多简单呢？——"就像你坐在火车上看着窗外，看到什么就说什么。"

他是这样描述自由联想的。可是自由联想必须有一个前提，"你一定要把你心中想到、看到的，一五一十地说出来"。我读到这句话时心就凉了半截——"你要很诚实、很坦白地告诉他人"，对我们的同胞而言，负担很沉重。所以我们的案主不是在那里获得解放，而是在负担着"坦承罪状"的压力。这样的文化可以说是我们的一种资产，但同时也是我们的负债。在我们的文化中，"坦白从宽"对于我们的父母子女之间都还不见得那么容易。所以老实说，这种在西方文化中通过基督教建立起来的体系，在我们的文化里并没有同样的底子。我们可以大声说"我无愧天地，无愧鬼神"，但是跟爸妈有很多地方就是愧对的。天地鬼神比较容易过关，因为没人知道，可不是?

我们的文化很奇怪的是，一旦有事发生了，马上先否认掩饰，等到几天以后被新闻记者挖出来，才慢慢开始道歉和追究责任。这种事一直在循环，因为在我们的社会里，诚实就等于要自行负担后果。对于诚实，我们还像是笨拙地学走路，一直还在跌跌撞撞、担心受怕。我们可能花上很多时间，但都不是在咨询，而只是在走前面的一步：建立信赖关系。

学员提问

可不可以请老师稍微介绍一下自己的思想体系？譬如说，您是一位社会建构论者吗？我自己来求学，觉得很受益，跟着老师学的，不一定只是学社会建构论或汉语心理学。

如果一定要用个名称来作为整套思想体系的招牌，我比较愿意称作"人文心理学"，而不是"人本主义心理学"。我暂时不对这个思想体系的内容多做解释，因为可能会扯到相当复杂的学术思想问题，这些思想路数各有其名，我在其间来回寻索，但不愿意用单独一两个名称来当作我的招牌。

各位注意一下，"人本主义"是很做作的翻译。本来是同一个字，humanities、humanism一直都被翻译作"人文学""人文主义"，这个传统在欧洲来自文艺复兴，一直到今天humanism本身是有一贯性的，但后来被断章取义成不同的名义。尤其是到了美国，它被转化成人本心理学（Humanistic Psychology），但到了我们这里，又经过一次扭曲——为什么不能直接用"人文"，而要特别强调"人本"？人本主义其实是过度诠释的。人本的"本"这个字是强调"以人为本"，但人文主义其实就已经是这样了，不必强译为"人本"。在文艺复兴时代，有个很清楚的对抗对象，就是"神学"。因此，当我们说我们所仰赖的不是神而是人时，就叫"人文主义"。特别强调了"本"，就是画蛇添足。

另外还有值得注意的一点：所谓的"人本心理学"在美国其实也是个不长命的运动。20世纪60—80年代是它叱咤风云的时代，可是只过了一个世代，它几乎完全退潮了。但今天还有很多人相信人本心理学是属于美国心理学的"第三势力"。80年代我到美国时，我说我要做的是存在主义心理学（Existential Psychology），那时候我认为可以用存在主义来建立一种心理学，因此可称为"存在主义心理学"。我第一次在研究所里做公开报告的时候，把自己的硕士论文改用英文说出来。当时有很多美国的学长来听。他们有不少穿着黑色皮衣皮裤、留长发、蓄长须，还有一批人穿着破旧的牛仔裤。我讲完以后那些人就散开没跟我讨论，只有一位穿着较整齐的学姐上来跟我打招呼说"You are the frist normal person I've ever seen talking about existentialism."（我看过的谈存在主义的人里头，你是第一个正常人。）而在她看来，在美国谈存在主义的其他人都是些奇人异士。所以美国也有他们本身的文化氛围，他们对于存在主义有某种属于垮掉的一代的理解，不一定等于存在主义哲学。

所以我不再谈"存在心理学"，就恢复成谈人文心理学（Humanistic Psychology）也罢，让那里的学长们比较容易了解。但很可惜，当我想要找这种心理学的传承时，他们告诉我，大概都得要到山上或海边去找了，因为前辈大师们都退休了——卡尔·罗杰斯（Carl Rogers）不就退休到加州海边去了吗？我的指导教授也退休到蒙大拿（Montana）的山上去了。他们都说，我来美国之前的信息已经赶不上时代，我想要找的教授们不但都退休了，而且他们也没有第二代。美国的人文心理学（Humanistic Psychology）是一种由美国人自创出来（且自以为是）的东西，但欧洲人却根本不必用这样的名义来谈心理学。为什么？因为美国讲的东西明明就是欧洲的学问，可是自己却不承认，甚至觉得美国可以围一个圈子自己讲，就可以构成"美国特有的"人文主义。所以罗杰斯、马斯洛后来被批评得几乎体无完肤，最明显的一点就是说他们属于浪漫主义，也只是属于中产阶级自由派。各位如果去找找1980年以后的文献，就可以发现他们的处境是如此。

我说自己是人文主义者，提到"人文"时，要特别对照汉语系统的一种人，叫作"文人"，也就是读书人。我说的读书人，就是有一种读书人的风骨，有自己的坚持，距离圣贤传统不远。当然这里的"圣贤"不只有一种，至少儒释道的圣贤是很不一样的，但都已是我们的圣贤遗产。总之，"人文"和"文人"就变成了我们自己所定的一个新称号。这时候你若问我"是一个怎样的人"，我就可以用"文人"这样的名称来形容自己。社会建构论在这样的脉络下，可能作为人文或文人心理学的一种表达方式。好比我在谈现象学时，就发现格根没有多谈现象学，他只是偶尔会引用梅洛 - 庞蒂；他也没有很认真地在谈海德格尔的现象学。他的社会建构论就只是人文心理学里必要的一支而已。我在课堂里不想引出太多旁生枝节的东西，所以我也没有多谈现象学或存在主义。

这里要简单补充一下人文主义，关于现在用来界定它的思想、理论或形而上学的路数。这种存在现象学、精神分析的东西，还有一种心理学可能不怎么接受的"符号学"（semiotics——当然它的名称翻译得不太对，我特别写过一篇文章在国际研讨会上发表，我说它的翻译实在太离谱了，所以这里用书写现身时，就要把它杠掉。）❶ Semiotics 是指"在寻找意义的一种学问"。"符号学"其实只是意义里面的很小一部分，整个 Semiotics 不只是在谈已经变成符号的意义，而是在谈意义如何发生。这整个学说你都必须熟悉，才可以说自己是个当代的人文主义者，也可见"社会建构论"只是其中的一部分。

和我说的精神分析、存在现象学及"符号学"比起来，建构论者可能会用得多一点的是"符号学"，现象学则很少。对于精神分析，其实格根是有点排斥的。所以不要说我谈格根，就变成他的信徒，我跟他不是这种关系。我认为，我们互相碰面的时候，他算是我的前辈，我会用对待长辈的方式来对待他。但我在读他、翻译他的书时，我一直有一种感想，就是"我应该可以跟他平起平坐地讲理论道"。所以我不算是他的信徒，我只是有能力把他的东西翻译到让大家看懂而已。我承诺我可以做到的是准确的翻译，不会亏待各位。而社会建构论属于一种我们可以使用的理论，但我不会说我自己是个"社会建构论者"。

学员提问

东方跟西方的区别是（东方）比较不重视"思辨"？

---

❶ "符号学"这个不当译名本来应该改作他译，但在更好的译名出现之前，为了表示它是个误名，所以在学员提问之外，由我说出该名时，一概还说"符号学"，但在抄成讲稿之后，就用这种表达的方式——在写出此名之同时，将它杠掉"符号学"。

对，文人传统有一部分是这样，但不是直观而是唯美。我们说的文人，就像现在讲的"文艺青年"之类，表示他会写文章、偶尔还会写诗，我其实也是从这里开始的，但当时还没听过"文艺青年"的名称。我写的诗作也有不少，但我不喜欢拿出来张扬。只是在这门课刚开始时，我以一个文人的身份向大家亮相了一次。但刚才说的都是一个文人必备的一些手段。平时藏着，必要时亮出来证明一下自己担得起这个身份而已。这么说来，我们的文人之所谓"文艺"，可能确实较倾向于美学而不是科学。

可是后来我们都会经历一次又一次天翻地覆的历史过程，你会发现：如果只是耽溺在唯美的文艺之中，那肯定会输给西方人的。于是我们就得给文人身份多加上一点要求，就是对科学也要设法掌握。我现在讲的"科学"不是只在讲"科技"，我还强调：科学里面最重要的就是数学。所以，我们一开头的时候也在重新介绍数学——记不记得我们一开始强调"运算符、数元"这些概念？——这些东西是我们过去的传统里面很缺乏的。虽然我们很早从佛学里学到一些，但也没有认真去发扬，到了宋明时期就差不多丢光了。所以我们在历史上错过了一次机会。到了晚清，就开始碰上天翻地覆的时代。因为已经落后了太久，我们在谈科学时，谈的都是非常肤浅的一面——科学都是在讲"科技、科技、科技"。难道没有人想到：从文艺复兴以来，最重要的科学家，其实都是数学家吗？数学其实是一套相当形而上的理论思维，通过凭空想象而创造出一种分析和解释的方法，不论是去谈宇宙或任何事情，是一种最抽象的方式。

所以这时候我们就该替文人传统再加上一个新任务，就是要把科学里最重要的东西掌握住。既然在面对时代，这是你不得不搞清楚的。然后，你才可以凭这样的综合知识去跟西方人对话。譬如我们的文人对文学艺术有一种偏执的爱好，所以写出的文章总要带有诗意。相形之下，格根的写作是不是也带有诗意呢？在我看来，他只在引述之中有诗，但自己的行文中就少了一点。

我记得古书里有提到"修身、齐家、治国、平天下"。这句话跟老师您刚才说的"现代社会是个人主义"以及"社会建构论"是有很大落差的。我想问，我们现在要用什么样的方式去看待这句话跟看待这个社会？

你谈的"诚意、正心、修身、齐家、治国、平天下"这段话，是朱熹在解释儒学时所说的，看起来很像有体系的话语。但这不是儒家最好的谈法，因为后来讲到"治国平天下"的时候，已经把人当成一个政客在培养了。这种人的任务总是把自己规划为必须走上仕途。朱熹所给的理想并不适用于所有人，所以我在这边宁可引述另一个关于做学问的方式，叫"博学、审问、慎思、明辨、笃行"。古代儒家的"儒"也必须成为一个有学问的人，因此你就会循着慎思、明辨、博学、审问和笃行的工夫来进行修炼，可以适用于所有人。"修身、齐家"之后，一旦到了"治国平天下"，它已过分地交付了一种特定的任务，我认为在儒家里，那不是一种具有说服力的发展方式。

但反过来说，你可以发现传统中有许多很宝贵的东西，像我们谈的"忠恕之道"，是自古以来都值得学习的关系法则。我们是有选择性的，不要把所有经典上出现的东西都叫作"遗产"，否则那些遗产可以是宝藏，也可以成为负债。我们千万要小心，所有古典的遗产，到了现代还是都要经过重新判断。我们讲的"汉语遗产"，是经过现代化整理后再重新呈现的东西。传统中所建构的体系，有太多地方是为封建帝王服务的，以致跟现代格格不入。

但文人传统中的"学、思、问、辨、行"则是巅扑不破的，可以用来对应任何问题，只是在学问的这一点不放手，能够博学、慎思、明辨之后，经过一番考验我就去笃行：去做、去行动。这都是作为一个"文人"的根本定义，比其他的东西好多了。

学员提问

老师讲到后来数学的影响及重要性，当代西方（的学问）跟汉语的文人传统是否也越来越像？

对。如果你去看任何一位欧洲的上乘人文学者，首先他有一个特色，不会因为自己是人文学者，就可以说"我对于科学（譬如数学）的东西不了解"，因为那就等于承认自己无知——他们的学术风气中是有这种要求的，要是无知那就是没有尽到作为知识分子的本分。虽然不需要懂得数学的全部，可是对于数学的基本概念必须要能掌握。这就先别管西方、东方的区别了。

学员提问

我有两个问题，都是关于"符号学"。如果我们要去听符号学的课，那要怎么去听？有什么途径可以听到？

我已经说过，所谓的"符号学"，它的名称是 semiotics，要义在于 sign，而此字绝不可译作"符号"——它有个重要的希腊字根是 *seme*，指的是"意义发生的基本元素"，或更像是"意义的前兆"。这门学问所关切的就是 semiosis，亦即"意义如何发生"。目前没有公认而正确的译法，我只好就用原文来说它。这种学问所谈的"意义发生"是说：任何事态都有一种"开始发动但又意指未明"的状态。作为"符号学家"要掌握先机，见微知著；当别人把一个现象转为固定的"是什么"之时，那时候已经晚了；~~符号学~~需要在它开始起动之前就先去揣摩、掌握那"可能是什么"，其实就是我们古代的圣人之学。在《易传》里特别谈到圣人是"研几、探微"，在"几"、"微"还没有完全显现之前，就要"洞烛机先"，这样的学问才是 semiotics。所以 semiotics 要用汉语的学问去相接的话，用《易传》里的《系辞》就是最能互相融通的。虽然大家都说《易经》很重要，但后来的人在读《易经》时，都关注在"象"，以及它"被说成什么东西"的"爻辞、卦辞"，就把它局限定型成为一套语言符号了。当代的 semiotics 不接受这样的局限。它要说的是任何一个 Sign（再说一遍：此字绝不可译作"符号"）都是一个"可能要起动的事态"，它只是"事象、迹象"而尚未"成事"。此时你必须能在一些征兆中研几探微，不能等到人家讲过、讲死了以后再去学习，那已是知识的末流了。~~符号学~~都是晚近西方学术发展出来的东西，汉语本身在这个发展潮流中还谈不上有贡献，所以，要读书，就读他们写的书。我用过的课堂读物有翁贝托·埃科（Umberto Eco）、托马斯·西比奥克（Thomas Sebeok）的作品，还有他们共同尊奉的大师查尔斯·普尔斯（Charles Sanders Peirce）。

学员：（研几探微）就像是潜意识的觉察吗？

有点对，但你说"潜意识"其实就是 the unconscious。为了避免和完全同音的"前意识"搞混，我们有必要改用"无意识"。我相信有些符号学的学者会认为弗洛伊德也有创造性的贡献。"无意识"也有一种"动"，譬如说欲望的起动。但欲望最后会动成什么样子，连弗洛伊德都说它只能叫作 the IT（"它"），我们在先前曾特别解释过，这意思是"我不知道，所以只能姑名之为"它"。因此，你可以说，在精神分析里也有称为"动静"的东西——

才刚刚开始起动，你就已经设法要去揣摩它、掌握它。这种精微的学问非常重要，因为过去大家都觉得"去学一套又一套已经变成理论公式的东西就叫学问"，但现在会发现，那还不够。我们今天面临的知识状况是：很多事情都不确定，可又不能完全以"说不定"就算了。因此，总是要设法找到"先知"般的东西——"洞烛机先，见微知着"——就是刚才说的符号学。到了今天，这种能够在事物征象刚起动时就能对它进行辨认的知识方法，就会变成非常重要的基础学问。

社会建构论在这方面很多时候都需要运用符号学。建构过程就是把原来不确定的东西变成一个个可确定的东西。建构（construction）本身就很有这样的概念。它可以排斥精神分析，但它不能排斥符号学。可是符号学在心理学里也很少被人谈及，大概只有文化研究和文化人类学的人会多谈一点。至今为止，心理学中几乎没几个人愿意接受，所以我只能自己苦心孤诣、寒窗苦读。我从 20 世纪 90 年代开始发现它很重要，所以我的书架上从那时开始就陆陆续续堆起很多符号学的著作和参考书，而我认为心理学迟早要面对这样的挑战，就是要成为有能力"见微知着、洞烛机先"的学问。这在古代算是已经进入"圣人之学"，因为圣人必须比别人更早一步知道这些风吹草动最后到底会带来什么后果。到了现代，这已经变成普遍的学问要求了，因为文明积累的效应，人人都可能想办法成为这样的先知先觉。"文化心理学"已经在 20 世纪末叶诞生，而符号学可说是文化心理学的精髓之一。我们要用汉语来传承，就准备花百年千年的工夫吧——我不认为这是夸张的说法。我比较乐观的是：汉传的符号学甚至可能有青出于蓝的境界，因为我们有很特别的字源学宝藏——记得，"境界"是王国维在翻译德文的哲学时把佛学字眼用上了。像这个"境界"一词在现代汉语中起死回生的造词法一样，就是在预告着我们的未来了。

我们的八讲显然还是意犹未尽，但就到此必须告个段落。

知识是个永无休止的事业，我们只是不要变成无业游民。

你我和社会皆然。

听这门课：把话说下去

学员

话语，是我们大家认识世界的第一个方式。孩子在哇哇学语时，妈妈会凑近孩子、贴在孩子的身旁，一边模仿着孩子开口的发声，一边对应去做出夸张的表情与孩子玩耍，把无可辨别的婴儿式声音行为，拉长成高亢、缓慢而重复的说话语调，一边不厌其烦，继续嘟着嘴，鼓励孩子跟随自己的嘴形，一个音、一个音地重复练习。当孩子嘴形不对时，妈妈更用力地挤着眉弄着眼："是××（来，跟妈妈说）××"。就这样，嘴里重复着正确的发音，一个发音接着一个发音组成了句子，孩子也走进了人群与世界。

另一个认识世界的方式，和话语稍稍有些区别，是孩子小时候留在墙上的涂鸦。更准确来说，是那些还没构成封闭式图形的线条——有直竖的平行排列、也有用力反复连续曲折成雷电样的线条。而当孩子顺着直线的线条，慢慢转向画圈圈，从单个圆形绵延为成串的圈圈，到画出眼睛，画出人……他们开始去接触其他更多的表达媒介与素材，我们可以看见孩子在发展身心认知的过程中，是如何"以我手写我口"，说出和（或）画出，并用周身可触及的方式将感知经验所建立的意识空间再现（再次表达）出来。

本文开头，从认识世界的方式谈孩子学说话和涂鸦说起，跟这本即将出版的书有什么关系呢？

这本书，实为一本纪录"心灵的社会建构"课堂现场之书。

全书先前收录共计 8 场的系列演讲，将宋文里老师（以下简称老师）在课堂上即席的话语编辑为一本完整的文字记录，以便提供对身心灵以及人文社会科学领域有兴趣的读者们参考阅读。全书文体大致接近语录体的说明文，呈现出课堂间活泼的对论现场，也体现了"我—你"关系，指的是课堂间"你"向"我"提问，"我"对着"你"的提问即刻用周身可触及的方式

（话、画），即席地去响应，那不正如同孩子学说话的姿态，从娃娃的学语过渡到母亲一边鼓励一边诱发正确的发音，使之学会说话的过程吗？不正如同孩子从信手涂鸦，到能够运用周身感官，去发展多样的表达性体验吗？本文开头谈及孩子认识世界的诸般方式，其实跟我们现在课堂所进行的学习并无不同，全都是"对话"。

大家都晓得老师很能玩语言游戏——老师从来不单纯回答别人的提问，而是顺着提问寻找词汇，去对应学习者之惑，同时又将话题延展到新的词汇，延伸到字符与字符的关系——从回溯象形文字的演变过程开始，一路能谈到族群迁徙与语言、方言之间的人文历史、地理等种种过程。

老师的说话习惯还有另一层含义，我个人的解读是：老师在避免一问一答的单纯问答形式。好比说，当老师在面对提问者那道命题的问话或者回话时，便常以"没有人不知道"作为开头——这是"我"对"你"的提问——立即采取双重否定句，它传达出"我—你"关系可以如何展开双向的挑战式对话。相信我们在课堂上（以及包含这本书每段章节开头的写法），都会见到老师有意地反复采用询问，甚至反问语气，来挑战我们的常识（common sense），吸引大家的目光，一同去看他自己正在思索的"寻语"过程——亦即让一个语汇带出另一个语汇。

我们认识到，光是字符跟字符之间，本身就已经显现了认知、技能、情意等面向的关系。比方有些书写者，会刻意省略"你、我、他"等人称称谓，改而写成"研究证实……""数据显示……"——这种书写方法广泛地运用于当代自然科学领域的写作，使叙述者或者正在书写的我隐身在背景之中，好像能够知晓所有事件的一切来龙去脉，这种大于一般人的视角更接近全面的聚焦和视角，让写出来的文章就像被赋予一双上帝般的眼睛，仿佛具有全面观照的视野，因而这种视角可以居高临下而又从容地讲述故事，好似可以稳住"文章不容置疑"的客观价值。

不过，其实这样的书写姿态并不足以充分响应广义的科学精神。科学的基本精神之一在于质疑，而质疑的价值在于提供多视角的感知和意见，引起响应和讨论。质疑精神的缺位，甚至压制质疑的讨论，都不利于一个社群（甚至一个社会）发展多样性的创造，反而会造成研究主题的重复封闭式循环，造成社群领域的僵滞不前。

如果从我们自己出发，并且回到这本书的系列讲堂来做起，如何试着打破这层社群领域的僵固性呢？我认为，老师在课堂中的说话习惯——这个行动放在人文社会科学领域里头，有很重要的一层含义，会落在探寻话语行动（广义的来说则是论述行动）的实践关系上。这是指对于人文社会科学来说，话语行动不应仅仅停留于观察与描述客观的事实，而应并列出那个说话者本人是如何涉身于此时此地的此情此景，在此刻当下如何做出（关系上的）判断。根据我的观察，老师在讲课时很少提供数据作为佐证，也不利用此道来加强自己说话的权威性；老师在课堂上往往以"我们大家都知道""没有人不知道"如此这般的开场白作为开头，比较常使用类似这般的说话语气吸引大家来讨论，或许这般说话的方式会引起其他的疑虑（大家不一定都知道？）——但话说回来，相信以老师的行事风格，肯定会充分地加以阐述，设法讲到让大家都知道。我想要强调的是：通过这般富有挑战性甚至质疑性语气的问话，真的会激起大家想予以回应或予以反击、加强在场大家的参与动机——让大家都得自个儿跳进来，把话接着说下去。

做学问要在不疑处有疑。而诚如上述，人文科学在探寻话语行动之际，若能使交互询问式的对话运用得当，便能让彼此皆置身在人文空间里头，从而酝酿、展现反身性的交错指涉。打个比方，我想在这里做个小小的调查，身为这本书的读者你，有没有在阅读此书时同我一样——在阅读的当下，明明已经不在课堂的现场，但光是读到书中好几处段落开头"没有人不知道"这番双重否定句法的开场白时，就已经令自己伴随着心里一阵紧张——仿佛老师是对着我讲，视线也同时和我接触，有时甚至与我四目相望！老师这种突然的挑战式问句语调，在那一瞬间令人觉得就像被对手揪住自己的领口或要害，你我现在得要面对面，立即来场枪手对决，子弹一触即发，命悬一线——逼迫我脑袋翻滚、思绪不能停止，得要立即把话说出来。

离开课堂，我们在说什么？

能够把话说下去，帮助学习者"认识自己"与"理解自己"的课堂是幸福的。然而，离开课堂之后，如何还能把话说下去呢？一方面，一旦移动到各自的生活之中，我们总是要先称职地去响应自己在职场、婚姻与家庭等每一生活片段中所要扮演的角色，完成自己每日该执行的工作与生活琐事，然后才可以去做点其他的。我们或多或少都明白，大部分的人（可能也包含自己）往往是在下班后，在转动车把手，又或者滑着手机屏幕在地铁移动的途中，在拖着身躯晃回家的路上（顺便想着晚餐要吃什么），又或是瘫在电视机前边吃着饭边发呆的片刻里，才终于拥有了一个人得以安静休息的一时半刻。这前面的描述其实就是多数人普遍的工作写照——每天朝九晚五（外加半小时到两小时的额外加班），只能 5 分钟、10 分钟地偷时间，抽空发个呆稍事休息，顺便滑滑手机——这破碎的时间感也让当代人的内心状态充满了各种断裂。我不禁猜想当代人的注意力大概已沦落到仅止于网络视频的两分钟吧？随意在社交实时软件里发送一张贴图，便能轻易地取代话语的学习；努力学说话这件事逐渐被轻忽，不必再花时间耐心思考如何用说话去完整表达自己的感受。玩那些已经成熟的（好似能协助你表达）的商品，我们就是仅止于玩，用很随意的贴图或普罗大众的那一套流行的口头禅，跟随多数人说这说那。

另一方面，当多数人接受走入社会的工作，在职场中的上下关系、平行关系，乃至暗中拉拢 A 孤立 B，或者离间 B 与 C 等，在这些隐微的较量关系中，该如何应对其实尚待琢磨，像是一门必修的职场说话课，得要揣摩怎样行使说话关系，才不致让其中的利害波及自己或伤及他人。但同时，这样的工作形态与被要求的指令关系，限制了大部分的人该怎么说话，也限缩了多数人开始不敢说些什么，害怕成为举起手的领头羊。久而久之，反而"无从说起"——不再晓得该怎么把话接下去，不再主动通过寻找语言来提出自我内心的困惑，也丧失主动理出头绪的能力，不再能处理那些挂在心中的瞬间感受。我们转身走入人群，就是从众，被动地隐身成为人群里无名氏的一员。这是社会分工形态走到当代所产生的异化，同时扩及心理学层面议题与社会结构层面的议题。

我无意全然将上面这些问题推给更大的社会结构，谈起上述这段有关工作与劳动的面向，我反而是想接纳某种程度的"大家都明白"。上面谈及的这些每日固定消耗的劳动时间、体力跟心力，这些让我们在每日看似重复封闭式的循环之中参与了生产并从而获取报酬的过程，是同样不可化约的（人们赖以生存的）物质基础，也万不可把这些获取与生产的过程看成不值一提——这过程当中也同样包含着不可化约的复杂物质交换网络。

永不终止学说话

如同前文所提到的"人文科学在探寻话语行动之际，要能将交互询问式的对话运用得当"。所谓百工日常，我认为，从我们自己出发，就是在这里头体会"我—你"关系，从上下关系、同行之间的利害关系，乃至婆家与娘家之间细微的互动线索，回到自己的日常，去进行走动式的职场观察、婚姻与家庭等每一片段的生活观察。这些细微生活观察的点滴累积，反而有助于在我们开口说话前，去累积自己的一种人文关系——很幽微而富有深度的人文判断，特别去体会说话跟说话者（说与不说）之间的关系，并且报以尊重，从他人回到自身，带领我们反身去面对自己的那些说与不说，并愿意跟这些问题持续辩证。恢复上述这般的对话伦理，让彼此皆置身在人文空间之中，就像下水道工程开凿连通口，默默连通成一条伏流之河。

所以，离开课堂，我们走入生活之后还要能找到词语去述说，在生活之中把话接着说下去——我们不仅要以一人之身，不断持续地去抵抗因为劳动所产生的疲乏——累到不想主动思考、累到不想主动说话等"理所当然"的行为惯性，还需要投入很多主动求知的努力，并且终生持续战斗。对我来说，聆听这堂课的召唤，是持续抵抗那日复一日因过度耗损的体力跟心力而丧失主动说话者的异化。这是让自己终而不悔，剑及履及地继续走在这条重新认识学说话的道路上。

"没有人像他那样说话"——我相信老师无意更改有些人对他作这样有趣的描述。这本书的诞生，更像老师对着读者调皮地挑了挑眉，说"没有人不知道"——用这般的说话姿态在挑战你，号召读者你更加走入语源学之中，告诉我们他是如何解读字符。而说话，除了生活上的普通说说，原来还可以这样说的，就让我们一起在对话中把话继续说下去。

延伸阅读 ❶

[1] 海甫定 (Höffding H.). 心理学概论 [M]. 王国维 重译 . 上海：上海社会科学院出版社，2017.

[2] 冯友兰 . 中国哲学简史 [M]. 赵复三 译 . 北京：生活·读书·新知三联书店，2009.

[3] Bachofen，Myth J J. *Religion and Mother Right*[M]. London：Routledge，1967.

[4] 阿兰·巴丢（Alain Badiou）. 激进哲学：阿兰巴丢读本 [M]. 陈永国 主编 . 北京：北京大学出版社，2009.

[5] 西蒙娜·德波伏瓦（Simon de Beauvoir）. 第二性：合卷本 [M]. 郑克鲁 译 . 上海：上海译文出版社，2014.

[6] Beck，Ulrich&Beck-Gernsheim, Elisabeth. *The Normal Chaos of Love*[M]. Cambridge：Polity Press，1995.

[7] 彼得·伯格（Peter Berger），托马斯·卢克曼（Thomas Luckmann）. 现实的社会建构 [M]. 汪涌 译 . 北京：北京大学出版社，2009.

---

❶ 更新最新简中译版本。——编者注

[8] 柏格森（Bergson，H.）. 时间与自由意志 [M]. 吴士栋 译 . 北京：商务印书馆，2011.

[9] Boesch E E. *Symolic Action Theory and Cultural Psychology*[M]. New York：Springer-Verlag，1991.

[10] 恩斯特·卡西尔（E. Cassirer). 人文学科的逻辑：五项研究 [M]. 关子尹 译 . 上海：上海译文出版社，2013.

[11] Coulter J. *The Social Construction of Mind：Ethnomethodology and Linguistic Philosophy*[M]. London：Macmillan，1979.

[12] Coulter J. *Mind in Action*[M]. U.K：Polity Press，1989.

[13] Deleuze G. *The Deleuze Reader*[M] C. V. Boundas ed. New York：Columbia University Press，1993.

[14] 贾雷德·戴蒙德（Diamond,J.）. 第三种黑猩猩：人类的身世与未来 [M]. 王道还 译 . 上海：上海译文出版社，2012.

[15] 弗里德里希·恩格斯（Engels，F.）. 家庭、私有制和国家的起源 [M]. 中共中央马克思恩格斯列宁斯大林著作编译局 译 . 北京：人民出版社，2018.

[16] Gergen K. *Toword Transformation in Social Knowledge*[M]. London：Sage，1975/1993.

[17] Gergen K.*The Social Constructionist Movement in Psychology*[J]. *American Psychologist*，40（3），266-275.

[18] 肯尼思·J. 格根（Gergen，K.）. 社会建构的邀请（第三版）[M]. 杨莉萍 译. 上海：上海教育出版社，2020.

[19] 肯尼思·J. 格根（Gergen，K.）. 关系性存在 [M]. 杨莉萍 译. 上海：上海教育出版社，2017.（另有宋文里译本，关系的存有 [M]. 台北：心灵工坊，2016.）

[20] Goffman E. *Interaction Ritual*：*Essays on Face-to-Face Behavior*[M]. New York：Patheon Books，1967.

[21] Goffman E. *Relations in Public*：*Microstudies of the Public Order*[M]. New York：Basic Books，1971.

[22] 欧文·高夫曼（Goffman，E.）. 日常生活中的自我呈现：中译本第二版 [M]. 冯钢 译. 北京：北京大学出版社，2022.

[23] Harre R. *Personal Being*：*A Theory for Individual Psychology*[M]. Cambridge，Mass：Harvard University Press，1984.

[24] [美] 威廉·詹姆斯（William James）. 心理学原理 [M]. 方双虎 译. 北京：北京师范大学出版社，2019.

[25] McNamee S，Gergen K. *Therapy as social Construction*[M]. London：Sage，1992.

[26] 迈克尔·波兰尼（Polayi，M.）. 个人知识：朝向后批判哲学 [M]. 徐陶，许泽民 译. 上海：上海人民出版社，2021.

[27] Schaeffer J D. *Sensus Communis*：*Vico*，*Rhetoric*，*and the Limits of Relativism*[M]. Durham：Duke University Press，1990.

[28] Tagore R. *Collected Poems and Plays of Rabindranath Tagore*[M]. New York：Macmillan，1937.

[29] 爱德华·亚历山大·威斯特马克（Westermarck，E. A.）. 人类婚姻史 [M]. 北京：商务印书馆，2015.

[30] 文德尔班. 哲学史教程 [M]. 罗达仁 译. 北京：商务印书馆，1987.

[31] Wundt W. *Psychology's struggle for existence*(2nd ed.)(Tr. Lamiell, J. T.) [J]. *History of Psychology*，16（3），195-209.